Maurizio Andolfi

# Familientherapie

Das systemische Modell
und seine Anwendung

# Maurizio Andolfi

# Familientherapie

Das systemische Modell
und seine Anwendung

Lambertus-Verlag

Das italienische Originalwerk erschien unter dem Titel »La terapia con la famiglia – Un approccio relazionale« 1977 bei dem Verlag Casa Editrice Astrolabio – Ubaldini Editore, Roma.
Grundlage der deutschen Übersetzung ist die amerikanische Ausgabe, die 1979 bei Plenum Press, New York, unter dem Titel »Family Therapy – An Interactional Approach« erschienen ist.

Aus dem Amerikanischen übersetzt von Ulrike Stopfel

Alle deutschsprachigen Rechte beim Verlag
© 1982, Lambertus-Verlag, Freiburg im Breisgau
Gestaltung: Werner Bleyer, Freiburg im Breisgau
Herstellung: Greiser-Druck, Rastatt
ISBN: 3-7841-0226-3

# Inhalt

# Zur deutschen Ausgabe

Der systemische Ansatz der Familientherapie, nach dem der Therapeut Interaktionsprozesse* und Strukturen des Systems »Familie« zu erfassen und zu verändern sucht, hat sich in den letzten Jahren im deutschsprachigen Raum mehr und mehr durchgesetzt. Großen Anteil daran haben die Mitarbeiter, Freunde und Schüler von Salvador Minuchin, Jay Haley und anderen, deren Bücher seit einigen Jahren auch für den deutschsprachigen Leser zugänglich sind.

Eine andere wichtige Ausprägung systemischer Forschung und Therapie kommt aus Italien. Mara Selvini Palazzoli und ihre Mitarbeiter am Centro per lo Studio della Famiglia in Mailand haben durch ihre Arbeiten weltweit Anerkennung gefunden.

Auch der Autor dieses Buches stammt aus Italien. Sein Konzept ist von beiden obengenannten Stilen und Denkrichtungen geprägt, wie der Leser feststellen kann. Das Buch erschien zunächst in italienischer Sprache mit dem Titel »La terapia con la famiglia«, dann, in einer vom Autor ergänzten und von Carl A. Whitaker mit einem launig warnenden Vorwort versehenen amerikanischen Ausgabe von 1979. Hier wird es nun auf vielfachen Wunsch deutschsprachiger Therapeuten und Wissenschaftler in einer Übersetzung der amerikanischen Fassung vorgelegt. Wir hoffen, daß es dazu beitragen kann, eines der Hauptanliegen Andolfis zu verwirklichen, das er als die gegenwärtig wichtigste Aufgabe bezeichnet: »Die Therapeuten (die das systemische Modell vertreten) müssen jetzt in ihren Interventionen zu einer einheitlichen und in sich stimmigen Linie finden«.

Der Verlag

* In der letzten Zeit wird häufiger der Terminus »Transaktion« in der systemischen Familientherapie gebraucht, oft anstelle des bekannteren Terminus »Interaktion«. Carlos Sluzki und Janet Beavin definieren »Transaktion« als »die kleinste Einheit, die eine Bewertung von Verhaltensweisen im Verhältnis zueinander, ohne Berücksichtigung der vorausgesetzten oder vermuteten Absicht der Partner, gestattet« (in: Paul Watzlawick und John H. Weakland, Interaktion, Verlag Huber Bern/Stuttgart, 1980, S. 127). Wir haben uns jedoch erlaubt, durchgängig den im deutschen Sprachgebrauch geläufigeren Terminus »Interaktion« beizubehalten.

# Vorwort zur amerikanischen Ausgabe

Maurizio Andolfi (oder, wie mein Hund und ich ihn nennen, Andi) gehört der vierten Generation der Theoretiker der Familientherapie an. Dieses Buch, in dem er den von ihm so genannten *interaktionellen* Ansatz vorstellt, ist wahrscheinlich gar nichts für Sie. Vielleicht schenken Sie es besser einem eifersüchtigen Kollegen zum Geburtstag. Es ist schon verwirrend zu sehen, wie hier die Lehre Zwerlings und LaPerrieres mit den Ansichten Ferbers verquickt wird. Nun noch eine Analyse à la Horney, zwei Unzen Minuchin und ein Quentchen Haley, und Andolfi wird auch seinen Freunden und Kollegen fast unheimlich. Die Zusammenarbeit mit Cancrini hat ihn zwar wieder etwas zivilisiert, aber ein Römer ist nun mal ein Römer, und natürlich kann er gar nicht begreifen, mit welchen Problemen wir uns hier in Amerika herumschlagen.

Nehmen wir an, Ihr eifersüchtiger Kollege ist ein geschulter Denker, dem es um Ursache und Wirkung zu tun ist, dann können Sie ihn damit ganz schön in Verlegenheit bringen. Wenn er es mit paradoxen Methoden bisher noch nicht versucht hat, wird er vermutlich erst einmal einen längeren Urlaub antreten. Wenn er schon ein erfahrener Therapeut ist, dann gerät er vielleicht in eine leicht hypomanische Stimmung, und seine Mitarbeiter werden Sie um ein Gespräch unter vier Augen bitten. Sagen Sie ihnen, daß sie dafür sorgen sollen, daß der Kollege härter arbeitet und das Buch aus der Hand legt oder – noch besser – es der Bibliothek der Schule für Sozialarbeit schenkt; die lesen ja bekanntlich alles. Wenn sich die Kollegen über die in diesem Buch enthaltene Empfehlung beklagen, kranken Familien zu sagen, wie sie sich selbst kurieren können, dann machen Sie nur ja nicht den Versuch, diese Behauptung auf ihre Richtigkeit hin zu überprüfen. Keine Familie kann sich selbst wieder in Ordnung bringen,wenn sie bereits dysfunktional ist. Wir wissen, daß fachliche Hilfe die einzige Rettung ist. Wir wissen auch, daß der Therapeut sich nicht etwa auf eine Interaktion mit der Familie einlassen darf. Und wenn die Mitarbeiter darüber klagen, daß ihr Teamleiter sich so seltsam benimmt, dann beruhigen Sie sie mit dem Hinweis, daß bei ihm vielleicht eine Schraube locker ist, nachdem er so viel über absurde Gespräche und die möglichen Belastungen gehört hat, unter denen Familien angeblich leiden und von denen Andi vermutlich in einem ganz und gar ketzerischen Buch gelesen hat. Reagieren Sie überhaupt nicht, wenn die Leute dann darüber reden, daß hier ja Müttern und Kindern empfohlen wird, im Verlauf des Interviews miteinander zu spielen, während Andi im Nebenzimmer mit dem Vater flüstert. Das ist nur ein Märchen. Wenn sie dann darauf anspielen, daß die Aus- und Fortbildung sich allmählich wandelt, und daß das Darstellen einer Familienskulptur, kreative Aufgaben und diese ganzen albernen Regeln die Arbeit jetzt eigentlich sehr erfreulich machen, dann müssen Sie sie unbedingt darauf hinweisen, daß die Wissenschaft das alles zwar wieder zurechtrücken kann, daß aber, wenn sie weiterlesen, bewährte alte Erfahrungen womöglich in Frage gestellt werden, und daß neue Erkenntnisse in einem solchen Tempo bei ihnen so zur Tür hereinkommen werden, daß die rostigen Scharniere nur so quietschen.

Wenn schließlich Ihr geschätzter Nebenbuhler wegen der drei Arten therapeutischer Aufgaben und wegen der Klassifizierung der Familienregeln selbst an Sie herantritt, dann schlagen Sie ihm – natürlich ganz freundlich – vor, daß er das alles vergessen und überhaupt nicht immer solche Geschichten lesen soll, daß ein Therapeut und ein einzelnes Familienmitglied hinter dem Rücken der übrigen ihr gemeinsames Spiel treiben. Einem gesunden Familienmitglied, das nur krank spielt, helfen zu wollen, ist absurd und führt im besten Falle zu gar nichts.

Wenn Ihr Rivale den Autor mit der Bemerkung zitiert, daß ein Paradoxon vorliegt, wenn eine Bestätigung dann und nur dann wahr ist, wenn sie falsch ist, dann lassen Sie sich nur ja nicht in Ihrer Überzeugung irremachen, daß ein solcher Unsinn zu nichts gut ist und nur den Spott des Italieners über unsere erstklassigen Theorien anzeigt. Und übrigens: Fallgeschichten über die erfolgreiche Behandlung von Alkoholismus oder schweren Depressionen sind natürlich reine Propaganda. Jeder geschulte Therapeut weiß es besser. Wenn Ihr Rivale noch immer nicht überzeugt ist, dann sagen Sie ihm, diese detaillierten Fallgespräche seien doch einfach grotesk.

Und noch etwas: Wenn er sich schließlich über die geballte Kraft und die fast hypnotische Macht verbreitet, die in Andis Lehre enthalten ist, dann sagen Sie ihm, daß er das unbedingt für sich behalten muß. Das ist nämlich schon macchiavellistisch.

Seien Sie sicher, daß Andis Buch nur zerstören kann, was sich an Wissen und Verständnis bei Ihrem Konkurrenten angesammelt hat. Man sollte seine Lektüre jedem Menschen, außer dem Allernaivsten, glatt verbieten. Und schließlich – lesen Sie es nicht etwa selbst. Es würde Sie wachrütteln, und dann würde Ihre Familie sich bestimmt beschweren.

CARL A. WHITAKER, M.D.
Department of Psychiatry,
University of Wisconsin-Madison

# Vorwort zur italienischen Ausgabe

Dieses Buch ist die Frucht meiner achtjährigen Beschäftigung mit Familien, die an sogenannten psychiatrischen Störungen leiden. Das Kennenlernen von Familien aus verschiedenen Ländern, mit unterschiedlichem sozialem und kulturellem Hintergrund und unterschiedlicher ethnischer und religiöser Zugehörigkeit hat mein fachliches Wissen ganz erheblich bereichert und mein Verständnis der menschlichen und gesellschaftspolitischen Aspekte der Familie vertieft. Die Beobachtung der laufenden Vorgänge in diesen ganz verschiedenen Familiengruppen hat mir gezeigt, daß zwar die Umstände, die zu Schwierigkeiten in der Familie führen, von Fall zu Fall wieder ganz anders gelagert sein können, daß aber die auftauchenden Probleme, Konflikte und Widersprüche überall gleich sind. In der einen oder anderen Form können wir sie alle auch in unserer eigenen Familie ausfindig machen.

Nahezu ausnahmslos konnte ich feststellen, daß die *Störung*, wie sie sich in einem einzelnen Menschen oder in einer Gruppe manifestiert, keineswegs das eigentliche Problem darstellt. Die offen zutage liegende Störung ist in der Regel eher das Spiegelbild eines zugrunde liegenden Bedürfnisses – etwa des Strebens nach Autonomie, der Bitte um Beachtung, des Wunsches nach Auflehnung, eines depressiven Zustandes usw. Aber der Leidensdruck, den der Mensch bzw. die Gruppe an sich erfährt, leitet sich letzten Endes von der *Bedeutung* her, die der Störung beigemessen wird.

Das heißt also, daß Anorexie, Wahn, Depressionen oder Enkopresis (Einkoten) ganz unterschiedliche Bedeutung besitzen, je nachdem, wie man sie betrachtet. Wenn sie als Anzeichen einer *psychischen Störung* des Individuums gesehen werden, dann wird man sich mit dem Patienten beschäftigen und die Ursachen der Störung in seiner Person suchen. Man wird die Störung einordnen und sie auf diese Weise noch verfestigen, bis sie schließlich nicht mehr umzukehren ist, während ihrer Bedeutung vor dem Hintergrund der Interaktionen des Menschen und der Einfluß des sozialen Umfeldes, in dem die Störung entstanden ist, unbeachtet bleiben. Das heißt, Familie und Gesellschaft sorgen dafür, daß der betroffene Mensch isoliert, stigmatisiert und schließlich in völlige Verwirrung gestürzt wird, weil sie es unterlassen haben, alle die Elemente in Betracht zu ziehen, die zu Auftreten und Fortbestand eines bestimmten Verhaltens beigetragen haben.

In diesem Buch versuche ich, eine einfache und verständliche Darlegung der Systemtheorie und ihrer Anwendung im Rahmen der interaktionsorientierten Therapie zu geben. Meine praktischen Erfahrungen in der Behandlung von Familien und meine Lehrtätigkeit[1] haben mich veranlaßt, ein Buch über Familientherapie zu schreiben, und zwar in der Hoffnung, Reflexion und Kritik bei allen denen zu wecken, die ebenfalls im psychohygienischen Bereich tätig sind. Im Interesse einer möglichst deutlichen Darlegung des Materials habe ich meine Untersuchungen auf ein einziges System – die Familie – beschränkt, wenn wir auch in Wahrheit natürlich ein einzelnes System gar nicht analysieren können, ohne zugleich seine Beziehungen zu den weiteren Systemen zu untersuchen, mit denen es interagiert.

Dieses Buch ist insofern praxisorientiert, als es sich mit den Kennzeichen und Besonderheiten der Therapie befaßt. Es stellt den Versuch dar, Theorien und praktische Erfahrungen, die im Verlauf der letzten beiden Jahrzehnte in den Vereinigten Staaten entstanden sind, auf italienische Verhältnisse anzuwenden und gewissermaßen auf diese Verhältnisse zu übertragen. Genauer gesagt, es trägt das systemische Modell als einen

---

[1] Meine familientherapeutische Arbeit und meine Lehrtätigkeit übe ich aus am Centro Studi della Comunicazione nei Sistemi (Rom, Via Reno 30) und in geringerem Umfang am Istituto di Neuropsichiatria Infantile der Universität Rom.

alternativen Ansatz vor, den die Fachwelt in Italien mit ihren eigenen Interventionsmethoden vergleichen kann.

Meiner Meinung nach ist das Familiensystem das bestgeeignete Praxisfeld für die Weiterentwicklung des interaktionellen Ansatzes. Wenn diese Arbeitsform sich erst einmal Eingang in die Fachwelt verschafft hat, können wir uns über die Grenzen der familialen Gruppe hinausbewegen und die dialektisch-zirkulären Beziehungen zwischen der Familie und komplexeren sozialen Systemen untersuchen.

Die therapeutische Arbeit *mit* der Familie zwingt uns zur Erkenntnis der Widersprüche, der Rollenvorstellungen und der sozialen Klischees, die sowohl die Familiengruppe als auch das therapeutische Team beeinflussen. Diese Erkenntnis führt uns zur Beschäftigung mit den Modalitäten der Kommunikation, die häufig auf stereotypen Mustern und starren Vorstellungen bezüglich der sexuellen und familialen Rollen beruhen – Mustern und Vorstellungen, die den Prozeß von Wandel und Veränderung in der Familie behindern, der auf anderen Ebenen unserer Gesellschaft bereits im Gang ist.

Familientherapie gibt dem *identifizierten Patienten* seine Fähigkeit zur Selbstbestimmung innerhalb eines veränderten familialen Kontextes zurück. Wenn die latenten Möglichkeiten der Familie zur Selbstheilung wieder entdeckt und aktiviert werden, dann gilt das Fehlverhalten des einzelnen nicht länger als Stigma, sondern als ein *Signal* und als die Chance, innerhalb einer Gruppe, die ihre eigene Geschichte besitzt, zu wachsen und sich zu entfalten. In einem solcherart veränderten Umfeld fällt es allen Familienmitgliedern leichter, sich stärker am Leben der Gemeinschaft zu beteiligen.

MAURIZIO ANDOLFI
Rom

# Dank

An erster Stelle möchte ich allen Teilnehmern an unseren familientherapeutischen Seminaren für ihren Enthusiasmus und ihre konstruktive Kritik danken, die eine große Ermutigung für mich waren. Ganz besonderen Dank schulde ich meinen persönlichen Mitarbeitern, Paolo Menghi, Anne Nicolò und Carmine Saccu, mit denen ich im Jahre 1974 die Italienische Gesellschaft für Familientherapie gegründet habe. Mit ihrer Unterstützung in den zurückliegenden Jahren konnte ich mein Verständnis der Familie und meine Kenntnisse der interaktionellen Therapie erweitern und vertiefen, und ihre Mithilfe beim Zustandekommen dieses Buches war für mich von unschätzbarem Wert.

Ebenso möchte ich meine Dankbarkeit gegenüber jenen Kollegen zum Ausdruck bringen, die meine Arbeit so nachhaltig beeinflußt haben: Salvador Minuchin und Jay Haley, die mich während meiner Tätigkeit an der Philadelphia Child Guidance Clinic mit der Fülle ihrer Gedanken, mit ihrer klinischen Erfahrung und mit ihrem pädagogischen Geschick tief beeindruckten; Kitty LaPerriere vom Nathan Ackerman Family Institute in New York und Andy Ferber vom Einstein College in New York für das Interesse, mit dem sie die Fortschritte der Familientherapeuten – einzeln wie auch als Gruppe – begleiteten; Israel Zwerling, der mich lehrte, die Familie auch im Kontext der größeren Gemeinschaft zu betrachten; Helen De Rosis von der Karen Horney Clinic in New York für die Analyse, die sie mit mir durchführte, und schließlich Luigi Cancrini, mit dem ich meine familientherapeutische Arbeit 1969 begann und der mir riet, mich mit der Methodik der interaktionellen Therapie vertraut zu machen.

Zu ganz besonderem Dank bin ich schließlich meinem Bruder Silvano und meiner Herkunftsfamilie verpflichtet. Gerade in meiner eigenen Familie, die lange und schmerzliche Erfahrungen mit der psychischen Krankheit gemacht hat, habe ich gelernt, Eigenschaften wie Mut, Hingabe, Opferbereitschaft und den Willen zur eigenen Veränderung zu verstehen und zu achten, und eine Vorstellung davon erhalten, wie schwierig es ist, solche Eigenschaften gegenüber irrationalen Ängsten und Befürchtungen, Schwächen und Klischees zu bewahren und zu verteidigen. Mein Dank gilt auch meiner Frau Marcella, die mir mit Mut und Verständnis zur Seite gestanden hat.

Schließlich danke ich Katia Giacometti, einer meiner begabtesten Schülerinnen, für die Durchsicht des Buches im Blick auf seine Veröffentlichung in Amerika und Bobbie Cassin für die mühevolle Arbeit der Übersetzung.

## Veröffentlichungen des Autors

Andolfi, M.: Paradox in psychotherapy, in: American Journal of Psychoanalysis, 34, 1974, S. 221–228.

Andolfi, M.: I fattori sociologici della farmacodipendenza dei giovani, in: Difesa Sociale, 3, 1975, S. 3–32.

Andolfi, M.: A structural approach to a family with an encopretic child, in: Journal auf Marriage und Family Counseling, 1978, 4, S. 25–29.

Andolfi, M.: Redefinition in family therapy, in: American Journal of Family Therapy, Frühjahr 1979.

Andolfi, M., und P. Menghi: La prescrizione in terapia familiare: Parte prima, in: Archivio di Psicologia, Neurologia e Psichiatria, 4, 1976 a, S. 434–456.

Andolfi, M., und P. Menghi: La terapia con la famiglia, in: Neuropsichiatria Infantile, 180, 1976 b, S. 487—498.

Andolfi, M., und P. Menghi: La prescrizione in terapia familiare: Parte seconda, in: Archivio di Psicologia, Neurologia e Psichiatria, 1, 1977, S. 57–76.

Andolfi, M., D. Stein und J. Skinner: A system approach to the child, school, family and community in an urban area, in: American Journal of Community Psychology, Dez. 1976.

**Dem Andenken meines Bruders Silvano**

Prendere il mondo a braccetto
carezzarlo dolcemente.
Che follia.
Così ho detto a uno specchio
che mai riproduce
la mia immagine vera.
Arrossendo in viso
ha allargato le braccia
l'uomo nello specchio.
*An umbrella maker*
vende i suoi ombrelli
sognando la pioggia
che bagna la terra
per avere un buon pane.
– Speriamo che piova
domani
a Dublino –
ho detto allo specchio:
e lui sorrideva
di un mio vero sorriso.

Die Welt am Arm nehmen,
sie zärtlich streicheln.
Welcher Wahnsinn!
So sprach ich zu meinem Spiegel,
der mein wahres Bild
niemals wiedergibt.
Errötend
breitete der Mann im Spiegel
die Arme aus.
*An umbrella maker*
verkauft seine Schirme
träumt vom Regen,
der die Erde benäßt,
damit er gutes Brot bekommt.
Hoffen wir, daß es
in Dublin
morgen regnet
sagte ich zu dem Spiegel
und er lächelte
mit meinem wirklichen Lächeln.

SILVANO ANDOLFI

# Einführung:
# Die Familie als interagierendes System

Der Systemtheoretiker betrachtet Menschen und Geschehnisse nicht im Blick auf die ihnen innewohnenden Merkmale und Eigenschaften, sondern vor dem Hintergrund ihrer Interaktionen. Die theoretischen Grundlagen einer solchen Betrachtung der Dinge unterscheiden sich völlig von der mechanistisch-kausalen Betrachtungsweise, die jahrhundertelang unsere Kultur beherrscht und unser Denken geprägt hat. Mit der Behauptung, das Verhalten eines Individuums sei die Ursache des Verhaltens eines anderen Individuums, kommt ein allzu einfaches Begriffsmodell zur Anwendung, das die Komplexitäten der Realität künstlich auf die linearen Beziehungen von Ursache und Wirkung reduziert. Wenn wir beispielsweise sagen, daß ein Kind sich in der Schule schlecht benimmt, weil es von seinen Eltern nicht gut erzogen worden ist, dann gründet diese Aussage auf einer linearen Interpretation der Realität (falsche oder unzureichende Erziehung zu Hause – falsches Verhalten in der Schule). Die Darstellung eines Problems mit Hilfe der Begriffe von Ursache und Wirkung ist das Ergebnis einer willkürlichen punktuellen Festlegung einer zirkulären Situation. Damit wird ein einzelnes Geschehen aus der Sequenz der Geschehnisse herausgegriffen, die ihr vorangegangen ist bzw. folgt.

Dem Systemtheoretiker erscheinen denn auch pharmakologische oder psychotherapeutische Maßnahmen, die vom kranken Individuum als dem Objekt der Therapie ausgehen, als willkürlich angewandt. Das gilt ebenso für viele andere Methoden, die in der Arbeit mit Kindern und

Heranwachsenden entwickelt worden sind und bei denen das Individuum isoliert von seinem interaktionellen Umfeld beobachtet wird.

Die Familientherapie ist sowohl in ihrem Ursprungsland Amerika als auch in Europa in der Praxis der Kinder- und Jugendpsychiatrie[1] mit großer Skepsis aufgenommen worden. Vor allem in der italienischen Kinderpsychiatrie hat man von jeher großen Wert auf die Analyse der innerpsychischen Konflikte und persönlichen Schwierigkeiten des Kindes gelegt und dabei gewöhnlich seine familialen und sozialen Beziehungen als irrelevant oder von ausschließlich theoretischem Interesse außer acht gelassen.

Dementsprechend besteht kein großer Unterschied zwischen den Ergebnissen, zu denen die einzelnen Kinder- und Jugendberatungsstellen in Italien gelangt sind. Manchmal beschäftigen sich solche Stellen zwar in der Tat auch mit der Umgebung des Kindes, aber ihre Arbeit leidet unter der fragmentarischen Natur ihrer Maßnahmen und unter der starren Hierarchie, die die jeweilige Organisation kennzeichnet. Häufig verfügen sie zwar über eine Fülle abstrakter und eher zufällig und willkürlich zusammengetragener Daten, aber ein wirkliches Verständnis für die Bedürfnisse des Kindes und seiner Familie wird damit nicht erreicht.

Ganz allgemein wird im öffentlichen Gesundheitswesen Italiens herzlich wenig getan, soweit es um das Zusammentragen von Informationen oder um die direkte Beobachtung des Kontextes[2] geht, in dem ein bestimmtes

---

[1] Der Arbeit mit Kindern und Heranwachsenden gilt in diesem Buch besondere Aufmerksamkeit. Meiner Ansicht nach hängt der Erfolg familientherapeutischer Bemühungen davon ab, daß schon zu einem frühen Zeitpunkt in der Entwicklung des »pathologischen« Verhaltens interveniert wird, das heißt, wenn das System noch wandlungsfähig ist.

[2] Die neuere sozialpsychologische Forschung hat uns auf die unendlich große Bedeutung des Kontextes aufmerksam gemacht, innerhalb dessen Kommunikation erfolgt. Verbale Äußerungen, Beziehungen, Haltungen, Stimmungen sind in ihrer jeweiligen Bedeutung immer an eine ganz bestimmte Situation gebunden. Unter *Situation* verstehen wir die spezifischen Umstände zu einem bestimmten Zeitpunkt, die das Verhalten von einer oder mehreren Personen beeinflussen. Wenn diese Umstände ignoriert werden, besteht die Gefahr, daß wir einem

Verhalten seinen Ursprung hatte; und man macht sich auch nicht die Mühe, die Probleme, die von den Klienten vorgetragen werden, etwa neu zu definieren. Die meisten der im Gesundheitswesen Tätigen sind ohnehin noch der Überzeugung, daß »gestörtes« Verhalten sich dadurch erklären läßt, daß man das Kind oder den Erwachsenen, das bzw. der es an den Tag legt, als »krank« betrachtet; die zwischenmenschlichen Aspekte des anstehenden Problems werden in der Regel außer acht gelassen.

Das heißt also, der Mensch, der sich in einer schwierigen Lage befindet, wird zum Beobachtungs*objekt*. Sein »krankes« oder »abweichendes« Verhalten wird ganz genau unter die Lupe genommen, und schließlich wird eine Diagnose erstellt. Die Art der Behandlung richtet sich dann nach den Erfordernissen und Gegebenheiten der Situation. Die Behandlung kann aus der Verabreichung von Medikamenten, aus Beratung oder aus intensiver Individualpsychotherapie bestehen. Welche Entscheidung aber auch immer getroffen wird, sie steht unter dem Einfluß des von Anfang an gewählten diagnostischen Ansatzes, der den »kranken« Organismus aus dem Kontext seiner signifikanten Beziehungen entfernt. Krisenintervention beschränkt sich in der Regel auf die Hospitalisierung des Patienten oder auf die Eindämmung der Erscheinungen mit Hilfe von Medikamenten. Im Grunde sind dies die *einzigen* Möglichkeiten, wenn man nun einmal davon ausgeht, daß das Problem *im* Individuum und nicht *zwischen* Individuen zu suchen ist. Die Aufmerksamkeit richtet sich ausschließlich auf das äußere Bild der Situation (auf das gestörte oder als störend empfundene Verhalten), ohne daß nach der Funktion dieses Verhaltens innerhalb des interaktionellen Systems

Verhalten eine *vollständig andere Bedeutung* beimessen oder es als abnorm, verrückt, schlecht, absurd, delinquent etc. betrachten. Je starrer und konventioneller der Betrachter die Dinge sieht, desto unverständlicher wird ihm das Verhalten erscheinen. »Ein Mensch, der sich auf einer belebten Straße die Zähne putzt, anstatt das in seinem Badezimmer zu tun, würde vermutlich sehr rasch zum nächsten Polizeirevier bzw. in das nächstgelegene psychiatrische Krankenhaus gebracht werden« (Watzlawick, Beavin & Jackson, 1967).

gefragt wird, in dem es auftritt. Dazu kommt, daß die Maßnahmen der Psychiatrie geeignet sind, die Stigmatisierung des betroffenen Menschen gewissermaßen endgültig abzusegnen, das Symptom chronisch werden zu lassen und das System der familialen Beziehungen, wie es rund um das Symptom herum besteht, einzufrieren.

Der Gegenansatz besteht in der Beobachtung des Individuums in einem Interaktionsfeld (Familie, Schule, Nachbarschaft, Gruppe), in dem sein »andersartiges« Verhalten eine ganz spezifische Bedeutung hat. Die Erkundungen beginnen mit der Analyse der Beziehungen, wie sie *hier* und *jetzt* zwischen dem Individuum und seinem Interaktionssystem bestehen.

Dieses Vorgehen ist häufig deshalb angegriffen worden, weil es die Vorgeschichte des Individuums außer acht läßt. Aber dieser Vorwurf ist oberflächlich. Die Analyse der signifikanten Beziehungen, die zu einem bestimmten Zeitpunkt unter den Teilen eines Systems existieren, führt den Untersucher ganz zwangsläufig zu einer Verknüpfung seiner Beobachtungen mit dem Werdegang des Systems bis zur Gegenwart. Die auf diese Weise zustandekommende Rekonstruktion der Entwicklung des Systems erbringt außerdem sehr viel mehr Informationen als eine Suche nach den Ursachen.

Wenn wir die Familie als ein Interaktionssystem betrachten, dann sehen wir in ihr mehr als die Summe der individuellen Verhaltensweisen. Das Familiensystem schließt diese Verhaltensweisen ein und bringt sie als funktionales Ganzes zum Ausdruck.

Wenn wir aber von der individuellen zur systemischen Orientierung überwechseln, dann decken sich die Interventionen nicht in jedem Fall mit ihren theoretischen Voraussetzungen. So werden in der Familientherapie beispielsweise die übrigen Systeme, die mit der Familie interagieren – also etwa die Schule, der Arbeitsplatz, die Nachbarschaft, der Bekanntenkreis –, gelegentlich ignoriert. Die Aussichten, die sich uns durch die systemorientierte Deutung von Verhaltensweisen eröffnen, sind gewiß sehr vielversprechend, aber in unserer Begeisterung für diesen unzweifelhaft wirksamen Ansatz liegt auch eine gewisse Gefahr. So kann uns beispielsweise das Festhalten an der linearen Logik dazu führen, daß wir der Familie vorwerfen, die Schwierigkeiten des einen Mitgliedes verursacht zu haben. Dann wird nicht mehr der einzelne Patient, sondern die Familie als »krank« betrachtet. Solche Fallen sind nun einmal vorhanden, obwohl der neue Ansatz und die ihm zugrundeliegende Theorie doch auf dem Konzept der zirkulären Kausalität beruhen.

Auf diese Gefahren macht auch Salvador Minuchin (1970) mit der Beobachtung aufmerksam, daß »der Fokus in der Familientherapie naturgemäß weiter gefaßt ist als in der Kinderpsychiatrie, aber auch die Familientherapie neigt eben dazu, ihre Maßnahmen auf die Familie zu beschränken, anstatt ihr Interventionsfeld auf die Schule, die Nachbarschaft oder in manchen Fällen auch auf die erweiterte Familie auszudehnen«.

Um das gleiche Problem geht es auch Auerswald (1972), wenn er die Familientherapeuten in drei Kategorien einteilt:

1. diejenigen, die sich an das traditionelle linear-kausale Modell halten,
2. diejenigen, die ein umfeldorientiertes Vorgehen anwenden,
3. diejenigen, die sich gerade auf dem Weg von der ersten zur zweiten Kategorie befinden.

Anschließend befaßt Auerswald sich im Zusammenhang der Ausbildung des zukünftigen Familientherapeuten mit dem umfeldorientierten Vorgehen:

»Die beste Art, interessierte Personen in eine Situation zu bringen, in der sie anfangen, umfeldbezogen zu denken, besteht meiner Meinung nach darin, daß man sie in ein städtisches Getto sperrt und ihnen die Aufgabe stellt, sich doch einmal zu überlegen, was man zugunsten bedrängter Familien unternehmen könnte. Zugleich muß man ihnen ein Informationssystem schaffen, in dem alles enthalten ist, was wir über Individuen, Familien und andere soziale Systeme wissen, und das ihnen daneben Einblick in die Systemtheorie, in die Kybernetik, die Informationstheorie, die Kulturanthropologie, die Kinetik, die allgemeine und soziale Ökologie und in die Territorialität des Menschen bietet.«

Auerswald will also sagen, daß der angehende Therapeut in direktem Kontakt mit der Gemeinschaft arbeiten muß, wenn er sich den systembezogenen Ansatz zu eigen machen will und soll. Seine theoretische Kenntnis der interaktionellen Prozesse muß durch Erfahrungen vor Ort erweitert und mit Leben erfüllt werden. Angesichts der Untauglichkeit der alten starren Rollenteilung, die im Gefolge der Tätigkeit in diesem hochkomplexen Umfeld ja ganz deutlich wird, erkennt der Therapeut, daß er neue Aufgaben und Verantwortungen übernehmen muß, und daß hier wirkliches Können und großes Geschick erforderlich sind.

Wenn wir neue Vorgehensweisen im Gesundheitswesen, d. h. in Behandlungs- und Beratungsstellen, einführen wollen, dann müssen wir zunächst einmal unsere eingefahrenen Denkweisen aufgeben. Ein echter und anhaltender Wandel in den Interventionsmethoden läßt sich nur dadurch erreichen, daß man eine eindeutige und konsequente Wahl zwischen den verschiedenen Denkmodellen trifft.

Diese Frage ist in den einschlägigen Kreisen in Italien stark diskutiert worden. Die antipsychiatrische Bewegung der sechziger Jahre war gewissermaßen der Auftakt einer tiefreichenden Krise, in deren Verlauf die unterschiedlichsten Ansichten bezüglich psychischer Störungen und bezüglich der Rolle des Therapeuten vorgetragen wurden. Das traditionelle Konzept der psychischen Krankheit als einer *inneren Eigenschaft* des Individuums, das mit dessen signifikanten Beziehungen in keinem Zusammenhang steht, wurde schließlich zurückgewiesen. Das Bild des Therapeuten als Agent der sozialen Kontrolle wurde ebenso angegriffen wie die traditionellen Behandlungsmethoden, die zu Stigmatisierung und Isolierung des gestörten Individuums führen (Basaglia, 1968).

Die vielen fruchtbaren Anregungen, die im Verlaufe dieser sehr intensiv geführten Debatte vorgetragen wurden, haben schließlich dazu geführt, daß sich eine neue Auffassung von der psychischen Störung durchsetzte und neue und andere Dienste und Leistungen entstanden, wie z. B. ambulante Behandlungs- und Beratungsstellen.

Die Ergebnisse dieser Neuerungen sind allerdings eher enttäuschend. Ganz allgemein kann man sagen, daß wir Veränderungen nur in formaler, nicht aber in substantieller Hinsicht erreicht haben, weil nämlich die Neudefinition der psychischen Störung vor dem Hintergrund der traditionellen – kausalen – Betrachtung der Realität stattgefunden hat. Die Ursache der Krankheit wird jetzt zwar anderswo vermutet, aber die zugrundeliegenden Voraussetzungen bleiben unangetastet. Das Fortbestehen des traditionellen begrifflichen Rahmens macht es leider schwierig, jene Neuerungen zu erkennen, die in der Art der Interventionen und in alternativen Vorgehensweisen eben doch schon enthalten sind.

Die Bemühungen jener Fachkräfte, die sich an diesen neuen Gedanken orientieren, werden häufig durch den erwähnten Mangel an Kohärenz und durch eine gewisse Tendenz zur allzustarken Vereinfachung wieder zunichte gemacht. So hat man sich beispielsweise im Rahmen der Neudefinition der Beziehung, die zwischen dem Patienten und dem Therapeuten besteht, vom Gedanken der Abwälzung aller Verantwortung auf den Experten getrennt. Aber es ist nun einmal nicht damit getan, daß wir die Bitte des Patienten, seine Probleme für ihn zu lösen, zurückweisen. Der Therapeut muß auch wissen, wie er dem geschädigten Individuum oder System seine Fähigkeit zur angemessenen Bewältigung der eigenen Probleme wieder verschaffen kann.

Für diejenigen Therapeuten, die sich von der traditionellen Betrachtungs- und Vorgehensweise abgewandt haben, besteht die wichtigste Aufgabe jetzt darin, in ihren Interventionen zu einer einheitlichen und in sich stimmigen Linie zu finden. Das vorliegende Buch unterstreicht die Notwendigkeit einer von Grund auf veränderten Ausgangsposition und bringt das systemische Modell als alternativen theoretischen Rahmen und als Anreiz zur kritischen Reflexion über unsere augenblicklichen Vorgehensweisen in Vorschlag.

Die interaktionelle Familientherapie ist eine Form der Sozialpsychiatrie, wenn sie korrekt, nämlich im Gedanken an den Kontext der größeren Gemeinschaft, durchgeführt wird[3]. Wenn er bei einer einzelnen Familie

[3] Gemeindepsychiatrie ist kein Ziel an sich. Sie dient als Instrument im Kampf um die Abschaffung der Etikettierung, Entfremdung und Unterdrückung von Menschen, die an psychischen Störungen leiden.

interveniert, deckt der Therapeut die wesentlichen Konflikte unter ihren Mitgliedern auf und beseitigt damit zugleich das dringende Verlangen nach einem »Sündenbock«. Wenn er zugleich auch bei der Gemeinschaft interveniert, dann macht er die konflikthaften Aspekte der Interaktionen der Familie mit anderen signifikanten sozialen Gruppen sichtbar. Diese zweiseitige Intervenion hindert die Familie und andere soziale Gruppen daran, die Verantwortung etwa von sich zu weisen, indem sie ganz willkürlich eine bestimmte Komponente eines komplexen Interaktionsnetzes zu ihrem Sündenbock machen.

Bis zu einem gewissen Grade haben wir es bei der besonderen Aufmerksamkeit, die die Familie vor anderen Systemen genießt, natürlich mit einer willkürlichen und subjektiven Entscheidung zu tun. Aber diese Entscheidung basiert auf der Erkenntnis, daß »die Familie als Sozialisationseinheit in ihrer Mittlerrolle zwischen dem individuellen, ureigenen und privaten Raum und dem sozialen, kulturellen und öffentlichen Bereich noch vor den Schulen, den Jugendbewegungen und den Gruppen Gleichaltriger rangiert« (Hochmann, 1971). Im Grunde bildet die Familie ja nur *einen* möglichen Zugang zu einer Art Ökosystem. Sie wurde erst zum Interventionsfeld, nachdem das komplexe Interaktionsnetz sorgfältig bestimmt war. Solche zirkulären Interaktionen bestehen innerhalb und zwischen den verschiedenen Systemen, von denen der einzelne ein Teil ist.

In der Familientherapie werden die Zusammenhänge zwischen dem individuellen Verhalten und der Familiengruppe innerhalb eines weitergefaßten begrifflichen Rahmens analysiert, der der Systemtheorie und der Kommunikationstheorie entnommen ist. Die Realität wird als eine Totalität von interagierenden Systemen begriffen. Bei der Beobachtung der menschlichen Interaktion wenden wir die gleichen Prinzipien und Schlüsse an, wie sie für die Untersuchung von Systemen ganz allgemein gelten[4].

---

[4] Eine detaillierte Darlegung der Systemtheorie findet sich bei Bertalanffy (1969) und bei Watzlawick et al. (1967).

Der Anwendungsbereich einer systemorientierten unterscheidet sich von der traditionellen psychologischen Untersuchung. Bei der systemischen Erkundung gilt die innere Struktur der einzelnen und für sich bestehenden Einheit als irrelevant. Was zählt, sind die Vorgänge zwischen den Einheiten, die insgesamt das System bilden, das heißt die Frage, welche Veränderungen in den übrigen Einheiten einer Veränderung in einer bestimmten Einheit vorangehen bzw. folgen.

Nach Bertalanffy (1969) *ist jeder Organismus ein System, eine dynamische Zuordnung von Teilen und Prozessen, die in wechselseitiger Interaktion miteinander stehen.* Wenn wir uns dieser Sicht anschließen, dann betrachten wir die Familie als offenes System, das sich aus Einheiten zusammensetzt, die ihrerseits durch bestimmte Verhaltensregeln und dynamische Funktionen zusammengehalten werden und die sowohl miteinander als auch mit einem äußeren Kontext interagieren. Genaugenommen betrachten wir jede soziale Gruppe als ein System aus einer Vielzahl von Mikrosystemen in ihrer wechselseitigen dynamischen Interaktion. Unsere grundlegende Annahme muß also lauten, daß die Familie ein System unter anderen Systemen ist und daß die Erkundung der zwischenmenschlichen Beziehungen und der Normen, die das Leben der signifikanten Gruppen regulieren, denen das Individuum angehört, für das Verständnis des Verhaltens der Mitglieder und für die Erarbeitung wirksamer Interventionsprozesse wesentlich sind.


BEMÜHUNGEN UM EINE NEUE DEFINITION
VON DIAGNOSE UND INTERVENTION

Um zu erkennen, wie diese neue Interpretation und Analyse uns zu neuen Formen theoretischer Aussagen und praktischem Vorgehen verhelfen kann, müssen wir zunächst drei Postulate der Systemtheorie in ihrer Anwendung auf die Familie näher betrachten.

Die Familie als System in ständiger Transformation

Die Familie ist ein System, das sich den immer wieder anderen Forderungen anpaßt, die einerseits im Gefolge der verschiedenen Phasen ihres Entwicklungszyklus an sie herantreten und andererseits von der Gesellschaft insgesamt erhoben werden. Die Familie muß diese Anpassung leisten, um ihren Mitgliedern sowohl Kontinuität als auch die Gelegenheit zum psychosozialen Wachstum zu bieten (Minuchin, 1974).

Die Familie kann diesem doppelten Auftrag nur gerecht werden, indem sie ein dynamisches Gleichgewicht zwischen zwei offensichtlich widersprüchlichen Funktionen herstellt: zwischen ihrer *Tendenz zur Homöostase* und ihrer *Kapazität zur Transformation*. Mittels komplexer Mechanismen sind ständig Rückkopplungsprozesse am Werk, um einerseits die Homöostase des Systems zu erhalten (negative Rückkopplung) oder andererseits eine Veränderung herbeizuführen (positive Rückkopplung). Wir wissen heute, daß die negative Rückkopplung in Familien mit psychischen Problemen eine ganz besondere Bedeutung besitzt. Diese Entdeckung stellte gewissermaßen einen Wendepunkt in der Geschichte der Familientherapie dar. In Familiensystemen, in denen pathologische Verhaltensweisen bei einem der Mitglieder manifest geworden sind, besteht eine Tendenz zur mehr oder weniger automatischen Wiederholung bestimmter Interaktionen, die in Einklang mit gewissen starren Regeln stehen, die der Wahrung der Homöostase des Systems dienen: »Ein diesbezügliches Modell wurde von Jackson entworfen, als er den Begriff der Familienhomöostasis einführte. Die Erfahrungstatsache, daß die Besserung eines psychisch kranken Familienmitglieds oft drastische Rückwirkungen auf die Familie hat (Depressionen, psychosomatische Störungen oder ähnliche Krisen bei anderen Familienmitgliedern), führte ihn dazu, diese Reaktionen – und daher auch die Krankheit des Patienten – als homöostatische Mechanismen zu betrachten, deren Funktion es ist, das gestörte System wieder in seinen wenn auch noch so prekären oder pathologischen Gleichgewichtszustand zurückzubringen« (Watzlawick et al., 1967, S. 128).

Unglücklicherweise ist das Konzept der Homöostase gelegentlich aufgebläht und falsch angewandt worden. Falsche Vorstellungen im Zusammenhang mit diesem Konzept haben dafür gesorgt, daß die Erwartungen bezüglich der Kapazität der »gestörten Familie« zur Veränderung gesunken sind. Die Folge ist, daß die Therapie häufig gerade nicht zur Aktivierung der kreativen Möglichkeiten und Kräfte der Familie, sondern zu einer Verfestigung des Status quo geführt hat[5].

Diese Tendenz zur Überbetonung der Bedeutung der homöostatischen Prozesse ist von Buckley gewissermaßen ins Gegenteil verkehrt worden: In seiner Sicht sind die positiven Rückkopplungsmechanismen für alles Wachstum, alle Innovation und Kreativität der sozialen Systeme verantwortlich (Speer, 1970).

Im Grunde sind weder die homöostatischen noch die auf Veränderung zielenden Tendenzen in sich gut oder schlecht. Eine moralistische Beurteilung wäre hier unangebracht und willkürlich und letzten Endes nur ein Zeichen dafür, daß die Definition der Familie als eines in ständiger Transformation befindlichen Systems nicht wirklich verstanden worden ist. In der Vorstellung vom Lebenszyklus der Familie ist der Gedanke enthalten, daß der Zusammenhang von Kontinuität und Wandel im Blick auf die aufeinanderfolgenden Phasen eines übergreifenden Entwicklungszyklus gesehen werden muß.

Weiter bedeutet diese Vorstellung, daß Starrheit und Flexibilität (also die Fähigkeit zur Anpassung an innere oder äußere Erfordernisse) nicht etwa systeminhärente Kennzeichen sind. Im Blick auf den Lebenszyklus der Familie insgesamt kann man darüber hinaus sagen, daß die positiven

---

[5] »In jeder Familie spielt aber auch die Zeit in Form von zunehmender Reife und Erfahrung eine Rolle, und in dieser Hinsicht ist das rein auf Homöostasis beruhende Modell der Familie als System nicht zutreffend, denn hier handelt es sich um *positive* Rückkopplung. Wir sehen also, daß die Stabilität einer Familie einerseits durch Homöostasis erhalten wird, daß aber andererseits sehr wichtige nichthomöostatische Faktoren mitspielen, die für das Wachstum aller Beteiligten und die schließliche Ablösung der Kinder und ihre Individuation verantwortlich sind« (Watzlawick et al., 1967, S. 134).

wie die negativen Rückkopplungen in Wahrheit Aspekte ein und desselben Prozesses sind.

## Die Familie als System der aktiven Selbstregulation

Die Familie richtet ihre Interaktionen an bestimmten Regeln aus, die sie im Laufe der Zeit im Wege von Versuch und Irrtum entwickelt und modifiziert hat. Mit Hilfe dieser Regeln lernen die Familienmitglieder, was in ihrer Beziehung untereinander erlaubt und was verboten ist, bis sich schließlich eine stabile Definition dieser Beziehung herausbildet. Dieser Prozeß führt zur Entstehung eines systemischen Ganzen, das sich durch ganz spezifische Interaktionsmuster[6] am Leben hält, die sich ihrerseits durchaus modifizieren lassen.

Ebenso wie andere menschliche Organismen sind Familien nicht etwa passive Empfänger, sondern ihrer Natur nach aktive Systeme. Was Bertalanffy (1969) über den aktiven Organismus ganz allgemein sagt, gilt auch für die Familie: »Ein Stimulus (etwa eine Veränderung in den äußeren Umständen) *verursacht* nicht etwa das Einsetzen eines Prozesses in einem im übrigen untätigen System; er modifiziert lediglich

---

[6] »Interaktionale Muster regulieren das Verhalten der Familienmitglieder. Sie werden durch zwei einschränkende Systeme aufrechterhalten. Das erste ist generischer Art und umfaßt die universalen Regeln, die die Familienorganisation lenken. Es muß beispielsweise eine Machthierarchie in der Familie geben; Eltern und Kinder besitzen innerhalb dieser Hierarchie jeweils unterschiedliche Autorität. Es muß auch ein ausgewogenes Verhältnis hinsichtlich der Funktionen vorhanden sein, und Mann und Frau müssen ihre Interdependenz akzeptieren und als Team zusammenarbeiten. Das zweite einschränkende System ist ›idiosynkratischer‹ Art, das heißt es ergibt sich aus charakteristischen Eigenarten, Veranlagungen und Neigungen. Es umfaßt die gegenseitigen Erwartungen der jeweiligen Familienmitglieder. Der Ursprung dieser Erwartungen liegt in den jahrelangen expliziten und impliziten Verhandlungen unter den einzelnen Mitgliedern der Familie begraben, die sich häufig auf alltägliche Kleinigkeiten bezogen« (Minuchin, 1974, S. 71).

Prozesse, die in einem von sich aus aktiven System bereits im Gang sind.«

Ebenso beeinflußt jede denkbare Belastung, wie sie sich aus Veränderungen innerhalb der Familie (Geburt, Weggang, Scheidung, Tod) oder außerhalb der Familie (Wohnsitz- oder Arbeitsplatzwechsel, Wandel im Wertsystem) ergibt, das Funktionieren der Familie und macht einen Anpassungsprozeß notwendig. Mit anderen Worten, Veränderungen innerhalb und außerhalb des Systems machen die ständige Transformation der Interaktionsmuster notwendig, wenn die Familie ihre Kontinuität wahren und ihren Mitgliedern dennoch die Möglichkeit zu Wachstum und Entfaltung lassen will und soll. Die meisten sogenannten psychischen Probleme entstehen in solchen Zeiten der inter- oder intrasystemischen Veränderung oder Belastung.

Wir dürfen in diesem Zusammenhang die tiefreichenden Veränderungen nicht außer acht lassen, die im Verlauf von weniger als einem Jahrzehnt in unserem sozialen System eingetreten sind. Besonders augenfällig sind dabei Erscheinungen wie die größere Bedeutung der Gruppe gegenüber dem Individuum, der radikale Wandel in den ehelichen Rollen und Funktionen, die fortschreitende Auflösung der großen patriarchalischen Familie und die größere Autonomie und weitergehende Differenzierung, wie die Kernfamilie sie im Augenblick erlebt, die neue Einstellung zum eigenen Kind usw. Diese weitreichenden Veränderungen zwingen uns, nach einer neuen Form des Gleichgewichts zwischen den homöostatischen Tendenzen und dem Wunsch nach Veränderungen zu suchen.

Wenn eine Familiengruppe sich bereits in einer gefährlichen Situation befindet, dann kann diese Suche nach einem neuen Gleichgewicht zur Dekompensation oder zu größerer Starrheit führen, unter der dann ein einzelner Mensch, die Ehepartner oder – besonders häufig – die Kinder zu leiden haben.

Im Bewußtsein dieser Zusammenhänge sieht der Therapeut seine erste Aufgabe darin, jene »störenden« Faktoren, die geeignet sind, eine Dekompensation im Funktionieren der Familie herbeizuführen, korrekt zu bestimmen. Es leuchtet ein, daß psychiatrische Diagnosen oder

Behandlungsweisen, die den einzelnen unglücklichen Menschen gewissermaßen mit einem Etikett versehen (und dabei den sozialen Kontext und die inneren und äußeren Quellen der Belastung außer acht lassen), das Problem nur noch verschärfen. Schlimmer noch: Interventionen dieser Art können sogar ausgesprochen schädlich sein, weil sie nämlich als »Lösung des Problems« präsentiert werden[7].

## Die Familie als offenes System in Interaktion mit anderen Systemen

Das Familiensystem steht in Kontakt mit einer Vielzahl anderer sozialer Systeme wie etwa der Schule, der Fabrik, der Nachbarschaft, den Gruppen Gleichaltriger. Außerfamiliale Beziehungen müssen daher im Zusammenhang mit dem gesamten Netzwerk der sozialen Beziehungen der Familie gesehen werden. Sie beeinflussen die Normen und Werte der größeren Gemeinschaft und werden auch ihrerseits von diesen Normen und Werten beeinflußt.

Lévi-Strauss weist darauf hin, daß die Beziehungen zwischen einer größeren sozialen Gruppe und den Familien, aus denen sie sich zusammensetzt, in einem dynamischen Gleichgewicht stehen. Er betont, daß diese Beziehungen nicht statischer Art sind, wie etwa das Verhältnis zwischen einer Wand und den Ziegelsteinen, aus denen sie gemauert ist. Vielmehr handele es sich um einen dynamischen Prozeß voller Spannungen und Kontraste. Es ist außerordentlich schwierig, ein Zentrum des Gleichgewichts ausmachen zu wollen, denn sein exakter Ort wird durch unendlich viele Variationen bestimmt, die ihrerseits von der Zeit und der Gesellschaft abhängig sind.

Wenn wir uns mit der Familie im Blick auf ihre außerfamilialen Beziehungen befassen, dann werden wir wieder einmal an die Gefahren

---

[7] »Unter bestimmten Umständen (ist) das Entstehen von Problemen die unmittelbare Folge falscher Lösungsversuche einer bestehenden Schwierigkeit – oder in noch absurderer Weise die Folge des Versuchs, überhaupt nicht bestehende Schwierigkeiten zu lösen . . .« (Watzlawick, Weakland und Fisch, 1974, S. 56).

erinnert, die in einer allzu vereinfachten Sicht der Realität liegen. Unser Untersuchungsfeld sollte sich nicht auf das Individuum im Kontext seines familialen Systems beschränken, sondern auch das komplexe Netz der Beziehungen umfassen, von denen das Kleinsystem Familie umgeben ist.

Angesichts aller dieser Voraussetzungen wird es verständlich, daß und warum es sich beim Übergang vom individuellen zum familienorientierten Ansatz um mehr als nur darum handelt, einen Forschungs- und Interventionsbereich gegen einen anderen auszutauschen. Es handelt sich um die Aneignung eines völlig anderen begrifflichen Modells, das uns eine ganz andere Welt vor Augen führt. An die Stelle der Welt innerpsychischer Prozesse tritt eine Welt interaktiven Verhaltens in seinem räumlichen und zeitlichen Kontext.

Die Einstellung des Forschers bzw. des Therapeuten, der mit diesem Bezugsrahmen arbeitet, wandelt sich. Er macht nicht den Versuch, ein Individuum, das er isoliert sieht, dadurch zu verstehen, daß er gewisse Schlüsse über diesen Menschen zieht. Er wird zum Teilnehmer eines aktiven Prozesses, und es ist nicht in erster Linie sein Anliegen, Phänomene zu interpretieren. Viele Konzepte – Verhalten, Persönlichkeit, Charakter, wie auch die herkömmlichen therapeutischen Aussagen über Diagnose, Veränderung, Intervention usw. – erfahren aus der systemischen Sicht eine Neudefinition.

Zum Beispiel denken wir bei den Begriffen »Persönlichkeit« oder »Verhalten« (einschließlich des pathologischen Verhaltens) nicht länger an Eigenschaften des Individuums. Mit diesen Begriffen werden vielmehr Kennzeichen beschrieben, wie sie durch die Erfahrung ständig wiederholter Interaktionen *in Erscheinung treten*. Das Verhalten des Individuums ist ein Signal für die Beziehung, wie sie in einer bestimmten Lebensphase der Familie zwischen ihrem Streben nach Autonomie und Differenzierung einerseits und der Starrheit oder Elastizität der Regeln des Familiensystems andererseits besteht.

Gestörtes Verhalten ist ein Signal dafür, daß das Streben nach Autonomie und Differenzierung zugunsten des Fortbestehens gewisser dysfunktionaler Beziehungen in der Familie aufgegeben worden ist. Ein Familiensystem wird dysfunktional, wenn es nicht die Fähigkeit oder Möglichkeit besitzt, Veränderungen herbeizuführen oder – mit anderen Worten – wenn die Starrheit seiner Regeln es daran hindert, sich dem eigenen Lebenszyklus wie auch demjenigen des einzelnen Familienmitgliedes anzupassen.

Zur Stabilisierung eines dysfunktionalen Systems braucht es viel Energie, die zum Zweck der Wahrung der starren Regeln und der stereotypen Rollen eingesetzt wird und dadurch die Interaktionen der Familie auf gewisse sich ständig wiederholende Muster beschränkt. Dysfunktion und Rigidität sind also gewissermaßen Synonyme. Aber Rigidität bzw. Flexibilität sind nicht etwa Eigenschaften, die dem System angeboren wären. Wir haben es auch hier wieder mit beschreibenden Begriffen zu tun, die der Beobachter benutzt, um darzustellen, in welchem Maß eine Familie in einer bestimmten Phase ihrer familialen Entwicklung Schwierigkeiten hat. Sie sieht sich der Aufgabe gegenüber, ein neues dynamisches Gleichgewicht zwischen ihrer integrativen Funktion und dem Bedürfnis ihrer Mitglieder nach Wachstum und Differenzierung – das heißt also, zwischen Kontinuität und Wandel – zu finden.

Symptomverhalten ist ein Signal dafür, daß die Beziehungen in der Familie starr strukturiert sind. Es schützt und erhält ein Gleichgewicht, das rund um eine Konfliktsituation aufgebaut wurde (die damit funktional wird). Dieses Scheingleichgewicht, das dadurch gewahrt wird, daß die im System vorhandenen Energien im besonderen für dessen Erhaltung eingesetzt werden, hindert alle Familienmitglieder (nicht nur den identifizierten Patienten) daran, ihre persönlichen Wünsche und Bedürfnisse immer wieder mit den interaktionellen Erfordernissen in Einklang zu bringen. Die Folge ist, daß jedes Mitglied sich bedroht fühlt, sobald sich eine neue Situation ergibt oder aber neue Bedürfnisse, bezogen auf die Entwicklungen des Individuums oder des Systems, auftreten.

Wenn gestörtes Verhalten in dieser Weise neu und anders definiert wird, dann verlieren die herkömmlichen diagnostischen Kategorien ihren Sinn. Anstatt das Verhalten eines einzelnen Menschen zu klassifizieren, wird versucht, die Bedeutung dieses Verhaltens innerhalb des Kontextes, in dem es auftritt, zu entschlüsseln. Die Diagnose wird also zur Analyse der Funktion des jeweiligen Symptoms innerhalb des familialen Systems. Um ein Symptom in dieser Weise beurteilen zu können, richtet der Therapeut sein Augenmerk auf das Verhältnis zwischen dem individuellen Selbst und seinem Funktionieren einerseits und dem Individuum und dem Funktionieren der Familie andererseits.

Wir haben bisher noch nicht über die Position des Therapeuten im diagnostischen Prozeß gesprochen. In unserer praktischen Arbeit müssen wir, um den Zustand eines Systems zu erkunden, die Beziehungen zwischen dem individuellen Selbst und der Funktion des Therapeuten und dem Selbst und der Funktion jedes einzelnen Familienmitgliedes in Betracht ziehen. Mit anderen Worten, unsere Bestimmung muß eine Analyse des *therapeutischen Systems* einschließen. Beim interaktionsorientierten Vorgehen ist es unmöglich, ein Familiensystem unabhängig von der Beziehung zwischen der Familie und dem Therapeuten zu beurteilen.

Überdies läßt sich zwischen Diagnose und Intervention ohnehin nur eine theoretische Unterscheidung treffen, da es bei der Beurteilung ja um das Ausmaß der Starrheit bzw. der Flexibilität des Systems (und damit um seine Fähigkeit zur Veränderung) geht. Im Grunde läßt sich die Frage, wie weit die Familie für Veränderungen offen ist, am besten durch die Beobachtung ihrer Reaktionen auf die Interventionen des Therapeuten klären. In dieser Situation ist der Therapeut weder ein neutraler Beobachter noch ein Animator eines grundsätzlich untätigen Systems.

Die Position des Therapeuten wird klarer, wenn wir uns mit der Frage der Veränderung befassen. Unter Veränderung verstehen wir die Befreiung und die neue und andere Ausrichtung der im System vorhandenen Energien, die nun zu eigentherapeutischen Zwecken genutzt und eingesetzt werden können, nämlich zur *aktiven* Erfahrung neuer persönlicher Bereiche und neuer Möglichkeiten der Interaktion. In dieser Vorstellung von Veränderung ist der Bruch mit den traditionellen Voraussetzungen der Behandlung ebenfalls enthalten. Sie erfordert die Schaffung eines

Kontextes, in welchem die Konfrontation zwischen den Familienmitgliedern erleichtert wird, und ermutigt die Beteiligten, in einer Weise miteinander umzugehen, die sich von den bisher geübten Mustern unterscheidet.

Nach der herkömmlichen Vorstellung von Intervention, wie sie sich aus dem medizinischen Modell herleitet, hängt die Veränderung vom Können des Therapeuten bzw. von den ans Wunderbare grenzenden Wirkungen seines erlernten Wissens ab. Nach der systemischen Perspektive beruht die Intervention des Therapeuten dagegen auf der Systemanalyse der Schwierigkeiten der Familie und auf der Aktivierung neuer Möglichkeiten der Familie, sich selbst zu helfen. Die Familie übernimmt die Verantwortung für die allmählich deutlich werdenden Interaktionsschwierigkeiten und wird so selbst zum Protagonisten des therapeutischen Prozesses.

Im Blick auf dieses Ziel muß der Therapeut nicht nur seine gesamte Erfahrung, sondern auch seine Persönlichkeit, seine Vorstellungskraft, seinen Humor und sein Einfühlungsvermögen in die Behandlung einbringen und bereit sein, seine Rolle als Heiler aufzugeben[8].

Therapeut und Familie sind zwei aktive Systeme. Aus ihrer Begegnung entsteht ein drittes System, das wir das *therapeutische System* nennen. Der Therapeut nimmt aktiv teil an diesem System und gibt seine Position als außenstehender Experte auf. Jedes Mitglied des Systems hat gleichen Anteil an der Erarbeitung jener Regeln, die sowohl die Familie als auch den Therapeuten befähigen, neue Interaktionsmuster zu entdecken.

Damit erfährt die Rolle des Therapeuten eine von Grund auf andere Definition: Seine Aufgabe besteht darin, das Gleichgewicht des Systems wie auch das Gleichgewicht jedes Mitgliedes des Systems ins Wanken zu bringen, um so die im System vorhandenen Fähigkeiten zur Entfaltung neuer Formen der Begegnung und des Miteinander zu aktivieren.

---

[8] »Wenn der Therapeut sich vornimmt, zum Heiler oder Wiederhersteller zu werden, dann begibt sich die Familie in ihre Dysfunktionalität hinein und wartet darauf, daß der Therapeut seine Arbeit tut« (Bowen, 1966).

Das wichtigste Ziel der Therapie ist, ein neues Gleichgewicht zwischen Selbst und Funktion auf der individuellen wie auch auf der systemischen Ebene zu erreichen. Dieses Ziel wird durch einen Prozeß der Exploration erreicht, in dem die Familie die führende Rolle übernimmt. Die Therapie schafft einen Kontext, der seinerseits die Mitglieder des Systems in die Lage versetzt, unter Anleitung des Therapeuten zu neuen Formen der Interaktion zu gelangen. Der Therapeut fungiert zu Anfang als *Berater* im Blick auf die Probleme der Familie und später als *Supervisor* in bezug auf die Anstrengungen, die die Familie unternimmt. Der Therapeut setzt also seine Fertigkeiten dazu ein, dem Familiensystem wieder zur Kompetenz zu verhelfen, damit die Familie selbst zum Protagonisten ihres eigenen Wachstumsprozesses werden kann.

# 1 Das therapeutische System

## Das therapeutische Team

### Der äußere Rahmen

Bevor wir uns im einzelnen mit dem therapeutischen Prozeß selbst beschäftigen, halte ich es für wichtig, den äußeren Rahmen unserer Arbeit mit Familien und die wesentlichen Vorgehensweisen im Zusammenhang mit dieser Arbeit zu schildern[1].

Der recht große Behandlungsraum ist sparsam, aber zweckmäßig eingerichtet: mit Stühlen, die im Kreis angeordnet sind, einer Tafel, einem kleinen Bücherregal und einer großen Spielzeugkiste, die immer zur Verfügung steht, wenn wir es mit Familien mit kleineren Kindern zu tun haben. Ferner gibt es hier einen Einwegspiegel und die entsprechenden audiovisuellen Apparaturen, die es den Supervisoren und anderen Beobachtern[2] ermöglichen, von einem Nebenzimmer aus zu sehen und zu hören, was im Behandlungsraum vorgeht.

Wir verfügen auch über eine Fernsehkamera, mit der wir die Sitzungen aufnehmen können. Später kann der Film dann vom therapeutischen Team oder auch von der Familie betrachtet und analysiert werden. Die audiovisuelle Ausrüstung ist auch für Trainingszwecke von großem

---

[1] Ich beziehe mich hier auf die familientherapeutische Arbeit am Centro Studi della Comunicazione nei Sistemi und im geringeren Umfang am Istituto di Neuropsichiatria Infantile in Rom.
[2] Wir führen auch familientherapeutische Trainingsprogramme durch. Beobachter sind also in der Regel Studenten, die sich mit dem systemorientierten Vorgehen vertraut machen wollen.

Wert. Mit ihrer Hilfe kann der angehende Therapeut das jeweilige Muster der Interaktionen in der Familie, die Kongruenz der verbalen und der analogen Botschaften, die Nutzung der räumlichen Gegebenheiten und ihre sachdienliche Bedeutung etc. beobachten – und dies so unmittelbar und im Gefühl des Hier und Jetzt der beobachteten Situation, wie sich das auf keine andere Weise bewerkstelligen läßt. Er lernt, die Dinge in systemischer Weise »zu sehen«, und erkennt, um welche schwierige Kunst es sich bei der Therapie im Grunde handelt.

Häufig erweist es sich als sehr nützlich, die gefilmten Szenen aus den früheren Sitzungen noch einmal vorzuführen[3]. Wir betrachten den Film zusammen mit der Familie und sprechen dann auch gemeinsam darüber.

Diese Technik haben wir zum Beispiel bei der Familie Tozzi angewandt, die wegen des Mutismus der Tochter zur Behandlung kam. Trotz der ständigen Versuche der Mutter, die Tochter zum Reden zu bewegen, stellte sich kein Fortschritt ein. Jedesmal, wenn das Mädchen von sich aus irgend etwas unternehmen oder auch nur den Mund aufmachen wollte, mischte die Mutter sich ein und handelte an seiner Stelle. Dann zögerte das Mädchen noch stärker, und die Mutter reagierte mit noch beredterem Zureden. Der Teufelskreis wiederholte sich endlos. Wenn der Vater die Mutter in irgendeiner Weise kritisierte, wurde die Starrheit des Systems noch deutlicher.

Durch die Beobachtung einer solchen Sequenz am Fernsehschirm kann die Mutter selbst sehen, daß ihr ständiges Zureden und Ermuntern die Tochter in Wahrheit eher behindert als stützt. Wenn sie diesen Umstand erst einmal erkannt hat, dann ist sie vielleicht in der Lage, sich etwas anderes auszudenken, das heißt also, nach neuen Formen der Interaktion zu suchen.

Das erneute Betrachten gefilmter Szenen fördert auch die Transformation des »Familiensystems« in ein »therapeutisches System«, weil Fami-

---

[3] Durch das Wiederabspielen des Materials in der Sitzung ergibt sich eine Art Rückkopplungseffekt für das Familiensystem, so daß dieses seine Verhaltensweisen korrigieren oder abändern und sich alternative Lösungen überlegen kann (Alger, 1973).

lie und Therapeut auf diese Weise ja mit einer gemeinsamen Aufgabe beschäftigt sind.

Jede Familie wird in der ersten Sitzung mit unseren technischen Einrichtungen und unseren Vorgehensweisen bekanntgemacht. Gewöhnlich fällt es der Familie nicht weiter schwer, diese Dinge zu akzeptieren, obwohl sie ja in gewisser Weise »zudringlich« wirken. Wir stellen immer wieder fest, daß die Familie in der Regel sehr rasch vergißt, daß man sie hört, beobachtet und vielleicht sogar filmt[4]. Im Laufe der Behandlung betrachtet die Familie die Anwesenheit eines Supervisors und anderer Beobachter allmählich als ein Zeichen dafür, daß dem therapeutischen Team tatsächlich daran gelegen ist, ihr bei der Suche nach einer Lösung für ihre Schwierigkeiten behilflich zu sein.

Die Kinder fragen oft, was es mit dem Spiegel auf sich hat, und möchten wissen, was man von seiner Rückseite aus alles sehen kann. Wir nehmen sie dann mit in den Beobachtungsraum, wo sie sich mit dem Supervisor und den übrigen Mitgliedern des Teams unterhalten können.

Manchmal fordern wir das eine oder andere Familienmitglied auf, den Beobachtungsposten hinter dem Einwegspiegel einzunehmen, während die übrigen Familienmitglieder mit irgendeiner Sache beschäftigt sind[5]. Es kommt auch vor, daß der Supervisor direkt intervenieren möchte. Dann kommt er in den Behandlungsraum, setzt sich zum Therapeuten und arbeitet an irgendeinem ganz spezifischen Teilziel eine Zeitlang mit ihm zusammen.

Mit anderen Worten, der Einwegspiegel ist so etwas wie eine durchlässige Scheidewand zwischen dem System, das sich aus der Familie und dem Therapeuten zusammensetzt und im Behandlungsraum direkt mit

---

[4] Wir bitten jede Familie um ihr schriftliches Einverständnis damit, daß die Sitzungen gefilmt werden. Umgekehrt garantieren wir, daß die Filme nur zu beruflichen Zwecken gezeigt werden, und erklären, wie wir dieses Material für den therapeutischen Fortschritt nutzen.

[5] Diesen Aspekt der Therapie werde ich in den folgenden Kapiteln im Zusammenhang mit den Strategien, die der Unterteilung der Familie in Subsysteme dienen, noch weiter diskutieren.

einer bestimmten Sache befaßt ist, und dem Supervisor- und/oder Beob-
achter-System. Dieses zuletztgenannte System, das ja emotional längst
nicht so stark beteiligt ist, analysiert die Sequenzen der Kommunikation,
wie sie zwischen der Familie und dem Therapeuten ablaufen, und kann
so die Vorgänge insgesamt rascher erfassen. Es ist erstaunlich, welches
Maß an *Distanz* der Spiegel gegenüber dem emotionalen Klima bewirkt,
wie es im Behandlungszimmer herrscht. Eben diese *Distanz* ermöglicht
dem Beobachter, die sogenannten pragmatischen Redundanzen[6] und die
nichtverbalen Botschaften zu identifizieren und zugleich auch mögliche
Irrtümer auf seiten des Therapeuten zu erkennen.
Selvini, Boscolo, Cecchin und Prata (1978) sind der Meinung, daß im
Falle von Familien, die schizophrene Interaktionen befolgen, die Gegen-
wart des Supervisors für den Erfolg der Behandlung ausschlaggebend ist.
Selvini beobachtete, daß es solchen Familien nicht schwer fällt, den
Therapeuten in ihre pathologischen Verhaltensregeln hineinzuziehen.
Mir scheint allerdings, daß diese Gefahr immer vorhanden ist, gleichgül-
tig um welche Art von Familie es sich handelt. Ich bin überzeugt, daß
sich die Zusammenarbeit des Therapeuten mit einem Supervisor bei allen
Formen der kurzfristigen strategischen Therapie empfiehlt.


Die Beziehung zwischen Therapeut und Supervisor

Der Erfolg aller kurzfristigen strategischen Therapien hängt zu einem
großen Teil von der Beziehung zwischen dem Therapeuten und dem

---

[6] Wiederkehrende Kommunikationssequenzen heißen *pragmatische Redundan-*
*zen*. Wenn beispielsweise auf A unweigerlich und ohne Ausnahme B folgt, dann
ist B redundant. Auch die Tatsache, daß A es fraglos akzeptiert, daß B auf A
folgt, ist redundant. Diese Art der Sequenz deutet auf das Vorhandensein einer
ganz spezifischen Verhaltensregel: »In jedem Fall läßt sich eine weitgehende
Umschreibung zulässiger Verhaltensformen beobachten, was Jackson dazu ver-
anlaßte, Familien als regelgesteuerte Systeme aufzufassen« (Watzlawick, Beavin
und Jackson, 1967, S. 128).

Supervisor ab. Die Beschaffenheit der Beziehung, wie sie in den Sitzungen zwischen dem Therapeuten und der Familie entsteht, spiegelt diese weitere Beziehung zwischen dem Therapeuten und seinem Supervisor. Ob der Supervisor mehr Erfahrung hat als der Therapeut (wie dies beispielsweise in der Trainingssituation der Fall ist) oder ob in dieser Hinsicht kein wesentlicher Unterschied zwischen ihnen besteht – die gegenseitige Achtung und die Bereitschaft zur Anpassung an den anderen sind unerläßlich. Therapeut und Supervisor haben gleich wichtige Rollen inne, aber ihre jeweilige eigene Verantwortung muß deutlich definiert sein.

Ihre Funktionen ergänzen einander etwa so wie die des Trainers und des Spielers während eines Fußballspiels. Der Trainer beobachtet den Verlauf des Spiels und hat ein Auge auf die Bewegungen des einzelnen Spielers im Zusammenhang mit den Bewegungen aller übrigen. Er kann dem Spieler Ratschläge erteilen, die von großem Nutzen sind, wenn sie im richtigen Augenblick geäußert werden. Ganz ähnlich schließt das Beobachtungsfeld des Supervisors sowohl den Therapeuten als auch die Familie ein, so daß er recht gut imstande ist, Ratschläge des Inhalts zu erteilen, wie sich eine kooperative Atmosphäre schaffen und erhalten läßt. Er schlägt dem Therapeuten im Einklang mit dem Gesamtplan der Behandlung bestimmte Schritte vor. Der Therapeut hat die Aufgabe, diese Vorschläge in die Tat umzusetzen und zugleich die Bewegungen der einzelnen Familienmitglieder und die augenblickliche Situation im Auge zu behalten. Der Therapeut befolgt zwar die Instruktionen des Supervisors, aber er behält seine Freiheit zur Intervention. Eine fruchtbare therapeutische Beziehung hängt im Grunde vom freien Einsatz seiner eigenen Person und von seinem eigenen Gespür für die Dinge ab. Wenn das Therapeut-Supervisor-Paar gut zusammenarbeiten soll, dann müssen beide Partner bereit sein, mit den Schwierigkeiten fertigzuwerden, die unweigerlich auftauchen, wenn zwei Menschen zusammenarbeiten. Wir nehmen uns immer genügend Zeit zur Besprechung der laufenden therapeutischen Bemühungen, und zwar vor wie auch nach jeder Sitzung. Manchmal beteiligt sich das ganze Team an der Diskussion der Vorgehensweisen, der Festlegung von Vorschriften, dem Austausch der persönlichen Eindrücke, der Beurteilung der Wirksamkeit der Anweisungen des Supervisors, der Beobachtung der Gegenreaktionen, die die Familie zeigt, usw.

Während der Sitzungen selbst können Therapeut und Supervisor direkt oder über die hausinterne Sprechanlage miteinander in Kontakt treten. Sollte der Therapeut es für nötig halten, kann er auch das Sitzungszimmer verlassen, um mit dem Supervisor Informationen auszutauschen und die Situation gemeinsam mit ihm zu beurteilen. Wenn er den Raum verläßt, kann er sich vorübergehend auch von seinem emotionalen Engagement freimachen[7].

Der Hauptunterschied zwischen der direkten und der indirekten Supervision besteht darin, daß bei der ersteren der Supervisor tatsächlich sieht, was im Behandlungszimmer abläuft; folglich sind seine Ratschläge wirksamer, weil sie sofort befolgt werden können. Das macht es auch möglich, therapeutische Mißgriffe sogleich zu korrigieren, die sonst den Leidensdruck, der auf der Familie lastet, möglicherweise noch vergrößern würden.

Die Zusammenarbeit von Therapeut und Supervisor unterscheidet sich auch von einer solchen Sitzung, bei der ein Kotherapeut zugezogen wird, das heißt also, bei dem zwei Therapeuten miteinander im Sitzungszimmer arbeiten. In Fällen, in denen der Therapeut mit einem Supervisor arbeitet, ist es gelegentlich von Vorteil, ein Mitglied der Familie zum *zeitweiligen Kotherapeuten* zu bestimmen. Die Wahl kann auf Vater oder Mutter, aber auch auf den identifizierten Patienten selbst, auf eines der heranwachsenden Kinder oder sogar auf den Großvater bzw. die Großmutter fallen. Diese Art der *ad hoc* betriebenen Kotherapie kann

---

[7] »Wir müssen ganz grundsätzlich davon ausgehen, daß jede Familie den Therapeuten völlig mit Beschlag belegen, ihn in eine bestimmte Richtung drängen und von seiner Funktion, Veränderungen zu bewirken, wegführen kann, und daß es jedem Therapeuten passieren kann, daß er sich der Familie gegenüber in einer Weise verhält, die gerade diejenigen Muster noch verstärkt, die die Familie veranlaßt haben, es mit einer Therapie zu versuchen« (Montalvo, 1973).

von ganz großem Erfolg sein. Manchmal ist es vorteilhafter, wenn der Kotherapeut dem Familiensystem angehört, als wenn er von außen dazustößt. Wenn es dem Therapeuten gelingt, einen Kotherapeuten innerhalb der Familie zu finden, stellt es für die Behandlung einen entscheidenden Schritt nach vorn dar und beweist, daß der Therapeut wirklich Aufnahme in das System gefunden hat.

Das Erstgespräch

Die Bedeutung des Erstgespräches kann gar nicht genug unterstrichen werden. Die erste Begegnung des Therapeuten mit dem Familiensystem erweist seine Vertrautheit mit dem interaktionellen Ansatz. Das wichtigste Ziel besteht in der Herbeiführung der Bedingungen, die den Therapeuten und die Familie in die Lage versetzen, einen korrekten therapeutischen Vertrag festzulegen. Das erste Anliegen des Therapeuten muß also lauten, eine Atmosphäre zu schaffen, die dem Zusammentragen von Informationen günstig ist.

Zur Planung der Behandlung braucht der Therapeut einen genauen *Lageplan,* was die Interaktionsstruktur der jeweiligen Familie angeht. Diesen Lageplan setzt er sich zusammen, indem er Informationen erbittet und die Grenzen innerhalb dieser Familie, ihre funktionalen und dysfunktionalen Bereiche etc. ausfindig macht.

Der Lageplan, den der Therapeut sich so zusammensetzt, ist gewissermaßen ein Schaubild der Familie in einer ganz bestimmten Phase ihrer Entwicklung. Nach Minuchin (1974) ist der Lageplan ganz einfach ein Schema der familialen Organisation:

»Er zeigt die Fülle der familialen Interaktionen nicht deutlicher als eine Landkarte die Vielgestaltigkeit des Territoriums abbildet. Er ist statisch, während die Familie ständig in Bewegung ist. Aber der Lageplan der Familie ist ein wichtiges Vereinfachungsmittel, das es dem Therapeuten gestattet, das ganz verschiedenartige Material zu organisieren, das er erhält. Der Plan macht es ihm möglich, Hypothesen bezüglich gut funktionierender wie auch bezüglich möglicherweise dysfunktionaler Gebiete innerhalb der Familie zu formulieren« (S. 116).

Die Entscheidung des Therapeuten, bei wem seine Intervention einsetzen soll und welche Strategie er wählt, hängt davon ab, welche Systeme und Subsysteme seiner Überzeugung nach an dem vorgestellten Problem beteiligt sind. Er muß sorgfältig erkunden, welche Elemente sich für die Erarbeitung einer Lösung am besten eignen.

Der Therapeut muß in Erfahrung bringen, wie das System strukturiert ist und wie es *hier* und *jetzt* in der Begegnung zwischen der Familie und dem Therapeuten funktioniert. Bei der interaktionellen Behandlung hängt die Intervention nicht direkt von der Diagnose ab. Da der Therapeut ja eine aktive Rolle bei der Erstellung des Lageplans der Familie innehat, bezieht er sich auch selbst mit ein. Was sich letzten Endes herausschält, ist also in Wahrheit ein *Lageplan des therapeutischen Systems*. Mit anderen Worten, bei der Begutachtung der Familie werden ihre Interaktionen nicht etwa im leeren Raum beurteilt, sondern im Hinblick auf das therapeutische Team. Je besser es dem Therapeuten gelingt, zu beobachten und sich selbst beobachten zu lassen, desto leichter wird es sein, einen therapeutischen Vertrag auf der Grundlage einer klaren Definition der Beziehung zwischen der Familie und dem therapeutischen Team aufzustellen.

Der Therapeut muß sich vor Augen halten, daß der therapeutische Kontext dem Verhalten aller hier beteiligten Menschen bestimmte Grenzen setzt, und daß sein eigenes Verhalten gewisse dysfunktionale Beziehungen sogar noch verstärken kann. In der Beziehung zwischen ihm und seinem Supervisor hat er ein Mittel, mit diesen Schwierigkeiten fertigzuwerden. Die Aufgabe des Therapeuten besteht darin, die Reaktionen der Familie auf seine Person zu beobachten, während der Supervisor die Aufgabe hat zu beobachten, wie der Therapeut und die Familie aufeinander eingehen, und die Erkenntnisse, die sich aus deren Beziehung zueinander ergeben, systematisch zu ordnen.

Ich möchte hier betonen, daß die Diagnose in der interaktionellen

Therapie ein progressiver Vorgang ist und daß Diagnose und Intervention in der Praxis Teil ein und desselben Prozesses sind. Einerseits ergibt sich eine Diagnose aus den Informationen, die das Familiensystem mittels seiner Reaktion auf die Aktionen des Therapeuten liefert. Andererseits leiten sich die Interventionen des Therapeuten aus Hypothesen her, die auf seiner ursprünglichen Beobachtung der Interaktionsmuster der Familie und des Ausmaßes ihrer Starrheit beruhen.

Der Therapeut präsentiert sich als ein Mensch, »der mehr wissen und verstehen möchte«. Seine Beobachtungen sind niemals endgültig, sondern müssen ständig dadurch verifiziert werden, daß er sich aktiv um die Erkundung des Systems bemüht. Diese Art der Erkundung, mit der die Bereitschaft der Familie zur Erprobung neuer Modelle der Interaktion ausfindig gemacht werden soll, gibt dem Therapeuten Hinweise in bezug darauf, daß und wie der Lageplan der Familie erweitert oder modifiziert werden muß. Diese nach und nach erfolgenden Modifikationen leiten ihn dann bei seinen Bemühungen um die Festlegung neuer Interventionen, die es ihm ihrerseits gestatten, weitere Informationen zusammenzutragen.

Der vollständige Lageplan der Beziehungen innerhalb der Familie kommt also langsam und allmählich zustande. Je akkurater er ausfällt, desto größer ist die Wahrscheinlichkeit, daß die Ziele der Behandlung korrekt definiert werden, wenn der therapeutische Vertrag festgelegt wird.


Erste diagnostische Beobachtungen

*Der allererste Kontakt*

In den meisten Fällen kommt es schon vor der ersten Sitzung zu einem Kontakt. Er kann in einem Telefongespräch oder in einer kurzen Unterhaltung mit einem oder mehreren Familienmitgliedern oder auch mit einem Sozialarbeiter, einem Lehrer oder einer anderen außerhalb der

Familie stehenden Person bestehen, die eine Behandlung empfohlen hat. Nur selten ist an diesem allerersten Kontakt die gesamte Familiengruppe beteiligt.

Wie immer der erste Kontakt auch aussieht, er liefert dem Therapeuten bereits nützliche Informationen, die dann im Blick auf die Interaktionen analysiert werden müssen. Das heißt, alle Informationen, die ein Familienmitglied oder eine soziale Dienststelle dem Therapeuten liefert, müssen als *eine* Version des Problems betrachtet werden, *nicht als das Problem selbst.*

Aus dem ersten Anruf oder dem ersten Gespräch zieht der Therapeut Informationen sowohl über die Interaktionen als auch über die tatsächlichen Verhältnisse in der Familie:

Beispielsweise kann es sein, daß dasjenige Familienmitglied, das den Therapeuten anruft, am stärksten von allen motiviert ist, sich auf eine Therapie einzulassen, und die übrigen antreibt, die der Sache eher zögernd gegenüberstehen. Manchmal versucht der Anrufer, eine Koalition mit dem Therapeuten[8] zu begründen, bevor er noch persönlich mit ihm zusammengetroffen ist. In diesem Fall wird er die Behandlung vermutlich in der Überzeugung beginnen, daß er eine ganz besondere und privilegierte Position einnimmt und das Recht hat, als Sprecher der Familie aufzutreten.

Es kann auch so sein, daß dieser Familienangehörige versucht, in Konkurrenz zum Therapeuten zu treten: Er läßt vielleicht auf mancherlei Weise durchblicken, daß der Therapeut die von ihm gesetzten Regeln zu beachten hat, wenn er die Familie wirklich kennenlernen will. Er wird beispielsweise selbst bestimmen wollen, welche Mitglieder seiner Familie er überhaupt zur Behandlung mitbringen möchte, er wird Tag und Stunde der Begegnung festlegen und dem Therapeuten sagen wollen, was mit dem Kind nun tatsächlich nicht in Ordnung ist, usw.

---

[8] Eine Koalition ist »die Absprache eines Bündnisses, das aus Gründen des beiderseitigen Vorteils der Partner gegenüber einem Dritten geschlossen wird« (Sluzki, 1975).

Ein anderes Familienmitglied möchte dem Therapeuten vielleicht mitteilen, daß die Situation hoffnungslos ist, daß die Schuld allein bei einem der Kinder, beim Ehepartner oder bei irgendeinem Geschehen liegt, das sich bereits früher zugetragen hat, und daß er hofft, daß der Therapeut ihm seine Meinung offiziell bestätigen wird.

In wieder anderen Fällen ist es dem Anrufer überhaupt nicht recht, daß er um Behandlung bitten muß. Er empfindet diesen Schritt als stigmatisierend oder als Anzeichen dafür, daß die Familie gescheitert ist. Oder aber er erwartet Wundertaten vom Therapeuten und versucht, bei diesem ersten Kontakt alle Verantwortung auf den Experten abzuwälzen – in der Hoffnung, sich dann selbst aus der Sache heraushalten zu können.

Alle diese Informationen gestatten es dem Therapeuten, sich erste Hypothesen bezüglich der Familie zurechtzulegen, die er dann beim Zusammentreffen mit ihr auf ihre Richtigkeit hin untersuchen wird. Beispielsweise wird er sich überlegen, welche Motive der Bitte der Familie um Behandlung möglicherweise zugrundeliegen und wie diese Motive das Verhalten der Familienmitglieder beim ersten Zusammentreffen möglicherweise beeinflussen werden. Insbesondere wird er sich bereits anhand der Bemühungen der Familie, den Therapeuten schon vor dem ersten Zusammentreffen zu manipulieren, eine erste Vorstellung von der Starrheit des Systems machen können.

Aus alldem wird ersichtlich, daß bereits diese einleitende Phase zum Kampf um die Kontrolle der therapeutischen Beziehung werden kann. Wenn der Therapeut den Versuch macht, diesen Kampf zu vermeiden, dann besteht die Gefahr, daß eine Beziehung zwischen ihm und der Familie zustande kommt, der es an echter Gegenseitigkeit fehlt.

*Die Eröffnungsphase beim Erstgespräch*

In der Eröffnungsphase bemüht der Therapeut sich darum, daß alle Familienmitglieder sich sicher fühlen, und tritt mit jedem einzelnen von ihnen in Verbindung. Er bittet alle, sich so hinzusetzen, wie es ihnen am liebsten ist, unterrichtet sie über den Einwegspiegel und die Anwesenheit des Supervisors und der Beobachter und macht sie ganz allgemein mit dem Schauplatz der zukünftigen Gespräche vertraut. Es geht ihm darum, eine Atmosphäre des Vertrauens zu schaffen, nicht etwa den Eindruck des kühlen und distanzierten Therapeuten zu erwecken. So fragt er alle Anwesenden nach ihrem Namen und stellt jedem ein paar Fragen, damit jeder einzelne sich zum Mitmachen aufgefordert fühlt. Natürlich bestimmt im Grunde das Verhalten der Familie selbst darüber, wie und wann der Therapeut sich um einen ersten Kontakt mit den Anwesenden bemüht und mit dem Zusammentragen von Informationen beginnt. In dieser Phase kommt es oft vor, daß die Familie genau die Situation von neuem schafft, die bereits in den Vorverhandlungen angedeutet worden ist. Eine Familie, die sich in der Krise befindet, wird vermutlich den Wunsch haben, sofort über ihre Schwierigkeiten zu sprechen, und den Therapeuten um eine Lösung bitten.

Wenn dem Therapeuten daran gelegen ist, ein funktionierendes therapeutisches System zu schaffen, dann muß er das Problem so rasch wie möglich vor dem Hintergrund der Interaktionen dieser Familie neu definieren und die Familie mit einer verantwortungsvollen und aktiven Rolle im therapeutischen Prozeß betrauen.

Gegenüber Kindern bedient sich der Therapeut anderer Formen der Annäherung und der Informationsbeschaffung als gegenüber erwachsenen Menschen. Seine Fragen und seine Haltung verändern sich auch, je nachdem, ob er sich an einen Bauern oder an einen Lehrer, an einen rebellischen Heranwachsenden oder an ein verschrecktes Kind, an eine stolze Mutter oder an eine enttäuschte und gelangweilte Hausfrau wendet.

Der Familientherapeut muß lernen, sich Zugang zur Welt der Familie zu verschaffen und seine Sprache, seinen persönlichen Stil und seine Erfahrungen den Menschen, mit denen er es gerade zu tun hat, anzupassen. Er muß auch lernen, die Regeln der Familie zu respektieren und die Realität und die Bedürfnisse der Familie in ihrem größeren sozialen Rahmen zu sehen[9].

In dieser allerersten Phase teilt der Therapeut der Familie mit, daß jedes Mitglied ihm gleichermaßen wichtig ist und daß er an ihnen allen als Menschen interessiert ist und nicht nur deshalb, weil sie sich im Augenblick in Schwierigkeiten befinden. Die Unterhaltung dreht sich eher um neutrale Themen als um das Problem, das die Familie zur Behandlung geführt hat. So läßt sich leicht eine Atmosphäre der Zusammenarbeit schaffen und die erste therapeutische Regel einführen – daß *nämlich jeder gleich wichtig ist und die gleiche Aufmerksamkeit verdient.*

Im Interesse der Familie als eines Ganzen muß der Therapeut diese Regel im gesamten Verlauf der Therapie beachten und jeden Versuch, von ihr abzuweichen, verhindern oder im Keim ersticken.

So wie der Therapeut sich in die Welt der Familie hineinbegeben und sich an die Familie anpassen muß, ist die Familie ihrerseits verpflichtet, die Regeln der Therapie zu akzeptieren. Dieses Konzept des wechselseitigen Aufeinandereingehens ist wichtig, es stellt eine konkrete Form der Begegnung dar und vermittelt jedem Beteiligten das Gefühl, für das Gelingen der gemeinsamen Sache mitverantwortlich zu sein.

Zusammenfassend läßt sich sagen, daß der Therapeut in der Eröffnungs-

---

[9] Ein Familientherapeut muß sich mit dem allgemeinen sozio-kulturellen Hintergrund der Familie wie auch mit dem spezifischen Kontext vertraut machen, in dem ihre Mitglieder leben und arbeiten. Wenn er interaktionsbezogen vorgeht, dann beginnt er damit, daß er das soziale Umfeld der Familie erkundet, um jene Bereiche ausfindig zu machen, in denen eine Intervention den größten Erfolg verspricht. Diese Methode kann gerade in gemeindepsychiatrischen Einrichtungen sehr wirksam sein. Ein solches Vorgehen setzt voraus, daß der Therapeut über Beziehungen zwischen Systemen Bescheid weiß und in gewissem Ausmaß gesellschaftspolitisch denkt, um das spezifische Problem korrekt benennen und eine wirksame Intervention planen zu können.

phase der Behandlung eine Reihe von Beobachtungen anstellt, aufgrund derer er eine allererste diagnostische Beurteilung des Systems vornimmt. Diese Beurteilung leitet seine Interventionen, so daß es zu einer klaren Definition der therapeutischen Beziehung kommt und die Ziele des therapeutischen Vertrags korrekt formuliert werden können.

## Die Selbstdarstellung der Familie

Die allgemeine Haltung der Familie, ihre Sitzordnung und das Maß an Übereinstimmung zwischen ihren verbalen und ihren nichtverbalen Verlautbarungen gehören zu den Dingen, die der Therapeut zuallererst zur Kenntnis nimmt. Er gelangt so zu einer ersten Hypothese darüber, mit welcher Art von System er es zu tun hat und welches Verhältnis in diesem System zwischen dem persönlichen Bereich und der Sphäre der Interaktionen besteht.

Die eine Familie macht vielleicht einen starren Eindruck – das heißt, alle Mitglieder beantworten die Fragen des Therapeuten sehr einsilbig, und dazwischen kommt es immer wieder zu langen Pausen, in denen gar nichts gesagt wird. Eine andere Familie wirkt freundlich und erleichtert angesichts der Tatsache, daß hier eine vertrauensvolle Atmosphäre herrscht; die Kinder laufen im Zimmer herum und fangen an zu spielen, sie tun, als ob sie hier zu Hause wären. In wieder anderen Familien ist es vielleicht so, daß ein Elternteil oder auch beide Eltern der Meinung sind, sie müßten sofort auf das Problem zu sprechen kommen, das sie quält. In diesem Fall entsteht rasch eine unbehagliche und gewöhnlich anklägerische Atmosphäre. In anderen Fällen hat der Therapeut den Eindruck, daß der identifizierte Patient gewissermaßen nur aufgrund einer Kriegslist überhaupt zur Behandlung erschienen ist (das ist häufig der Fall, wenn es sich um einen Heranwachsenden handelt) und daß die Eltern sich offenbar verbündet haben. Es gibt auch Fälle, in denen der Therapeut feststellt, daß die Familie nicht von sich aus gekommen, sondern von einer außenstehenden Autorität (der Schule, einer anderen Institution) hergeschickt worden ist. Solche Familien sind häufig sehr stark auf ihre Verteidigung bedacht und außerordentlich mißtrauisch.

Diese ersten Beobachtungen erlauben es dem Therapeuten, eine Hypothese über die Flexibilität oder die Rigidität des Systems aufzustellen. Diese starre Familie, die das Problem, das sie ihrer Meinung nach allein nicht lösen kann, möglichst rasch schildern möchte, vermittelt dem Therapeuten unter Umständen das Gefühl, es mit einem besonders starren System zu tun zu haben. Er wird bemüht sein, diesen ersten Eindruck bei seinen zukünftigen Interventionen auf seine Richtigkeit hin zu prüfen, und schließlich seine urspüngliche Hypothese abändern müssen: Er entdeckt vielleicht, daß die Familie deshalb so starr wirkt, weil sie von dritter Seite geschickt worden ist, oder daß es sich hier um eine Art der Selbstdarstellung handelt, die die Familie immer dann übt, wenn sie sich in einer neuen Situation befindet, oder daß das Verhalten der Familie nur die starre Attitüde des Therapeuten spiegelt, der zu statisch wirkt und dem es nicht gelingt, der Familie ein anderes Verhaltensmodell anzubieten.

### Die Beziehungen in und zwischen den Subsystemen

An seine ersten, noch keineswegs endgültigen Beobachtungen schließt der Therapeut nun eine systematischere Erkundung der verschiedenen Subsysteme an. Die weiteren Informationen, die er erhält, bestätigen oder modifizieren seinen ursprünglichen Eindruck von der Flexibilität oder der Rigidität der innerfamilialen Grenzen.

### Die Beziehungen zwischen Eltern und Kindern

Manche Eltern sind sehr streng mit ihren Kindern und ärgerlich über deren Benehmen (über die Art, wie sie sitzen, sich ausdrücken usw.). Andere beachten dagegen ihre Kinder überhaupt nicht. Gelegentlich machen die Eltern den Eindruck, als seien sie vollkommen außerstande, mit einem Kind fertigzuwerden, das sich während der Sitzung rebellisch oder bizarr verhält. Viele Eltern machen sofort eine Bemerkung über den Unterschied zwischen ihrem angeblichen Problemkind (von dem sie sagen, es bringe nichts zustande, sei unsicher und eine Enttäuschung für sie) und einem anderen Kind, das das genaue Gegenteil ist (es ist ehrgeizig und selbstsicher, eben ein gutes Kind)[10].

Der Therapeut beobachtet, wie die Kinder auf die Bitten ihrer Eltern reagieren und wie die Eltern ihrerseits Interaktionen mit ihren Kindern in die Wege leiten. Der identifizierte Patient bittet seine Eltern häufig (durch einen Blick oder eine Äußerung usw.) um Bestätigung, selbst wenn der Therapeut ihn nur nach seinem Namen gefragt oder sich nach seinen Schulkameraden erkundigt hat.

Kinder, die ein bizarres Verhalten oder sehr auffällige Störungen an den Tag legen – also etwa Ticks, Stottern, stereotype motorische Aktivität –, zeigen diese Verhaltensweisen unter Umständen in der Sitzung noch deutlicher und häufiger als gewöhnlich. Die Häufigkeit und Intensität kann sehr stark schwanken, je nachdem, ob die Eltern das Kind gerade tadeln oder einen positiven Zug seiner Persönlichkeit hervorheben.

Wenn eines der Kinder gestört ist, sind die Eltern häufig untereinander nicht einig, wie man mit dem Problem am besten umgehen sollte. Manchmal zeigen sie ihre Uneinigkeit schon in der ersten Sitzung ganz offen; in anderen Fällen scheinen sie anfangs der gleichen Meinung zu sein und fangen erst später an, einander zu kritisieren.

Die Eltern setzen unter Umständen eines der Kinder, gewöhnlich den

---

[10] Vogel und Bell (1960) schreiben, daß zum Sündenbock häufig dasjenige Kind bestimmt wird, das sich mit dem Elternteil, dem es am stärksten ähnelt, identifiziert. Negative Eigenschaften werden in diesem Kind wahrgenommen, obschon der betreffende Elternteil diese selbst besitzt. Die Aufmerksamkeit richtet sich aber niemals auf diesen Elternteil, sondern immer auf das Kind. Wir erleben es häufig, daß ein Elternteil ein Kind aufgrund von Eigenschaften kritisiert, die er bei seinem Ehepartner ablehnt, daß er diesem gegenüber jedoch seine Gefühle nicht zum Ausdruck zu bringen wagt.

identifizierten Patienten, zum Mittler in ihrer wechselseitigen Beziehung ein. Das heißt, sie kommunizieren miteinander, indem sie sich über dieses Kind unterhalten. Damit kann jeder von ihnen den anderen kritisieren, ohne dabei die eheliche Beziehung zu gefährden. Beispielsweise erzählt der Vater dem Therapeuten von seiner Arbeit, während Mutter und Tochter einander wissend zuzwinkern und zulächeln, zwei Komplizinnen, die den Anspruch des Vaters, auf seinem Gebiet kompetent zu sein, damit abzuwerten suchen. Oder die Ehefrau spricht gerade über sich selbst, und der Mann läßt sich ablenken (er fängt an, mit seinem dreijährigen Kind zu spielen). Was so aussieht, als sei es ein ganz zufälliges Verhalten, ereignet sich jedesmal wieder, wenn der Therapeut sich mit der Frau unterhält. Angesichts des Verhaltens dieser Triade[11] stellt der Therapeut bei sich die Hypothese auf, daß das Kind seinen Eltern durch sein auffälliges Verhalten wohl hilft. Wenn die Eltern es beispielsweise einfach nicht fertigbringen, sich im gleichen Zimmer

---

[11] Jay Haley hat als Fachmann auf dem Gebiet der menschlichen Kommunikation am klarsten auf die Bedeutung von Triaden und auf den einschneidenden Wandel in der Perspektive aufmerksam gemacht, der sich ergibt, wenn wir von der Analyse des Individuums zur Betrachtung der Dyade und dann schließlich von Einheiten aus drei oder mehr Personen fortschreiten, die an einer Kommunikationssequenz teilhaben. Die Sprache, die wir zur Beschreibung von Individuen oder Dyaden benutzen, wird der Beschreibung der Beziehungen zwischen drei Menschen nicht mehr gerecht. Dyadische Beziehungen lassen sich beispielsweise als symmetrisch (wenn zwei Menschen unter Einsatz der gleichen Art von Verhalten miteinander interagieren) bzw. als komplementär beschreiben (wenn das Verhalten des einen das des anderen ergänzt). Aber diese Terminologie läßt sich zur Beschreibung einer Einheit aus drei Menschen bereits nicht mehr heranziehen. Wenn wir uns über eine Triade verständigen wollen, dann müssen wir auf Koalitionsprozesse oder Allianzen zwischen zwei Menschen verweisen, die sich gegen die dritte Person richten. Sobald der interaktionsorientiert vorgehende Therapeut die Ebene der individuellen oder der dyadischen Analyse hinter sich gelassen hat und sich mit Triaden beschäftigt, wird er automatisch sein Beobachtungsfeld erweitern, nämlich zunächst den familialen Kontext des Individuums und später dann auch die größere Einheit mit hineinnehmen, die aus der erweiterten Familie und ihrem größeren sozialen Umfeld besteht.

aufzuhalten, ohne einen Streit miteinander anzufangen, dann dienen die Ängste des Kindes dazu, die Eltern zu trennen; sie haben also eine beschützende Funktion inne. Dadurch, daß sie auf dem Kind als dem Problem bestehen, ziehen die Eltern ihre eigene Aufmerksamkeit und die Aufmerksamkeit des Therapeuten von ihren ehelichen Schwierigkeiten ab. Wenn eine Großmutter an der Sitzung teilnimmt, dann drängt sie sich unter Umständen in die elterliche Beziehung hinein, soweit es sich um Fragen der Kindererziehung handelt. Oder aber sie stärkt die Position des Vaters in der Familie gegenüber der Position, die seine Frau innehat. Die Folge ist, daß die Frau sich deprimiert zurückzieht und damit erkennen läßt, daß sie sich aus den Angelegenheiten der Familie gewissermaßen ausgestoßen fühlt. Tatsächlich finden sich Allianzen und Koalitionen in jeder Familie. Wie wichtig die Beobachtung und Nutzung der entsprechenden Prozesse im Rahmen familientherapeutischer Bemühungen ist, wird in den folgenden Kapiteln noch klarer zum Ausdruck kommen[12].

## Die Beziehungen zwischen den Geschwistern

Es ist auch wichtig, die Interaktionen der Kinder untereinander zu beobachten. Minuchin (1974) beschreibt das Geschwistersubsystem als »das erste soziale Laboratorium, in dem die Kinder mit den Beziehungen unter Gleichgestellten experimentieren können. Innerhalb dieses Kontextes stützen, isolieren, verfolgen und lehren die Kinder einander« (S. 80).

---

[12] Zum Thema der Koalitionen schreibt Sluzki (1975): »Entscheidend wichtig sind das Wann und das Wie ihres Zustandekommens; die Struktur, die Reihenfolge, die Intensität, die Dauerhaftigkeit und der Stil der Koalitionen, wie wir sie während eines Familieninterviews beobachten oder auch tätig herbeiführen, liefern uns hochwichtige Informationen in bezug auf die Ortung der Konfliktbereiche in der Familie, auf die Aufdeckung der homöostatischen Funktionen der Familie und auf die Ausrichtung des therapeutischen Vorgehens.«

Die Fähigkeit der Kinder zum gemeinsamen Spiel, zum Interessenaustausch und zur gegenseitigen Unterstützung gegenüber den Erwachsenen zeigt, in welchem Ausmaß das Problemkind zum Sündenbock gemacht worden ist. Im allgemeinen ist die Kapazität der Kinder zur wechselseitigen Sozialisation dem Ausmaß an Spannung, das in dem jeweiligen System auftritt, umgekehrt proportional. Der Therapeut interessiert sich ganz besonders für die Distanz zwischen den Kindern und für die Beziehungen zwischen dem elterlichen und dem Geschwistersubsystem. Diese Information befähigt ihn, Hypothesen darüber anzustellen, wie weit das Kind sich auf elterliches Territorium vorgewagt hat und wie weit seine Position dazu dient, von Streitigkeiten zwischen den Eltern abzulenken.

Sobald der Therapeut in der Lage ist, die Familie als ein System zu betrachten, und genügend Informationen über das vorgestellte Problem zusammengetragen hat – und zwar sowohl von den Eltern als auch von den Kindern –, ist er im Besitz der notwendigen Voraussetzungen für die Beurteilung beispielsweise der Frage, ob der Vater es vermag, Mutter und Kind zu einer gewissen Distanz zueinander zu verhelfen, oder ob die übrigen Kinder etwas dazu beitragen können, daß der identifizierte Patient wieder in das Geschwistersubsystem Aufnahme findet.

Die Erkundung der Beziehungen, wie sie in und zwischen Subsystemen bestehen, dient im Grunde zwei Zielen: Einerseits ist sie für die Erstellung der Diagnose und für eine gewisse vorausschauende Beurteilung wichtig; andererseits dient sie der Neustrukturierung, die ihrerseits den Therapeuten in die Lage versetzt, sich weitere Informationen zu beschaffen. Warum diese Erkundung in bezug auf die Erstellung der Diagnose so wichtig ist, läßt sich leicht erklären. Wenn der Therapeut beispielsweise das Geschwistersubsystem erkundet, dann stellt er unter Umständen fest, daß hier ein Elternkind (ein Kind befindet sich auf der Ebene der elterlichen Hierarchie) zugegen ist; wenn er die Interaktionen innerhalb des elterlichen Subsystems unter die Lupe nimmt, wird ihm klar, daß ein Konflikt zwischen den Ehepartnern besteht. Es leuchtet auch ein, daß neustrukturierende Interventionen in den einzelnen Subsystemen die innerfamilialen Grenzen deutlicher erscheinen lassen. Wenn der Therapeut beispielsweise mit dem Subsystem der Geschwister arbeitet, kann er die interne Differenzierung vorantreiben, indem er nämlich eine Unterscheidung zwischen den heranwachsenden Kindern mit ihrem Wunsch nach Autonomie und den kleineren Kindern vornimmt, denen es noch um Zuwendung und Fürsorge zu tun ist. Wir erkennen, daß diese Art der Erkundung sich auch im Blick auf präventive Ziele als sehr nützlich erweist. Tatsächlich kann der Therapeut dadurch, daß er die unterschiedlichen Bedürfnisse der Kinder je nach ihrer Altersstufe ganz deutlich macht, Probleme aufdecken, die in jeder Untergruppe vorhanden sind und sonst vielleicht von den vordergründigen Problemen eines anderen Subsystems verdeckt werden.

Durch die Erkundung der Subsysteme wird auch deutlich, daß man das Problem eingrenzen muß, mit dem die Behandlung sich später befassen soll. Anhand dieser Eingrenzung erkennt der Therapeut auch die relative »Autonomie« weiterer spezifischer Bedürfnisse, die in einem oder mehreren Subsystemen vorhanden sind. Deshalb werden eine ganze Reihe therapeutischer Verträge formuliert, die sich jeweils wieder auf ein anderes Problem konzentrieren. Die Lösung aller dieser Schwierigkeiten bildet das Ziel des therapeutischen Prozesses.

*Die Beziehungen zwischen den Familienmitgliedern und dem Therapeuten*

Die Haltung der Kinder gegenüber dem Therapeuten in dieser ersten Phase der Behandlung ist kennzeichnend für die Art, in der die Eltern sie auf das Zusammentreffen vorbereitet haben. Wenn ein Kind sich vor der ersten Begegnung mit dem Therapeuten fürchtet, dann deutet diese Furcht unter Umständen an, daß es das Gefühl hat, bestraft und möglicherweise im Stich gelassen zu werden. Sind die Kinder freundlich und an der Person des Therapeuten wie an der Behandlung interessiert, dann kann das bedeuten, daß die Eltern ihnen das Zusammentreffen als ein angenehmes Ereignis dargestellt haben und daß sie optimistisch und zur Mitarbeit bereit sind.

Durch die Beobachtung der Kinder kann der Therapeut auch herausfinden, ob die Familie von einer schulischen Autorität (dem Lehrer, dem Rektor, dem Schulpsychologen) zur Behandlung geschickt worden ist. In diesen Fällen sind die Kinder und insbesondere der identifizierte Patient in der Regel von Anfang an nervös und irritiert.

Ich erinnere mich an einen zwölfjährigen Jungen, der den Behandlungsraum buchstäblich auf den Kopf stellte, während die Eltern ihn vollständig ignorierten. Sie schienen überhaupt nichts wahrzunehmen und ließen auf diese Weise erkennen, daß sie mit dem destruktiven Verhalten des Kindes einverstanden waren.

Zu einem späteren Zeitpunkt in der Sitzung bot der Therapeut an, sich um ein besseres Verhältnis zwischen der Schule und dieser Familie zu bemühen (er lehnte die von den Lehrern vorgetragene Aussage ab, daß es sich bei Robert um ein sogenanntes Charakterproblem handele). Daraufhin hörte Robert auf, Spielsachen kaputtzumachen, setzte sich zwischen seine Eltern und beteiligte sich am Gespräch. Am Ende der Unterhaltung forderten die Eltern ihren Sohn auf, das Zimmer nun wieder in Ordnung zu bringen, und zeigten so durch eine konkrete Geste ihre Bereitschaft, sich an dem Plan zu beteiligen, auf den man sich in der Sitzung geeinigt hatte.

Schon bei diesem ersten Kontakt bemerkt der Therapeut, welche Familienmitglieder implizit oder explizit versuchen, seine Sympathie und sein Interesse zu erwecken. Eine Mutter läßt beispielsweise erkennen, daß ihr an einer besonderen Beziehung zum Therapeuten gelegen ist, indem sie die Noten vorzeigt, die ihr Kind in der Schule erhalten hat, indem sie um eine Einzelsitzung für sich bittet oder indem sie anstelle ihrer Kinder antwortet. Der Therapeut muß sich davor hüten, sich in eine Koalition mit der Mutter hineinziehen zu lassen und so die übrigen Familienmitglieder auszuschließen.

Es gibt auch Eltern, die ihr Kind ärgerlich ansehen und sich dann zum Therapeuten wenden, so als wollten sie ihn bitten, ihrer Sicht der Dinge zuzustimmen. Sie fordern ihn auf, sich mit ihnen gegen das Kind zu verbünden. Auch in diesem Fall muß der Therapeut es vermeiden, sich in eine Koalition hineintreiben zu lassen, die ja von einem Geist der Anklagen und Beschuldigungen geprägt wäre[13].

Auch bei der Betrachtung der Beziehung zwischen der Familie und dem Therapeuten kommt dem Supervisor eine sehr wichtige Aufgabe zu. Er muß sicherstellen, daß der Therapeut jene systemischen Informationen erhält, die er braucht, um einen korrekten therapeutischen Vertrag aufstellen zu können. Insbesondere muß der Supervisor sicher sein, daß der Therapeut ausreichende Angaben darüber erhält, wer die Familie überhaupt zur Therapie gebracht und und welche Motive die Familie dafür hat. Diese Informationen helfen dem Therapeuten, die Einstellung der Familie zur Therapie richtig zu interpretieren. Weiter muß der Supervisor sicher sein, daß der Therapeut mit jedem Familienmitglied in direkten Kontakt tritt. Vor allem muß der Therapeut es vermeiden, den identifizierten Patienten zu schützen, denn damit würde er dessen Rolle als Sündenbock nur noch festigen. Und schließlich muß der Supervisor alle emotionalen Reaktionen registrieren, die der Therapeut etwa einem bestimmten Familienmitglied gegenüber zeigt, weil in diesem Falle ja die Gefahr besteht, daß er in eine symmetrische Beziehung mit einer der Komponenten des Systems hineingerät.

---

[13] Im Zusammenhang mit der Position des Therapeuten angesichts solcher Koalitionsprozesse schreibt Sluzki (1975): »Was immer er auch unternimmt, der Therapeut wird ganz einfach nicht imstande sein, sich aus solchen Verhandlungen herauszuhalten!« Und weiter: »Die wichtigste Regel in diesem Zusammenhang lautet, daß der Therapeut nur vorübergehende, gewissermaßen instrumentale Koalitionen eingehen darf, daß er sich also an stabile, a priori geschlossene Koalitionen keinesfalls binden und den bekannten und immer wieder geübten Verhandlungsmustern keinesfalls folgen darf.« Ich habe immer wieder festgestellt, daß es nützlich sein kann, sich vorübergehend auf eine Koalition mit einem der Familienmitglieder einzulassen, aber nur zu einem ganz bestimmten taktischen Zweck. In Koalitionen dieser Art fungiert das jeweilige Familienmitglied dann als zeitweiliger Kotherapeut.

## Die Erkundung des Problems

### Die Frage nach dem Problem

Bisher sind wir bei unserer Beschreibung einer ersten Sitzung davon ausgegangen, daß die Familie dem Therapeuten gewisse Möglichkeiten der Kontaktaufnahme und der Erkundung des Problembereichs einräumt.. Schon das ist ein wichtiges Element für die Beurteilung der Flexibilität des Systems. In diesem Fall kann der Therapeut die verschiedenen Versionen des Problems, wie sie von den Familienmitgliedern vorgetragen werden, untersuchen. Er greift sich dann diejenige Definition heraus, die es ihm am ehesten gestattet, seine ursprünglichen Eindrücke auf ihre Richtigkeit hin zu prüfen und zu weiteren Angaben über die Interaktionsmuster der Familie zu gelangen.

Er kann seine Erkundungen mit der Frage einleiten: »Was ist Ihr Problem?« In dieser Formulierung ist die Frage an die ganze Familie gerichtet und enthält die Erwartung, daß die Angesprochenen über das Problem sprechen werden, das sie hergeführt hat. Da er offene Fragen stellt, ist der Therapeut wahrscheinlich daran interessiert zu sehen, wer sie beantwortet. Derjenige, der schließlich eine Antwort gibt, kann am stärksten von dem Problem betroffen, am stärksten von allen beunruhigt oder aber ganz einfach der Sprecher der Familie sein. In jedem Fall erhält der Therapeut damit weitere Informationen bezüglich der Regeln, die die Interaktionen zwischen den Mitgliedern dieses Systems lenken.

Jedes Familienmitglied fühlt sich aufgefordert zu antworten. Wenn das Problem mit einem kleineren Kind zu tun hat, wird gewöhnlich die Mutter als erste antworten, über die Entstehung der Störung sprechen und möglicherweise auch sagen, was ihrer Meinung nach die Gründe sind. Gelegentlich ergänzt der Vater diese Schilderung, indem er länger bei einem bestimmten Aspekt des Problems verweilt, oder aber er bestätigt nur mehr oder weniger das, was seine Frau bereits gesagt hat. Es kommt selten vor, daß eine offene Frage wie diese zu ganz differenzierten Antworten von seiten der Eltern und des identifizierten Patienten führt. Der identifizierte Patient, der sich ja für den Grund der Schwierigkeiten in seiner Familie hält, glaubt gewöhnlich, daß die Frage nicht eigentlich an ihn gerichtet ist, und fühlt sich nicht berechtigt, seine eigene Meinung darüber zu äußern.

Anders fällt die Antwort aus, wenn der Therapeut die Familienmitglieder jeweils direkt anspricht. Er kann beispielsweise einen von ihnen fragen: »Was halten Sie denn für das Problem?« Dann fällt die Antwort persönlicher und eher analysierend aus. Die Verschiedenheit der Antworten hilft dem Therapeuten, die eine oder andere seiner anfänglichen Annahmen bezüglich des Verhältnisses zwischen persönlicher Autonomie und den integrativen Kräften innerhalb des Systems auf ihre Richtigkeit hin zu prüfen. Durch diese Formulierung der Frage ist sichergestellt, daß jedes Familienmitglied antworten darf, und damit wird der Prozeß der Differenzierung, der schon zu Beginn der Sitzung in Gang gebracht worden ist, verstärkt.

Damit die Differenzierung fortschreiten kann, müssen die verbalen und nichtverbalen Interventionen des Therapeuten in sich schlüssig und konsequent sein. Er kann beispielsweise die räumlichen Verhältnisse nutzen und größere physische Nähe schaffen, indem er sich etwa im Raum hin- und herbewegt und die Aufmerksamkeit bald auf das eine, bald auf das andere Familienmitglied verlagert – dadurch blockiert er vorgegebene oder ausweichende Antworten. Das ist besonders wichtig, wenn er es mit Heranwachsenden oder mit kleineren Kindern zu tun hat, die häufig nicht das sagen, was sie tatsächlich denken, sondern das, was ihre Eltern gerne hören wollen. Der Therapeut kann die Frage noch in anderer Weise stellen; er kann jeden der Anwesenden fragen: »Was erwarten Sie sich von diesem Zusammentreffen?« Mit dieser Formulierung erhält er klarere Antworten. Er will sich nicht so sehr über das anstehende Problem informieren als vielmehr herausfinden, wie die Erwartungen der Familie lauten. Er kann auch fragen: »Welche Veränderungen würden Sie in Ihrer Familie begrüßen?« Diese Frage zieht die Aufmerksamkeit von der Störung ab und lenkt sie auf die Erörterung der möglichen Transformationen der bestehenden Situation. Sie hat den

Vorteil, daß sie die Möglichkeit konstruktiver Veränderungen hervorhebt und den Wunsch der Gruppe nach solchen Veränderungen betont, ohne in die Details des Problems vorzudringen. Andererseits führt diese Frage den Gedanken der Veränderung als eines therapeutischen Zieles schon recht zeitig und in abstrakten und allgemeingehaltenen Begriffen ein, bevor noch die innerfamilialen und außerfamilialen Beziehungen erkundet worden sind. Tatsächlich ist es gerade das, was sich die Familie häufig erhofft, wenn sie eine Therapie beginnt: daß die Dinge sich verändern, ohne daß irgend etwas am Status quo verändert wird[14].

## Geeignete und ungeeignete Formen der Informationsbeschaffung

Wenn wir das Vorgehen des Therapeuten bei der Informationsbeschaffung in dieser ersten Phase der Behandlung betrachten, dann fällt uns der Unterschied zwischen dem systemischen und dem traditionellen Ansatz besonders ins Auge. Viele Verhaltensregeln, an die sich der im traditionellen Sinne vorgehende Therapeut hält, werden für seinen interaktionsorientierten Kollegen zu echten Hindernissen.

Der Therapeut, dem es um die konsequente Befolgung des systemischen Ansatzes geht, muß gewisse Dinge vermeiden:

1. Er darf nicht etwa Deutungen oder Kommentare abgeben, um den Angesprochenen dahin zu bringen, daß er das Problem dann anders betrachtet. Stellen wir uns vor, eine junge Mutter ist stark beunruhigt, weil ihre fünfjährige Tochter anscheinend auf Abwegen ist, weil sie bestimmte Körperteile ständig betastet. Der im traditionellen Sinne

---

[14] Der Therapeut läuft damit Gefahr, sich in eine sehr unbehagliche Position zu bringen. In seinem Bestreben, die Regeln zu modifizieren, die die Homöostase des Systems stützen, nimmt er in Kauf, unter Umständen wie ein Richter zu wirken. Wenn das geschieht, findet er sich in einer symmetrischen oder für ihn disqualifizierenden Position gegenüber der Familie wieder, und entsprechend sind seine Aussichten, sich Zugang zu diesem Familiensystem zu verschaffen, erheblich eingeschränkt.

arbeitende Therapeut wird versuchen, ihr klarzumachen, daß die Sache nicht so schwer wiegt wie sie glaubt, oder er wird darauf hinweisen, daß ihre Reaktion in keinem Verhältnis zu den Vorgängen steht. Der systemisch orientierte Therapeut akzeptiert dagegen, was die Mutter sagt, und bemüht sich, diese Information vor dem Hintergrund der Interaktionen zu verstehen. Er wird vermutlich nach den Umständen fragen, unter denen das beschriebene Verhalten auftritt, um so seine interaktionelle Bedeutung innerhalb des Familiensystems zu klären.

2. Er darf keine Ratschläge erteilen. Wenn er die Rolle des Beraters akzeptiert, bleibt ihm schließlich nichts anderes mehr übrig, als »von außen her« eine Lösung vorzuschlagen (das ist gerade zu Beginn der Behandlung, wenn der Therapeut noch nichts über die Dynamik dieser Gruppe weiß, ein besonders willkürliches Vorgehen). Selbst wenn eines der Familienmitglieder ihn um seinen Rat bittet oder wenn ein besonders drängendes Problem seinen Rat angebracht erscheinen läßt – wenn der Therapeut sich diesem Wunsch oder diesem Anschein beugt, hindert er die Familie daran, die Verantwortung für ihre Vergangenheit zu übernehmen bzw. selbst über ihre Veränderung zu bestimmen.

3. Er darf es nicht zulassen, daß er in die emotionalen Reaktionen der Familienmitglieder auf das Problem etwa hineingezogen wird. Das bedeutet nicht, daß der Therapeut nicht allen Empfindungen der einzelnen Familienmitglieder Beachtung schenken sollte; es heißt lediglich, daß es ihm in diesem Augenblick vor allem darum gehen muß, Tatsachen zusammenzutragen und die Meinung aller Beteiligten anzuhören. Familien, die mit besonders großen Schwierigkeiten zu kämpfen haben und in denen der identifizierte Patient diese Schwierigkeiten durch Agieren immer wieder deutlich macht, versuchen gern, den Therapeuten emotional in ihre Probleme hineinzuziehen, indem sie ihre Situation außerordentlich dramatisch darstellen. Wenn der Therapeut es zuläßt, daß das emotionale Klima, wie die Familie es geschaffen hat, auch ihn überwältigt, dann hat er kaum Aussichten, einen therapeutischen Kontext zu schaffen. Er wird dann allzuleicht in eine passive Rolle hineingetrieben und von den homöostatischen Kräften des Familiensystems

manipuliert, während ihm andererseits der Zugang zu den konstruktiven Energien, wie sie im System ja ebenfalls vorhanden sind, verschlossen bleibt.

Diese Gefahr besteht vor allem im Fall der ambulanten oder häuslichen Betreuung von Familien, die sich in einer akuten Krise befinden. Es läßt sich kaum eine Aussage darüber machen, wieviele Notaufnahmen (und schließlich psychiatrische Karrieren) hätten vermieden werden können, wenn es dem Therapeuten gelungen wäre, sich aus dem gefühlsmäßigen Sturm herauszuhalten. Wenn er die erforderliche zwischenmenschliche Distanz wahrt, kann der Therapeut den Teufelskreis durchbrechen, der die Krise am Leben hält – indem er nämlich die dysfunktionalen Interaktionen ganz deutlich macht, in denen der identifizierte Patient und das Familiensystem insgesamt gefangen sind. Für einen tüchtigen und erfahrenen Therapeuten ist es durchaus möglich, auf diese Weise zum Erfolg zu kommen. Wir können aber nicht erwarten, daß eine ambulante Beratungsstelle sich angesichts einer Krisensituation ausgerechnet zu diesem Vorgehen entschließt. Im allgemeinen geht es diesen Stellen nur darum, die Krise unter Kontrolle zu bringen, und die traditionellen Vorstellungen und Voraussetzungen, auf denen ihre Interventionen beruhen, führen in der Regel zur Stigmatisierung und Isolierung des in die Krise geratenen Menschen.

Aus diesen Beobachtungen ergeben sich eine Reihe grundsätzlicher Regeln bezüglich der Art der Informationsbeschaffung im Zusammenhang mit den Interaktionsmustern des Systems und bezüglich der Frage, wie eine Veränderung erreicht werden kann:

1. Jedem Familienmitglied muß gesagt werden, es solle seine Meinung über das Problem zum Ausdruck bringen. Damit kann der Therapeut feststellen, über welches Maß an Autonomie der einzelne verfügt. In jeder Familie gibt es Menschen, die sich ohne Schwierigkeiten äußern können und die unter Umständen sogar für die übrigen Familienmitglieder sprechen, denen dies schwerer fällt oder die es vorziehen, sich hier lieber nicht zu engagieren. An diesem Punkt kann der Therapeut anfan-

gen zu untersuchen, wieweit die Differenzierung des einzelnen Mitgliedes des Systems Familie reicht[15]. Er setzt zu diesem Zweck die räumlichen Gegebenheiten, sein Einfühlungs- und Vorstellungsvermögen und schließlich seine therapeutische Macht ein.

Im Gespräch mit einem Kind muß der Therapeut beispielsweise mehr tun als dem Kind nur eben eine Antwort zu entlocken. Er muß sich der Sprache dieses Kindes bedienen und seine nichtverbalen Reaktionen akzeptieren; er muß in die Welt des Kindes eintreten und mit dem Kind sprechen, indem er mit ihm spielt oder neben ihm sitzt. Er muß die Eltern davon abhalten, sich – mit Worten oder Blicken – in die Antworten des Kindes einzumischen. Wenn der Therapeut mit einem älteren Menschen in Kommunikation treten will, dann sollte er nicht auf abstrakte oder sehr ausführliche Antworten rechnen, die mit den Fakten des täglichen Lebens dieses Menschen kaum noch etwas zu tun haben. Und er darf Erfahrungen der Familie, die in den Augen der Mitglieder für das Verständnis des Problems von Belang sind, nicht als unwichtig abtun oder gar ignorieren.

Wenn das Problem mit der ehelichen Beziehung zu tun hat, dann versucht der »normale« Partner oft, sich in die ureigene Sphäre des »kranken« Partners einzumischen. Er hält sich gewöhnlich für berechtigt, die Gefühle und Gedanken des anderen zu definieren, und vermeidet es konsequent, über seine eigenen Empfindungen zu sprechen. Der Therapeut muß die Starrheit dieser Mechanismen prüfen, jeden Partner ermuntern, seine eigenen Ansichten zu äußern, und ganz allgemein versuchen, einen autonomen Bereich für jeden der beiden Partner zu umreißen.

[15] Das Konzept der Differenzierung wird ausführlich bei Murray Bowen beschrieben (1966). Nach Bowen entspricht das Ausmaß der Familienpathologie dem Ausmaß der Differenzierung der Ichmasse der Familie.
Für Minuchin (1974), der an der Familienstruktur interessiert ist, hängt die Schwere der Situation vom Ausmaß der Durchlässigkeit der Grenzen innerhalb des Familiensystems ab.

2. Wenn einer der Beteiligten von einem anderen unterbrochen wird, muß der Therapeut sich merken, was der erste gerade gesagt und zu wem er es gesagt hat, als er unterbrochen wurde, und er muß weitere Störungen dieser Art unterbinden. Manchmal läßt sich eine solche Unterbrechung leicht blockieren, indem man eine Bemerkung darüber macht oder den Unterbrecher durch eine Geste zum Schweigen bringt. In anderen Fällen, in denen die Familienregeln besagen, daß alles, was der eine äußert, sofort von einem anderen als unrichtig oder unwichtig abgetan werden muß, kommt dem Therapeuten gewissermaßen Aufpasserfunktion zu. Er muß alle seine Möglichkeiten einsetzen, um die Beteiligten dazu zu bringen, daß sie sich wenigstens ein Mindestmaß an gegenseitigem Respekt bezeigen. Sonst sieht er sich nämlich in einer hoffnungslosen Situation gefangen.

Auch muß er die Familienmitglieder daran hindern, füreinander zu sprechen oder das Wort *wir* zu verwenden und so immer nur ganz allgemein gehaltene Verlautbarungen abzugeben, die zu nichts verpflichten.

3. Der Therapeut muß die Familienmitglieder auffordern, in konkreten Worten über ihr Problem zu sprechen. Abstrakte oder verallgemeinernde Beschreibungen (Er hat sich ganz in sich selbst zurückgezogen und unterhält keine Verbindung mehr zu uns. Er hat sich so verändert; früher hat er doch zur Familie gehört, aber jetzt ist es, als wäre er gar nicht mehr da. Mein Problem besteht darin, daß meine Eltern mich nicht mehr verstehen. Unsere Ehe ist ein vollständiger Fehlschlag.) dürfen gar nicht erst zugelassen werden.

Je konkreter das Problem dargestellt wird, desto leichter wird es sein, die verschiedenen Meinungen darüber zu erfragen und ein therapeutisches Ziel aufzustellen.

Während der Therapeut seine Fragen stellt und die Familienmitglieder zum Sprechen ermuntert, beobachtet er zugleich, wie die einzelnen Mitglieder sich verhalten, was sie sagen und ob Verhalten und verbale Äußerungen einander entsprechen.

Wenn ein Familienmitglied mit dem Therapeuten spricht, beobachtet dieser gleichzeitig, wie die übrigen darauf reagieren – ob sie, offen oder versteckt, Feindseligkeit, Langeweile, Zustimmung, Ablehnung, Freude oder Gleichgültigkeit erkennen lassen. Besondere Aufmerksamkeit sollte den Reaktionen eines kindlichen oder heranwachsenden identifizierten Patienten entgegengebracht werden, während die Eltern über ihn sprechen. Die genaue Beobachtung seiner Einstellung und seines Verhaltens in der Sitzung vor dem Hintergrund der laufenden Interaktionen kann für das Verständnis der Schwierigkeiten dieser Familie sehr nützlich sein.

Wenn die Mutter spricht, achtet der Therapeut sorgfältig auf die Reaktionen des Vaters oder umgekehrt, denn früher oder später wird er es vermutlich mit einem Konfliktbereich zwischen diesen beiden Teilnehmern zu tun haben. Ihr Konflikt kann sich auf dem Weg über das Kind äußern. Tatsächlich ist es schon nahezu eine feststehende Regel, daß die Störung eines Kindes die Probleme widerspiegelt, die zwischen den Eltern bestehen[16]. Die Art, in der die Eltern das Problem ihres Kindes darstellen[17], ist also von ganz besonderer Bedeutung.

Die Aktivierung des Systems

In dieser Phase setzt der Therapeut sich die folgenden Ziele:
1. Die direkte Kommunikation unter den Familienmitgliedern über das anstehende Problem oder damit zusammenhängende Fragen muß akti-

[16] Vogel und Bell (1960) haben sich sehr gründlich mit der Frage befaßt, wie ein Familienmitglied zum Sündenbock werden kann. Sie stellen fest, daß in allen von ihnen untersuchten Familien eines der Kinder in einen Konflikt hineingezogen worden war, der zwischen den Eltern bestand. In gestörten Familien sind die Eltern in großer Sorge um ihre eheliche Beziehung und ihre elterlichen Rollen. Sie wissen niemals, wie der Partner auf ein bestimmtes Verhalten reagieren wird. Nichtsdestoweniger wird die Reaktion des Partners als außerordentlich wichtig und möglicherweise gefährlich betrachtet.
[17] In Kapitel 4, S. 214, kommen wir auf den metaphorischen Sinn von Kommunikation im einzelnen zu sprechen.

viert werden. Die Position des Therapeuten ist dadurch nicht mehr so zentral.

2. Der Therapeut muß weitere Informationen über die Familienstruktur und die in der jeweiligen Familie geltenden Interaktionsregeln zusammentragen. Er beobachtet, wie die Familienmitglieder miteinander umgehen und aufeinander eingehen; er trägt wichtige verbale und nichtverbale Hinweise zusammen; er stellt Hypothesen bezüglich der funktionalen und dysfunktionalen Sequenzen auf, wie sie sich im Laufe der Sitzung wohl ergeben werden.

3. Er muß den Weg bereiten, damit das therapeutische Ziel definiert werden kann.

Das nachstehende Fallmaterial zeigt, wie sich die Interaktion in dieser Phase entwickelt.

*Der Fall Sandro: Wo ist denn die Epilepsie?*[18]

Sandro ist zwölf Jahre alt und leidet seit seinem fünften Lebensjahr an epileptischen Störungen. Die pharmakologische Behandlung hält seine Krankheit schon seit einigen Jahren soweit unter Kontrolle, daß es nicht mehr zu klinischen Manifestationen seines Zustandes kommt. Er ist wegen Verhaltensschwierigkeiten zur Familienberatung geschickt worden, nachdem bereits mehrere Versuche mit kurzfristiger Individualthe-

[18] In Familien, in denen ein Kind an einer organischen Störung leidet, sorgt die ausschließlich auf die Person des Patienten zentrierte Diagnose und Behandlung für eine gewisse Beruhigung. Die Familie sieht sich in der Überzeugung bestärkt, daß die Krankheit des Kindes eben die Quelle aller ihrer Schwierigkeiten ist; das System als solches erfährt keine weitere Beachtung über die Feststellung hinaus, daß es die Behinderung des Kindes nun einmal ertragen muß. Die Bereiche, in denen das Kind eine gewisse Autonomie besitzt, sind in der Regel übertrieben genau festgelegt, und das Problem übersteigt in den Augen der Betrachter die Kennzeichen der eigentlichen Krankheit. Diese Umstände gehen sowohl auf die herrschenden kulturellen Ansichten und auf die verbreiteten Vorurteile hinsichtlich bestimmter Krankheiten (Epilepsie, geistige Behinderung usw.) als auch

rapie unternommen worden sind. Seine Mutter sagt, er sei tyrannisch und anmaßend, und diese Eigenschaften seien in den vergangenen zwei Jahren, also seitdem er mehr Zeit außerhalb der Familie verbringt, besonders hervorgetreten.

Die Mutter ist es auch gewesen, die den Therapeuten angerufen hat. Ihren Worten nach ist sie erschöpft und macht sich Sorgen über Sandros unheilbares Leiden. Sie selbst ist nicht mehr imstande, mit ihm fertigzuwerden; er verlangt von ihr, daß sie ihn wäscht und anzieht und daß sie besondere Mahlzeiten für ihn kocht, und er tyrannisiert sie ganz allgemein.

Sie berichtet weiter, daß der Neurologe, der Sandro bisher behandelt hat, eine Familienberatung empfohlen hat. Dann fügt sie hinzu, ihr Mann werde wohl kaum mit zum ersten Gespräch kommen können, und sie selbst verspreche sich im Grunde auch nicht gerade sehr viel davon. Sie wiederholt mehrmals, daß man im Beisein von Sandro die Epilepsie nicht erwähnen dürfe, »weil das Kind nichts davon wissen soll«[19].

Entgegen den Zweifeln der Mutter kommt dann doch die ganze Familie Valeri zur ersten Sitzung: Vater, Mutter, Sandro, Piero (Sandros 17jähri-

darauf zurück, daß das Familiensystem ja heftig bestrebt ist, sich die Störung zunutze zu machen. Eine Intervention, die nur auf das Kind ausgerichtet ist, bestätigt also ganz offiziell seine Rolle als Patient, stützt die Ansicht, daß seine Krankheit die Ursache aller Probleme der Familie ist, und bedeutet keine Herausforderung der in der Gesellschaft bestehenden Vorurteile. Die organische Krankheit des Kindes dient gewissermaßen als Sammelbecken, in dem alle familialen und außerfamilialen Spannungen Aufnahme finden, und sämtliche Familienmitglieder machen sie sich je nach ihren Bedürfnissen zunutze.

[19] Der Therapeut sollte sich niemals darauf einlassen, Familiengeheimnisse auch seinerseits für sich zu behalten. Er darf Dinge, von denen ohnehin jedermann weiß, nicht als Geheimnisse behandeln. Er muß ja von Anfang an eine offene und freie Atmosphäre schaffen und jeden Anschein der Komplizenschaft vermeiden. In einer solchen Atmosphäre kann die Familie sich nicht hinter einer Fassade verstecken, und der Therapeut hat die Möglichkeit, sich mit den Bedürfnissen der Familie und mit ihrer Realität tatsächlich vertraut zu machen. Im anderen Fall wird das Familiensystem den Therapeuten mit Erfolg manipulieren, und er wird seine therapeutische Macht einbüßen.

ger Bruder) und eine Tante mütterlicherseits, die seit dem Tod ihres Mannes mit der Familie Valeri zusammenlebt.

Nach etwa einer halben Stunde stellt sich heraus, daß die Dinge längst nicht so einfach liegen, wie die Mutter sie am Telefon beschrieben hat. Die Mutter bestätigt, was sie zuvor schon gesagt hat, aber jetzt mischt sich ein gewisser Stolz in ihre Beschreibung von Sandros einerseits tyrannischem und andererseits sehr unselbständigem Verhalten, das ihrer Meinung nach durch die Krankheit gerechtfertigt ist.

Die Tante betet Sandro an und ist bereit, ihm alles zu geben, was er sich nur wünscht. Sie schläft im gleichen Zimmer mit ihm, denn »er könnte ja nachts mal einen Anfall haben« (das ist noch nie der Fall gewesen). Deshalb kann er gar nicht allein schlafen, und er kann auch nicht mit seinem Bruder in einem Zimmer schlafen, denn die beiden sind »wie Hund und Katze«.

Piero wird von seiner Mutter als geduldig, vernünftig und reif geschildert. Sandro und Piero benehmen sich in der Tat wie Hund und Katze. Sie beobachten einander feindselig und provozieren sich während der Sitzung immer wieder gegenseitig. Irgendwelche positiven Beziehungen zwischen den Brüdern werden anscheinend dadurch verhindert, daß der eine mit der Tante und der andere mit der Mutter verbündet ist.

Der Vater ist Bauführer und nach seinen Worten mit der Arbeit auf verschiedenen Baustellen mehr als ausgelastet. Er wirkt tüchtig und scheint mit beiden Beinen auf der Erde zu stehen. Es ist das erste Mal, daß er selbst an der Behandlung seines Sohnes teilhat, und er ist durchaus zur Mitwirkung bereit. Nach seiner Überzeugung besteht Sandros einzige »Krankheit« darin, daß er von der Tante und der Mutter verwöhnt wird. Seinem Bericht zufolge klagt die Mutter zwar ständig über das Verhalten des Jungen, kommt ihm aber andererseits in jeder Hinsicht entgegen. Schließlich merkt der Vater an, daß die Tante Sandro verwöhnt und beschützt, weil er ihrer Meinung nach schwächer ist als andere Kinder seines Alters. Aus der Art, in der der Vater sich äußert, wird deutlich, daß er nicht nur über Sandro, sondern auch über seine Frau und seine Schwägerin und sein Verhältnis zu beiden spricht.

Als der Therapeut Sandro um seine Meinung zu dem bittet, was der Vater soeben vorgetragen hat, stimmt der Junge dem Vater zu. Die Tatsache, daß Sandro eine Neudefinition seiner Krankheit vor dem Hintergrund der Interaktionen seiner Familie akzeptiert (daß er nämlich von seiner Mutter und seiner Tante verwöhnt wird), ist wichtig und weist auf einen Bereich, in dem der Therapeut möglicherweise arbeiten kann. Einerseits setzt Sandro ganz offensichtlich sein launisches Verhalten ein, um die Familie zu tyrannisieren und sekundäre Vorteile zu erzielen; andererseits ist er deutlich bestrebt, zu einer seinem Alter eher angemessenen Identität zu gelangen.

Wenn man die Dinge vor dem Hintergrund der Interaktionen betrachtet, ist das Problem nun nicht länger Sandros Epilepsie – die bis zum Ende der Behandlung nicht mehr erwähnt wurde – und auch nicht Sandros störendes Verhalten (das zuvor als Konsequenz seiner Krankheit linear interpretiert wurde). Sandros unangemessenes Verhalten erscheint jetzt als das Resultat der Interaktionen und Konflikte, die sowohl unter den erwachsenen Mitgliedern in dieser Familie als auch unter den Geschwistern bestehen.

Es muß in der Behandlung also in erster Linie darum gehen, der Familie eine Alternative anzubieten, indem man das Problem, das die Familie vorträgt, zwar akzeptiert, es aber in seiner Bedeutung verändert und erweitert.

Die nachstehend wiedergegebenen Sequenzen stammen aus der ersten Phase des Erstgesprächs:

*Therapeut (zum Vater):* Ich habe den Eindruck, daß Sie sich so Ihre eigenen Gedanken über Sandros Schwierigkeiten machen. Meinen Sie, daß Sie mir zu einem besseren Bild der Lage verhelfen könnten?

*Der Therapeut legt dem Vater die Hand auf die Schulter und verstärkt so seine Bitte um Hilfe durch eine freundliche Geste.*

*Vater:* Ja, sicher, warum nicht? Wenn ich helfen kann . . .

*Therapeut:* Also, Sandro hat ja gesagt, daß er Ihrer »Diagnose«, er sei verwöhnt, durchaus zustimmt. Das ist in sich schon mal eine positive Sache – ein Vater und ein Sohn, die sich über gewisse Dinge einig sind.

Jetzt möchte ich gerne, daß Sie mit Sandro über diese Sache sprechen, über seine Verwöhntheit also, und vor allem darüber, was dieser Umstand denn konkret für die ganze Familie bedeutet und ob Sie eine Möglichkeit sehen, das abzustellen.

*Therapeut (zu Sandro, der zwischen der Tante und der Mutter sitzt):* Warum rückst du nicht herum und setzt dich so hin, daß du deinen Vater ansehen kannst? Dann könnten wir *(dies zu den übrigen Familienmitgliedern)* nämlich zuhören, ohne euch zu stören.

*Indem er das Einverständnis zwischen Vater und Sohn als eine positive Erscheinung besonders unterstreicht, verstärkt der Therapeut die Allianz, die vermutlich zwischen beiden besteht, bevor er sie bitten wird, einander gegenüberzutreten.*

*Der Therapeut erbittet mehr als nur eben eine theoretische Darlegung der Situation. Er weist den beiden angesprochenen Personen jetzt die Aufgabe zu, nach möglichen Lösungen zu suchen.*

*Der Therapeut möchte Mutter und Tante und vielleicht auch den älteren Bruder daran hindern, das Gespräch zu unterbrechen. Er betont zugleich, wie wichtig auch das Zuhören ist, und rückt mit seinem eigenen Stuhl nahe an die übrigen Anwesenden heran, die jetzt das Publikum bilden. Das gibt den bevorstehenden Ereignissen gewissermaßen einen »offiziellen« Anstrich[20].*

[20] Räumliche Umordnungen und Veränderungen sind ein einfaches und wirkungsvolles Mittel der Erkundung oder Aktivierung der Beziehungen unter den Familienmitgliedern und liefern Informationen über die bevorzugten Interak-

*Sandro (lächelnd):* Soll ich? *(Er rückt zu seinem Vater hinüber, während der Therapeut nun den Platz zwischen der Mutter und der Tante einnimmt.)*
*Vater:* Ja, also, wo fangen wir denn am besten an *(dies in freundlichem, aber ernsthaftem Ton)*? Also zunächst mag ich das ganze Theater nicht, das du immer ums Essen machst. Deine Mutter weiß doch tatsächlich nicht, wie sie es noch anstellen soll – du magst kein Gemüse, Käse kannst du nicht ausstehen, das Fleisch ist nie so zubereitet, wie du es gerne möchtest. Oder stimmt das etwa nicht?
*Sandro:* Doch, doch, das stimmt, aber Chicoree esse ich nun mal nicht, und wenn du mich umbringst . . .

*Vater:* Das zweite ist die Sauberkeit. Du weißt, was ich meine! Wie ist es denn nur möglich, daß deine Mutter pausenlos um dich herumtanzen muß, als ob du ein ganz kleines Kind wärest?

tionsmuster der Familie. Die Nutzung der räumlichen Gegebenheiten, ein ganz wesentlicher Aspekt der nichtverbalen Kommunikation, wird uns in Kapitel 3 noch näher beschäftigen. Der Therapeut kann die räumlichen Gegebenheiten während der Behandlung verändern, um die eigentherapeutischen Energien freizusetzen, wie sie im Familiensystem ja durchaus vorhanden sind. Oft hat er damit einen geradezu durchschlagenden Erfolg.

*Mutter (sucht sich mit Gewalt ein-*
*zumischen):* Und wenn ich nicht
sofort angerannt komme, wenn er
aus dem Bad nach mir ruft *(zum*
*Therapeuten gewendet),* dann sitzt
er dort auf dem Thron und schreit
wie ein Verrückter, so, als ob ich
sein persönlicher Sklave wäre.

*Therapeut (zur Mutter):* Warum
lassen wir nicht Sandro und den
Papa mal allein darüber sprechen?
Von Ihnen möchte ich, daß Sie mir
helfen zu beobachten, wie weit Papa und Sandro kommen können,
wenn sie wie zwei erwachsene
Menschen miteinander reden.

*Der Therapeut will die Mutter da-*
*von abhalten, sich angesichts dieses*
*Themas einzumischen, das sie ja*
*ganz direkt und in sehr ärgerlicher*
*Weise betrifft. Ihre Intervention*
*ist eine Attacke gegen Sandro und*
*soviel wie der Versuch, ihn als Er-*
*wachsenen zu disqualifizieren.*
*Daneben versucht die Mutter, dem*
*Dialog zwischen Vater und Sohn*
*ein Ende zu machen.*

*Sandro (sichtbar verärgert):* Mir
reicht's, ich will jetzt weg.

*Vater (gibt Sandro einen freund-*
*schaftlichen Klaps auf die Knie):*
Also, was machen wir nun? Willst
du auch hier eine Szene machen?
Der Arzt hat uns gebeten, uns wie
zwei erwachsene Leute miteinander zu unterhalten. Was soll er
denn jetzt von uns denken?

*Der Vater übernimmt jetzt die*
*Funktion des Kotherapeuten und*
*macht seine Sache mit Sandro sehr*
*gut.*

*Sandro:* Also schön, mach weiter.
*Vater:* Und dann die Sache mit

*Der Vater liefert neue Informatio-*
*nen über die übrigen Erwachsenen*

dem Geld. Deine Mutter gibt dir außer dem Frühstücksgeld jeden Tag fünfzig Cents. Warum mußt du dann noch hingehen und deine Tante unten im Geschäft quälen und dir den Magen mit irgendwelchem minderwertigen Zeug vollstopfen?

*in der Familie. Er möchte, daß die Tante sich nicht länger in Sandros Erziehung einmischt. Vielleicht spielt er auch auf eine Einmischung ihrerseits in das Verhältnis zwischen ihm und seiner Frau an, aber dies ist nicht der geeignete Zeitpunkt für Erkundungen in diesem Bereich.*

*Sandro:* Fünfzig Cents am Tag reichen nicht. Außerdem kriegt Piero zwei Dollar, wegen seines Motorrads *(er starrt zu Piero hinüber).*

*Vater:* Wir können es ja mit der Mama besprechen und vielleicht erhöhen. Aber du mußt aufhören, zu deiner Tante in den Laden zu gehen.

*Therapeut (zum Vater):* Ich sehe, daß Sie tatsächlich genau wissen, was Sie von Sandro wollen. Ich würde Sie und Sandro gerne bitten, über diese Dinge, die da eben zur Sprache gekommen sind, zu verhandeln und einen schriftlichen Vertrag aufzusetzen, den Sie beide unterschreiben.
Aber vorher sollten Sie noch mit Ihrer Frau und Ihrer Schwägerin über diejenigen Dinge sprechen, die auch diese beiden angehen.

*Sandro macht ein sehr erfreutes Gesicht bei der Vorstellung, daß er gemeinsam mit seinem Vater einen Vertrag unterzeichnen soll.*

*Jetzt regt der Therapeut die Interaktion zwischen Vater und Mutter bzw. zwischen Vater und Schwägerin an, um so auch andere fami-*

Denn wenn sie nicht mitmachen, dann weiß ich nicht, ob der Vertrag überhaupt etwas nutzen wird. Was meinen Sie?

*Vater (zu seiner Frau):* Bist du auch der Meinung, daß Sandro aufhören muß, sich wie ein kleines Kind aufzuführen? Allerdings mußt du auch aufhören, ihm immerzu seinen Willen zu lassen. Er muß das gleiche essen, was Piero auch ißt; er muß selbst für seine Sauberkeit sorgen und muß aufhören, sich ständig zu beschweren. Ist das klar?

*Mutter (gekränkt):* Ich wäre weiß Gott froh, wenn Sandro endlich erwachsen würde, aber dazu mußt du wohl auch etwas mit ihm unternehmen. Wenn du nie zu Hause bist, dann bin ich es immer, die sich seinen ganzen Blödsinn anhören muß. Ich habe die Nase voll. Ist das auch klar? Dein Sohn redet wie ein Lastwagenfahrer mit mir. Ich möchte nur mal wissen, wo er diese Ausdrucksweise her hat. Ich wage ja gar nicht, ihn zu bitten, mal irgend etwas für mich zu machen – er würde ja nicht mal zum Bäcker gehen. Wenn ich Piero nicht hätte, der mir immer mal

*liale Beziehungen erkunden zu können.*

hilft, wüßte ich wirklich nicht, wie ich überhaupt herumkommen sollte *(blickt stolz auf Piero)*.

*Tante (mit engelgleicher Stimme):* Aber Ada, bedenk doch, daß Piero vier Jahre älter ist als Sandro. Du mußt dem Kleinen schon geben, was er braucht.

*Die Allianzen zwischen der Mutter und Piero und zwischen der Tante und Sandro werden sichtbar. An diesem Punkt scheinen diese Allianzen dazu zu dienen, die direkte Konfrontation zwischen den beiden Schwestern zu vermeiden.*

*Piero (besonders laut):* Was der braucht, das sind doch bloß die Bonbons und die Schokolade, die du ihm immerzu gibst! Haha!

*Sandro:* Hört euch das an, da spricht der Familienheilige. Und was machst du mit dem Geld, das du jeden Tag kriegst?

*Therapeut (zum Vater):* Jetzt habe ich den Faden verloren. Worüber haben Sie und Ihre Frau eben gesprochen?

*Der Therapeut hat eine Reihe von Interaktionen beobachtet, die ihn einen Teil der in dieser Familie bestehenden Koalitionen besser erkennen lassen. Jetzt will er das Gespräch auf das ursprüngliche Thema zurückbringen, weil es ihm darum geht, daß sich Vater und Sandro wegen konkreter Dinge auseinandersetzen.*

**Vater (zur Mutter):** Von jetzt an werde ich mir Gedanken um Sandro machen. Du mußt mir nur alles erzählen, was er zu Hause tut. Nachgeben darfst du ihm aber nicht mehr.

**Mutter:** Ich wäre mehr als froh, wenn du dich entschließen könntest, öfter zu Hause zu sein. Ich überlasse dir das ganze Problem mit dem größten Vergnügen.

**Vater (zu Sandro):** Ich werde dein Taschengeld um 50 Cents pro Tag erhöhen. Ich meine, es ist nur recht und billig, daß du ein paar Münzen zu deinem Vergnügen ausgeben kannst – aber nur unter der Bedingung, daß du aufhörst, deine Tante zu bedrängen, und daß Mama mir nicht immer wieder erzählen muß, daß du sie rasend machst, so wie bisher.

**Vater (zu seiner Schwägerin):** Eleonora, du darfst ihm keine Bonbons und keine Schokolade mehr geben . . . außerdem macht das Zeug den Magen kaputt.

**Tante:** Ich weiß wirklich nicht, was das bißchen Milchschokolade ihm schaden sollte, das ich ihm hin und wieder gebe.

*Der Vater ist bereit, mehr Verantwortung zu übernehmen, aber nur, wenn seine Frau bereit ist, mit ihm zusammenzuarbeiten, das heißt, Sandro nicht länger zu verwöhnen.*

*Der Vater hat den Vorschlag des Therapeuten, einen Vertrag mit Sandro zu schließen, verstanden und beginnt nun, die einzelnen Punkte aufzuzählen.*

*Piero (laut):* Hin und wieder! Sandro ist doch den ganzen Tag unten bei dir im Laden und stopft sich mit Schokolade und Süßigkeiten voll!

*Sandro (zu seinem Bruder, zornig):* Kümmere dich doch um deine eigenen Sachen.

*Tante (zum Vater):* Na ja, ich will mich da von jetzt an sowieso heraushalten. Du bist sein Vater, aber ich glaube nun mal nicht, daß man so ruckzuck mit ihm umgehen kann. Er ist sensibler als andere Kinder.

*Spielt die Tante nun auf Sandros Epilepsie oder darauf an, daß er von den erwachsenen Mitgliedern der Familie beschützt werden möchte? Es sieht so aus, als wollte sie, daß Sandro für alle Zeiten ein Kind bleibt, damit sie ihre Rolle in diesem System beibehalten kann. Wenn Sandro erwachsen wird und seine Selbständigkeit akzeptiert, dann werden die Erwachsenen sich wohl oder übel mit ihren eigenen zwischenmenschlichen Schwierigkeiten befassen müssen.*

Wir können jetzt die wesentlichen Elemente, wie sie sich während dieses Teils der Sitzung aus den Interaktionen der Familie ergeben, näher betrachten.
Die Koalitionen zwischen der Mutter und Piero bzw. zwischen der Tante und Sandro haben zumindest vier pragmatische Wirkungen:
1. Sie stehen der Entwicklung positiver Beziehungen innerhalb des geschwisterlichen Subsystems störend entgegen. Die Folge ist, daß Piero und Sandro einander bekämpfen und sich entsprechend den zum Stereo-

typ gewordenen Rollen des »kranken« bzw. des »normalen« Sohnes verhalten. Sandros Rolle ist durch seine Epilepsie gerechtfertigt.

2. Sie halten den Vater aus großen Bereichen des Familienlebens heraus und weisen ihm eine periphere Position zu. Höchstwahrscheinlich verhält er sich in einer Weise, die das Fortbestehen dieser innerfamilialen Bündnisse, aus denen er ausgeschlossen bleibt, noch begünstigt, das heißt, wir haben es vermutlich mit einem zirkulären Prozeß zu tun. Dazu kommt, daß sein Fernbleiben von zu Hause sich allein mit den Anforderungen, die sein Beruf an ihn stellt, nicht erklären läßt. In der Eröffnungsphase hatte er gesagt, daß seine Arbeit anstrengend sei, daß sie ihm aber genug freie Zeit lasse, um mit Freunden zusammenzusein oder über das Wochenende auf die Jagd zu gehen.

3. Sie hindern Sandro daran, zu Autonomie zu gelangen (Pieros Situation ist anders. Er scheint recht selbständig zu sein). Sandros organisches Leiden hat vielleicht den Vorwand dafür abgegeben, daß seine Bewegung in Richtung auf die seinem Alter angemessene Autonomie blockiert oder zumindest doch verzögert wurde.

4. Eine direkte Konfrontation zwischen den erwachsenen Mitgliedern dieser Familie wird dadurch umgangen, daß man eines der Kinder zum Sündenbock macht.

Dadurch, daß er Vater und Sohn veranlaßt, während der Sitzung eine besondere Beziehung zueinander zu knüpfen, kann der Therapeut herausfinden, wie weit der Vater Sandro überhaupt helfen kann, zu mehr Autonomie zu gelangen. Wenn wir die Dinge im Blick auf die Interaktionen in dieser Familie betrachten, müssen wir sagen, daß Sandro einfach nicht zu größerer Autonomie gelangen kann, wenn nicht zur gleichen Zeit noch andere Veränderungen in den zwischenmenschlichen Beziehungen in dieser Familie eintreten. Wenn der Vater mehr Zeit zu Hause verbringt, dann wird das vermutlich neue Interaktionsmuster in Gang setzen; aber das allein schafft noch keine ausreichende Basis für eine Beziehung der Ehepartner, um ohne den vermittelnden Einfluß eines Sündenbocks bestehen zu können. Auf der Suche nach Möglichkeiten, Sandro zu größerer Autonomie zu verhelfen, wird der Therapeut die Dynamik in dieser Familie noch näher erkunden und versuchen, das Verhältnis zwischen Piero und Sandro zu verändern (Piero könnte Sandro helfen, wenn die beiden Brüder nicht in Koalitionen eingetreten wären, die sie eher trennen als zusammenführen). Und wenn die Tante auf die Befriedigungen verzichten muß, die sie bisher daraus gezogen hat, daß sie ihren »kleinen Jungen« beschützte, dann wird sie sich um andere emotionale Gratifikationen bemühen müssen.

Hier hat die Erteilung einer Aufgabe im Verlauf der Sitzung zu einer pragmatischen Definition des therapeutischen Systems geführt. Diese Definition macht eindeutig jede Hoffnung darauf zunichte, daß der Therapeut der Familie etwa gebrauchsfertige Lösungen für ihre Schwierigkeiten anbieten würde. Die Situation, wie sie in dieser Sitzung aktiviert worden ist, hat zu einer Neuverteilung der Verantwortlichkeiten geführt, die ihrerseits zur Festlegung eines therapeutischen Vertrags notwendig ist.

DER THERAPEUTISCHE VERTRAG

Wie wir gesehen haben, geht es im ersten Teil der Sitzung um das Zusammentragen von Informationen über die Interaktionsmuster der Familie. Diese Informationen sind für die Formulierung des therapeutischen Vertrags notwendig, der seinerseits das Grunderfordernis eines funktionierenden therapeutischen Systems bildet.

Der Vertrag besteht in der Definition des therapeutischen Zieles. Er stellt zugleich eine Verpflichtung jedes einzelnen Familienmitgliedes dar, auf das angestrebte Ziel hinzuarbeiten. Das bedeutet, daß zunächst die Beziehung zwischen dem Therapeuten und der Familie definiert werden muß, bevor man einen Vertrag aushandeln kann. In der Zeitspanne, die vergeht, bevor der Vertrag geschlossen werden kann, haben wir einen weiteren Hinweis auf die Starrheit des Systems. In flexibleren Systemen läßt sich der therapeutische Vertrag oft schon in der ersten oder doch spätestens in der zweiten Sitzung festlegen.

Im Grunde ist das Ziel, wie es im Vertrag festgelegt wird, eine Hypothese oder ein Arbeitsplan. Je konkreter es definiert ist, desto wirksamer wird die Therapie ausfallen. Wenn das Ziel vage ist, dann ist es wahrscheinlich, daß es im Laufe der Behandlung zu Unklarheiten und Mißverständnissen kommen wird. Vage Ziele lassen sich nun einmal nur schwer erreichen. Für den Therapeuten ist es außerdem einfacher, sich ein Bild vom Erfolg der Behandlung zu machen, wenn das Ziel bereits zu Anfang deutlich definiert ist.

Deutlich definierte Ziele erhöhen auch die Bereitschaft der Familie, sich auf die Behandlung einzulassen. Dadurch, daß der Therapeut während der Sitzung Aufgaben erteilt und die familialen Interaktionen beobachtet und analysiert, entsteht ein Klima, das dem Lernen günstig ist. Der Therapeut fordert die Familie auf, mit neuen Formen des Umgangs zu experimentieren, und diese neuen Formen können dann im Kontext des alltäglichen Lebens weiter erprobt werden. Damit erfährt die Therapie eine Erweiterung über die Grenzen der einzelnen Sitzung hinaus, und die Familie wird selbst zum therapeutischen Mittelpunkt. Die Sitzungen wiederum bilden den Kontext, in dem die Fortschritte, die die Familie außerhalb des therapeutischen Systems gemacht hat, verifiziert werden.

Eine Möglichkeit, der Familie zu helfen, an ihrem Problem zu arbeiten, besteht darin, daß man die Anzahl der Sitzungen begrenzt. Alle Familienmitglieder fühlen sich nämlich durch eine solche Maßnahme verstärkt in die Pflicht genommen. In der Praxis bedeutet dieses Vorgehen eine positive Verstärkung sowohl für den Therapeuten als auch für die Familie. Die Familie weiß genau, wie lange die Behandlung dauern wird, und ist eher imstande, die Veränderungen, die sich einstellen, zu beurteilen.

Es gibt Kritiker der kurzfristigen Therapie, die der Meinung sind, es handele sich dabei um ein oberflächliches Vorgehen, das keinesfalls dauerhafte positive Veränderungen bewirken könne. Meine eigenen Erfahrungen zeigen, daß diese Kritik nicht gerechtfertigt ist und daß sie die wichtige Rolle nicht in Betracht zieht, die das Familiensystem im therapeutischen Prozeß spielt. Kritik dieser Art hat ihren Ursprung häufig darin, daß der interaktionelle Ansatz falsch oder gar nicht verstanden worden ist. Wir intervenieren ja nicht, um nur eben ein Symptom aus der Welt zu schaffen oder eine augenblickliche Belastung zu lindern. Unsere Intervention soll zugleich eine modellhafte Erfahrung sein, die ihrerseits zum Ausgangspunkt weiteren Lernens wird.

Mordecai Kaffman (1963) spricht in diesem Zusammenhang von einem Schneeballphänomen:

»Die ersten positiven Veränderungen im Verhalten und Auftreten sowohl des Kindes als auch der Eltern induzieren gewissermaßen weitere wechselseitige Veränderungen in der Beziehung zwischen Kind und Eltern, die ebenfalls wieder zu positiven Ergebnissen führen. Die Therapie hat es fertiggebracht, einen Teufelskreis zu durchbrechen, und von diesem Augenblick an besteht zwischen den klinischen Fortschritten und der Intensität der Behandlung keine Parallelität mehr.«

Minuchin (1974) meint genau das gleiche, wenn er sagt, daß »das Familiensystem Eigenschaften (besitzt), die sich selbst perpetuieren. Daher werden die Prozesse, die der Therapeut innerhalb der Familie in Gang setzt, auch in seiner Abwesenheit durch die selbstregulierenden Mechanismen der Familie aufrechterhalten werden« (S. 29).

Allerdings ist es nicht immer einfach, den therapeutischen Vertrag festzulegen, und es ist keineswegs immer möglich, eine kurzfristige Therapie zu planen. So gibt es zum Beispiel ganz spezielle Probleme in der Arbeit mit Familien, die sich durch schizophrene Interaktionen auszeichnen und in denen die Familienmitglieder dazu neigen, sich selbst und den anderen immer wieder die Glaubwürdigkeit abzusprechen. Der Therapeut muß in solchen Fällen seine Zuflucht zu ganz bestimmten Vorgehensweisen nehmen (ohne sich selbst unglaubwürdig zu machen), um sich überhaupt erst einmal Zugang zu einem solchen System verschaffen zu können. Als besonders schwierig erweist sich auch die Arbeit mit den sogenannten losgelösten bzw. den verstrickten Familien, die Minuchin (1974) beschreibt. Minuchins Kategorien beruhen auf gegensätzlichen Interaktionsstilen – die losgelösten Familien haben unangemessen starre Grenzen, die verstrickten Familien diffuse Grenzen.

In allen diesen Fällen hat der Therapeut es mit einem rigiden System zu tun. Die Grundvoraussetzung für die Festlegung eines Vertrags fehlt, denn diese Systeme können nicht so ohne weiteres eine therapeutische Beziehung akzeptieren, innerhalb derer die Familie die Veränderung bestimmt und der Therapeut der teilnehmende Beobachter sein soll. Rigide Systeme fühlen sich hilflos und unfähig zur Selbstbestimmung, und sie werden unweigerlich versuchen, den Therapeuten dazu zu bewegen, den therapeutischen Prozeß in Gang zu bringen. Dazu kommt, daß die Regeln des Systems es nicht zulassen, daß die Mitglieder sich zueinander und in ihrer Beziehung zum Therapeuten selbst definieren.

Das heißt also, wenn man es mit einem rigiden System zu tun hat, muß viel therapeutische Arbeit geleistet werden, bevor der Vertrag selbst aufgestellt werden kann. Der Therapeut muß das System zunächst öffnen, er muß neue Bereiche der Interaktion erschließen und die Familienmitglieder anregen, einander verstärkt entgegenzutreten.

In der Arbeit mit starren Systemen können wir also nicht rasch zur Aufstellung des Vertrags gelangen, ohne dabei ernsthafte Risiken einzugehen. Für die Familie sieht die therapeutische Beziehung so aus, daß sie dem Therapeuten alle Verantwortung aufbürden und am Konzept der individuellen psychischen Störung festhalten möchte. Unter diesen Voraussetzungen ist es unmöglich, einen Vertrag auszuhandeln, dessen Ziel die Veränderung der Regeln des Systems bildet. Die Familie erwartet ja, daß der Therapeut das gestörte (und störende) Verhalten aus der Welt schafft und seine Interventionen an den Regeln des Systems ausrichtet. Wenn der Therapeut unter diesen Bedingungen in Verhandlungen treten möchte, dann wird der Vertrag, wenn er schließlich zustandekommt, unweigerlich die Ausgangsvorstellungen der Familie spiegeln.

Ganz allgemein hängt die Zeitspanne, die vergeht, bevor ein befriedigender therapeutischer Vertrag mit dem jeweiligen Familiensystem zustandekommen kann, davon ab, wie sorgfältig der Therapeut sich in den vorangegangenen Phasen um Informationen bemüht hat. In der ersten Sitzung ist vielleicht noch nicht so viel Material aufgetaucht, daß der Therapeut bereits ein erstes Ziel bestimmen könnte. In diesem Fall vereinbart er mit der Familie, daß man noch eine oder zwei der Erkundung dienende Sitzungen abhalten wird, um dann die Situation gemeinsam in den Blick zu nehmen. Der Therapeut muß in jedem Fall imstande sein herauszufinden, welche Art von Schwierigkeiten dem vorgestellten Problem zugrunde liegen. Das gestörte Verhalten kann ein Signal sowohl für Schwierigkeiten innerhalb des Systems wie zwischen Systemen sein. Betrachten wir dazu das Beispiel einer Familie, die aus Mutter, Vater und Sohn besteht und in der der Sohn der identifizierte Patient ist. Die Familie kommt wegen einer inneren Belastung aus eigenem Antrieb zur Behandlung. Der Vertrag wird vermutlich das vorgestellte Problem zur Grundlage haben, das heißt, die Schwierigkeiten des Sohnes. Aber mit seiner Bitte, die Familie möge ihm bei der Suche nach einer Lösung für die Schwierigkeiten des Sohnes beistehen, fordert der Therapeut sie implizit auf, das eigentliche Problem zu klären (das beispielsweise in ehelichen Schwierigkeiten bestehen könnte). Das heißt, der Vertrag ist zwar auf dem vorgestellten Problem aufgebaut, aber er muß nicht notwendig auf dieses Problem beschränkt bleiben. Wenn die Erkundung des vorgestellten Problems erst einmal die Interaktionsmuster dieses Familiensystems ans Licht gebracht hat, dann kann man die Ziele des Vertrags noch verändern.

Manchmal erweist es sich als unmöglich, den Vertrag neu und anders zu formulieren, ihn also auf das wahre Problem auszurichten. Vielleicht ist das Ehepaar nicht bereit, die Regeln der ehelichen Beziehung unter die Lupe zu nehmen. Immerhin ist es aber wichtig, den Partnern zu der Erkenntnis zu verhelfen, daß es auch noch andere Formen des Miteinander gibt, die einen »Einsatz« des Kindes nicht notwendig machen.

Anders verhält es sich, wenn eine Familie auf dem Wege der Überweisung durch eine Institution (einen Arzt, einen Lehrer) zur Behandlung kommt. Diese Familie ist weniger stark motiviert und kann ihre Schwierigkeiten leichter leugnen, oder sie versichert beharrlich, daß die Schwierigkeiten auf äußere Faktoren zurückzuführen sind. Die Familie, die auf dem Wege der Überweisung zum Therapeuten kommt, wird vermutlich versuchen, sich ihm gegenüber zu verteidigen oder aber ihn zu verführen (eine Allianz mit ihm einzugehen). Der Therapeut ist also in Gefahr, sich zwischen zwei Systemen trianguliert zu finden. Um dieses Risiko zu vermeiden, muß er sich zunächst über verschiedene Dinge klarwerden: 1. Wieweit steht die Familie unter dem Druck der überweisenden Stelle; 2. wird sie sich auf die Therapie überhaupt einlassen; 3. deutet das Verhalten des identifizierten Patienten auf Schwierigkeiten, die zwischen der Familie und der überweisenden Stelle bestehen?

Der Therapeut muß die Situation klären, so daß die Familie sich von der Vorstellung, sie müsse sich verteidigen, sie müsse den Therapeuten verführen oder sie werde stigmatisiert, befreien kann. Wenn der Kontext sich erst einmal verändert hat, dann kommt die Familie nach langem Überlegen vielleicht zu dem Schluß, daß ihr ja durchaus daran gelegen ist, ihre Beziehung zur überweisenden Institution neu zu definieren. Dann wird es unter Umständen möglich, mit der Familie in dieser Institution zu arbeiten oder aber zu den Sitzungen mit der Familie auch Vertreter dieser Institution hinzuzubitten.

Der nachstehende kurze Auszug aus einer ersten Sitzung veranschaulicht diese Situation:

*Therapeut:* Wer von Ihnen möchte als erster darlegen, worin das Problem besteht?

*Mutter:* Ja, also, *das Problem besteht darin, daß die Schule bei uns angerufen hat,* um mitzuteilen, daß Giorgio sich ständig mit seinen Klassenkameraden prügelt und im Unterricht nicht aufpaßt.

*Therapeut:* Und würden Sie alle dem zustimmen?

*Mutter:* Ja nun, ich gehe ja nicht in die Schule, also kann ich dazu eigentlich nichts sagen. Tatsache ist aber, daß sein früherer Lehrer sich niemals beschwert hat. Und jetzt heißt es auf einmal, ich soll mit ihm zu einem Spezialisten gehen! Und womöglich ein EEG machen lassen!

*Therapeut:* Aber was würden Sie meinen, wie er sich zu Hause und seinen Freunden gegenüber benimmt?

*Mutter:* Er ist sehr lebhaft, das stimmt, aber ich glaube, in seinem Alter, nicht wahr, da gibt es eine Menge Kinder, die wilder sind als er.

*Vater:* Aber in letzter Zeit ist er nervöser, vielleicht wegen der einen oder anderen Klassenarbeit . . . Sie verstehen das sicher, wir machen uns eben Sorgen, daß er vielleicht irgendwie nicht normal ist. Wenn ihm nach all diesen Bemühungen tatsächlich nichts fehlen sollte (*er wendet sich an den Sohn*), dann kannst du was erleben!

*Giorgio hat die ganze Zeit mit gesenktem Kopf und mürrischem Gesicht dagesessen und sich nicht eingemischt.*

»*Das Problem besteht darin, daß die Schule bei uns angerufen hat.*« Dieser knappe Satz macht die Verwirrung der Familie deutlich. Einerseits machen die Eltern sich Sorgen, daß der Sohn möglicherweise wirklich krank ist; andererseits sind sie ärgerlich auf einen Lehrer, von dem sie insgeheim annehmen, daß er vielleicht nicht sehr geschickt ist und mit Giorgio viel zu streng verfährt.

Der Vater greift erst gegen Ende der Unterhaltung ein und beteiligt sich während der gesamten Sitzung nur sehr selten am Gespräch. Später wird sich herausstellen, daß er von Giorgios Leben in der Schule nicht die geringste Ahnung hat.

In dieser Situation handelt der Therapeut auf verschiedenen Ebenen:

1. Er läßt es nicht zu, daß Giorgio und die Familie das Problem als pathologische Erscheinung formulieren.

2. Er tritt der Vorstellung entgegen, daß die Therapie eine psychiatrische Maßnahme sei, mit der Giorgios Störung geheilt werden solle. Im Grunde bestreitet er, daß das Problem *in* der Familie liegt, und richtet die Bemühungen der Familie nach außen und auf die außerfamiliale Quelle der Störung.

3. Er arbeitet auf eine Vereinbarung mit der Familie hin, wonach auf einer anderen Ebene eingegriffen werden soll. Er stellt sich vorübergehend als Mittler innerhalb einer konstruktiven Beziehung zwischen der Familie und der Schule zur Verfügung; später wird er sich dann aus der Situation zurückziehen.

4. Nachdem ein Mechanismus geschaffen ist, durch den die Beziehungen zwischen Familie und Schule erleichtert werden, fordert er die Eltern auf, ihr Verhältnis zu den Vertretern der Schule klar und eindeutig zu gestalten und fortzuführen, und veranlaßt den Vater, sich mehr als bisher um die schulischen Aktivitäten seines Sohnes zu kümmern.

Im Zusammenhang mit der Formulierung des therapeutischen Vertrags muß der Therapeut auch entscheiden, *wo* er intervenieren will. Je nach den Gegebenheiten des Falles und den äußeren Umständen wird die Behandlung am besten in einer ambulanten Einrichtung, zu Hause, in der Schule oder einer anderen Institution, oder auch abwechselnd an verschiedenen Orten, durchgeführt werden, je nachdem, wie die Umstände es gerade erfordern.

Aus strategischen Gründen kann der Therapeut sich dafür entscheiden, die Sitzungen bei der Familie zu Hause durchzuführen. Vielleicht will er die Familie in einem Augenblick der Krise in ihrer gewohnten Umgebung erleben, oder er will sich bei Abschluß der Behandlung noch einmal ein genaues Bild der Situation verschaffen, oder er möchte eine Vorstellung bezüglich des Verhältnisses zwischen dem persönlichen und dem interaktionellen Bereich gewinnen (das ist besonders wichtig, wenn es sich um heranwachsende Patienten handelt). Hausbesuche sollten aber nicht zur eingefahrenen Praxis werden. Dann nämlich würde der Therapeut unweigerlich mit der Autonomie der Familie in Konflikt geraten und würde so die korrekte Definition der therapeutischen Beziehung verhindern, in der die Familie doch selbst dafür verantwortlich ist, daß es zu einer Veränderung kommt.

# 2  Die Neudefinition des Problems in der Familientherapie

Zu den wichtigsten therapeutischen Zielen überhaupt zählt die Linderung des Leidensdrucks, aufgrund dessen eine Intervention erbeten worden ist. Aber *Leidensdruck, psychiatrische Symptome, Verrücktheit* nehmen unterschiedliche Bedeutungen an, je nachdem wie wir sie betrachten. Wenn wir sie als *psychische Störungen* ansehen, die dem einzelnen Menschen innewohnen, dann werden wir fraglos das Wesen des Patienten ergründen und die Ursachen des Leidens in seiner Person suchen wollen. Die Therapie besteht dann in der Verabreichung von Medikamenten oder in denjenigen physikalischen oder psychologischen Maßnahmen, die im speziellen Fall besonders angezeigt erscheinen. Wenn wir die gleichen Anzeichen des Leidens aber als Signal für eine größere Störung betrachten, die noch andere Faktoren anrührt und ihrerseits von anderen Faktoren berührt wird, dann werden wir nach der interaktionellen Signifikanz des gestörten Verhaltens und nach seinen Implikationen für die Familie und das soziale Umfeld suchen, in dem es aufgetreten ist. In diesem Fall besteht die Behandlung darin, daß man dem identifizierten Patienten hilft, seine Schwierigkeiten in einem veränderten Kontext zu überwinden, dessen latent vorhandene therapeutische Kapazitäten wieder sichtbar gemacht und aktiviert werden. In diesem veränderten Kontext wird die Störung nicht länger als Stigma erlebt, sondern als Anlaß zum Wachstum einer ganzen Gruppe, die eine gemeinsame Vergangenheit verbindet.

*Eine auf das Individuum ausgerichtete Therapie und die Abwälzung der Verantwortung auf einen Experten* sind die Eckpfeiler des psychiatrischen Ansatzes, der auf dem *medizinischen Krankheitsmodell* beruht.

Dieses Modell geht davon aus, daß das Objekt der Behandlung ein krankes Individuum ist, was allgemein auch von der Mehrzahl der Klienten in den öffentlichen Einrichtungen und in der privaten Sprechstunde akzeptiert wird.

Rolle und Aufgaben der Klienten einerseits und der Therapeuten andererseits ergänzen sich dabei: die Klienten sollen Informationen bezüglich des vorliegenden Problems liefern; von den Therapeuten wird dann erwartet, daß sie die *Ursachen* ausfindig machen und entsprechend intervenieren.

Es ist nicht weiter schwer zu erraten, wie eine solche Beziehung – die gewöhnlich als *therapeutisch* bezeichnet wird – definiert ist: Der Patient erwartet, eine Therapie – nämlich die Lösung *seiner* Schwierigkeiten – zu erhalten, und zwar durch einen Fachmann, der bereit ist, ihn zu behandeln. Tatsächlich soll der Fachmann die Probleme des Patienten für diesen lösen, *indem er stellvertretend für den Patienten handelt.* Wenn der Patient solche Erwartungen nicht selbst hegt, dann wird entweder die Familie oder ein Mitarbeiter irgendeiner Institution (der Schule, eines medizinischen Gesundheitszentrums) ihn vermutlich davon zu überzeugen suchen, daß eine Intervention, um die *sie*, die anderen, nachgesucht haben, für *ihn* nützlich sein wird. Dieser Weg wird so gut wie immer eingeschlagen, wenn es sich um Kinder oder um Psychotiker handelt, die nur zu oft ihrer Selbstbestimmung beraubt sind. Eine Behandlung, die auf dieser Grundlage in Angriff genommen wird, muß ganz einfach wirkungslos bleiben und die Passivität noch fördern. Sie besteht aus stereotypen Reaktionen auf Bedürfnisse, die gar nicht wirklich verstanden und häufig ganz rasch in diagnostische Etikettierungen verwandelt werden.

Die scheinbare Übereinstimmung zwischem dem Hilfeersuchen des Klienten und der »Antwort« des Therapeuten rechtfertigt das Festhalten an Behandlungsformen, die auf einem starren medizinischen Krankheitsmodell aufbauen, und sie sorgt zugleich für das Fortbestehen eines *Stereotyps bezüglich der Beziehung zwischen denjenigen Menschen, die die Macht zu heilen besitzen, weil sie gesund sind, und jenen anderen*

*Menschen, die das Recht auf Behandlung haben, weil sie krank sind.* Die Folge ist, daß das Symptom zum Objekt der therapeutischen Beziehung gemacht wird; es wird klassifiziert und gewaltsam einem starren Schema eingepaßt; und es wird immer weniger umkehrbar. Die Art der Informationsbeschaffung und -vermittlung durch den Therapeuten, seine Einstellung zu dem jeweiligen Fall, die Art, wie er in den Sitzungen spricht und sich bewegt, seine Entscheidung für eine bestimmte Form der Intervention – all dies steht unter dem Einfluß der grundsätzlichen Annahme, daß der Mensch, der gestörtes Verhalten zur Schau stellt, »krank« ist. In dieser Situation nimmt jeder Aspekt der Intervention eine spezifische Bedeutung an (Haley, 1975).

Selbst der äußere Rahmen der Begegnung ist geeignet, die Unterschiede zwischen den Rollen und Aufgaben der Beteiligten deutlich darzutun. Schreibtisch, Couch, der weiße Ärztekittel, das Krankenblatt, der Rezeptblock und die Medikamente sorgen für eine *beruhigende Distanz* zwischen demjenigen, der die Hilfeleistung erbringt, und seinem Klienten, und unterstreichen so den Unterschied zwischen dem gesunden und dem kranken Menschen. Diese Art der Gestaltung des äußeren Rahmens der Behandlung spiegelt das überkommene Bild der psychischen Krankheit, das heißt den Gedanken, daß »Verrücktheit der Normalität umgekehrt symmetrisch bzw. komplementär ist« (Jervis, 1975).

## DIE NEUDEFINITION DER THERAPEUTISCHEN BEZIEHUNG

Wenn wir die therapeutische Intervention aus systemischer Perspektive betrachten, für die das Ziel ja darin liegt, der betroffenen Gruppe wieder zur selbständigen Bewältigung ihrer Interaktionsschwierigkeiten zu verhelfen, dann sehen wir uns ganz anderen Problemen gegenüber. Wie, wo, mit wem, in Erwiderung welcher Hilfeersuchen und mit welchen Zielen sollen wir intervenieren? Um diese Fragen beantworten zu können, müssen wir die Therapie selbst neu definieren, *nicht als eine Intervention, die auf ein »krankes« Individuum zielt, sondern als einen*

*Akt der Mitbestimmung und der Entfaltung in einer gewachsenen Gruppe:*

»Wenn wir uns an den systemischen Ansatz halten wollen, dann können wir uns nicht länger mit einer psychiatrischen Diagnose zufriedengeben, die bestimmte Situationen fortschreibt und sich kristallisieren läßt, die durchaus noch das Potential zu einer Veränderung in sich tragen. Vielmehr müssen wir den zwischenmenschlichen Kontakt des Patienten erkunden, denn hier liegen in erster Linie die Möglichkeiten dafür, daß dem symptomatischen Verhalten in geeigneter Weise entgegengetreten wird« (Andolfi und Menghi, 1976 a).

Eine fruchtbare therapeutische Beziehung kommt nicht automatisch zustande, selbst wenn der Therapeut es ablehnt, daß die Verantwortung ihm zugeschoben wird, und sich von der *Erklärung* des individuellen Verhaltens ab- und der *Beobachtung* der familialen Interaktionen zugewandt hat. Die Erwartungen der Familie bauen in der Regel auf dem Gedanken auf, daß Krankheit ihren Ort im einzelnen Menschen hat und daß sich die Verantwortung für ihre Beseitigung delegieren läßt. Wenngleich diese Vorstellung der psychischen Krankheit die Familie schreckt, so gewährt sie andererseits doch auch eine gewisse Beruhigung: die Krankheit des individuellen Familienmitgliedes erklärt die Schwierigkeiten der gesamten Familie (die ja auch unter der Krankheit zu leiden hat), und dennoch brauchen die übrigen Familienmitglieder sich nicht direkt betroffen zu fühlen[1].

Deshalb besteht die erste Aufgabe des Therapeuten darin, die stereoty-

---

[1] »In der Art, wie eine Familie ihr Problem angeht, orientiert sie sich gewöhnlich am Individuum und an der Vergangenheit. Die Familie kommt aufgrund der Devianz oder der Schwierigkeiten eines ihrer Mitglieder, des identifizierten Patienten, zur Behandlung. Für ihre Mitglieder besteht das Ziel darin, daß der Therapeut den identifizierten Patienten verändert. Sie wollen, daß der Therapeut die Situation verändert, ohne ihre üblichen Interaktionsmuster mitzuverändern. Tatsächlich wünscht die Familie eine Rückkehr zu der Situation, wie sie bestand, bevor die Symptome des identifizierten Patienten sich der Bewältigung entzogen« (Minuchin, 1974, S. 164).

pen Erwartungen zu verändern, die die Familie in die Behandlung mitbringt. Er muß die therapeutische Beziehung so um- und neuformulieren, daß die Familie sich aufgefordert sieht, die Verantwortung für die Lösung ihrer Interaktionsschwierigkeiten zu übernehmen, die sich jetzt mit der Unterstützung des Therapeuten ganz deutlich abzeichnen.

Die Intervention läßt sich nur dann radikal anders handhaben, wenn der Therapeut die Rolle des *Deus ex machina* in dieser Situation verwirft und wenn die Familie tatsächlich die Verantwortung für den Prozeß ihrer Veränderung übernimmt. Das bedeutet, daß der Therapeut eine neue Art von *Macht* erwerben muß, deren Grundlage seine Fähigkeit bildet, sich tätig mit den Widersprüchen, den Rollenbeziehungen und den sozialen Stereotypen zu befassen, die so schwer auf der Familie und auf dem therapeutischen Team lasten.

Nur dann wird die Familie imstande sein, sich an neue Erfahrungen überhaupt heranzuwagen. Häufig hat die Familie sich solche Erfahrungen im Grunde schon längst gewünscht, aber sie war andererseits von Angst und Befürchtungen gelähmt, die sie unterdrückt hat, um den Anschein der »Normalität« zu wahren. In vielen Fällen sehen die Ehepartner, die Kinder oder die erweiterte Familie in der therapeutischen Erfahrung eine Gelegenheit zur Reflexion und zur – gelegentlich dramatischen – Klärung ihrer Kommunikationsstile. Es handelt sich dabei meist um stereotype Muster, heimliche Absprachen und starre sexuelle und familiale Rollen, die die Familienmitglieder daran hindern, zur Autonomie zu gelangen, und den identifizierten Patienten in die Rolle des Sündenbocks zwingen.

Die Macht des Therapeuten entspricht seiner Fähigkeit, sich selbst in Frage zu stellen, und seiner Bereitschaft, sich den Blicken seiner Umgebung tatsächlich auszusetzen. »Therapie für die Therapeuten« – so beschreibt Jervis (1975) Situationen, in denen der Therapeut (und seine Gruppe oder sein therapeutisches Team) aufgerufen ist, gleichzeitig mit der Erkundung und Behandlung des Patienten (zusammen mit dessen Angehörigen, Kollegen etc.) auch die eigene Person zu erkunden und zu behandeln. In der Tat wird der interaktionsorientiert vorgehende Therapeut, der die Konzepte, die Methoden und die Terminologie des medizinischen Modells hinter sich gelassen hat, zum aktiven und reaktiven Teil des therapeutischen Systems. Sein Einsatz der eigenen Person verwandelt den therapeutischen Raum in ein Feld der dynamischen Interaktionen.

## DIE NEUDEFINITION DES KONTEXTES

Die Therapie kann soweit verändert werden, daß *die Beziehung zwischen dem Therapeuten und dem Patienten in der therapeutischen Situation eine neue Definition erfährt.* Das bedeutet, daß selbst der Kontext – die affektive Atmosphäre und der äußere Rahmen, in dem die Behandlung ihren Ort hat – sich verändern muß. Der Kontext muß es der Familie möglich machen, Bereiche und Beziehungen zu entdecken, die bisher gar keine Äußerung erfahren haben, so daß der identifizierte Patient diese Rolle aufgeben und die Familie ihr eigener Therapeut werden kann. Im anderen Fall »bei Nichtvorhandensein eines kontextuellen Bezugsrahmens, der doch wenigstens eine minimale Verbindlichkeit für alle Beteiligten besitzt, kommt es unweigerlich zu Mißverständnissen und zur Entgleisung der Kommunikation« (Selvini, 1970).

Was für einen Zweck sollte es haben, wenn man eine Familie um ihre aktive Beteiligung am therapeutischen Prozeß bittet, während gleichzeitig dem identifizierten Patienten auch Medikamente verabreicht werden (vielleicht zur »Vorbeugung«)? Welchen Zweck hat es, dem Familiensystem zu neuen Interaktionsmustern zu raten, wenn der identifizierte Patient in einer psychiatrischen Klinik festgehalten wird, weil er »verrückt« ist? Auf welche Grenzen stößt die interaktionsbezogene Intervention, wenn sie von einem einzelnen Therapeuten in einer Klinik betrieben wird, in der man im allgemeinen pharmakologisch vorgeht und den *Status quo* bewahren möchte?

Wenn der Therapeut versucht, solche widersprüchlichen Voraussetzungen miteinander zu verbinden, dann besteht die Gefahr, daß seine

Bemühungen falsch verstanden werden, weil zwischen der therapeutischen Situation und seiner Neudefinition der Beziehung ein Bruch besteht.

Ein stabiler Kontext ist dringend notwendig, wenn wir befriedigende Behandlungsergebnisse erzielen wollen. Aber ein solcher zufriedenstellender Kontext kommt selten zustande, ohne daß dem ein Prozeß der Neudefinition vorausgeht. Unsere Erfahrung zeigt, daß die Familie ihr eigenes System von Interaktionskanälen, ihre eigene Definition des anstehenden Problems und ihre feststehenden Erwartungen in bezug auf die Therapie mitbringt. In der Anfangsphase der Behandlung wird der Kontext gewöhnlich auf der Basis dieser Elemente definiert. Je starrer und einengender diese Elemente sind, desto dringender und wichtiger wird die Neudefinition der therapeutischen Situation. Eine Beschreibung der Situationen, die nach unseren Erfahrungen am häufigsten eintreten, soll diesen Gedanken weiter klären.

Wir können von einem *Kontext der Erwartungen* sprechen, um eine häufig zu beobachtende Situation zu beschreiben. Dann ist die ganze Haltung und Einstellung der Familie von der Erwartung geprägt, daß der Therapeut schon eine Lösung herbeiführen wird. Zu Beginn der Familienbehandlung kann man häufig Äußerungen hören wie: Sagen Sie uns, was wir in dieser Situation tun können; man hat uns um Rat zu Ihnen geschickt; wir verstehen gar nicht, weshalb wir alle herkommen mußten, wo das Problem doch unser Sohn ist; wir möchten, daß Sie ihm ein paar Spritzen verschreiben. Solche Bemerkungen sind ganz typisch für ein Verständnis der Dinge, nach dem der Spezialist die Aufgabe hat, das zu verändern, was mit dem identifizierten Patienten nicht in Ordnung ist, oder die Familie darüber zu belehren, wie sie sich gegenüber dem »kranken« Mitglied verhalten soll. Das »kranke« Mitglied selbst, das die Erwartung hegt, Gegenstand der Beobachtung zu werden, bittet gewöhnlich um nichts und nimmt eine passive und distanzierte Haltung ein.

In der Regel fällt es nicht schwer, einen so gearteten Kontext neu zu definieren. Bis zu einem gewissen Grade beruhen die Erwartungen der

Familie auf der für sie ungewohnten therapeutischen Situation (es ist ja die ganze Familie anwesend). Verständlicherweise erwartet die Familie, daß der Therapeut jedem Mitglied die richtige Lösung verschaffen wird. Oft sind es gerade die neuen Erfahrungen, an der die ganze Familie teilhat, und die Aktivierung aller Familienmitglieder einschließlich des identifizierten Patienten, die die Bereitschaft zur Mithilfe wecken und es möglich machen, therapeutische Zielvorstellungen zu definieren, in denen die Familie zum Träger der Veränderung wird.

Manche Familien begegnen dem identifizierten Patienten mit Tadel und Anschuldigung, weil sein »sträfliches« Verhalten das Ansehen der Familie zu untergraben droht. In solchen Fällen sind wir Zeuge der Herausbildung eines *»richtenden Kontextes«,* in dem die Familie den Therapeuten mehr oder weniger unverblümt bittet, eine für die Eltern günstige Beurteilung abzugeben, weil diese sich durch das angeblich abnorme Verhalten eines ihrer Kinder bedroht sehen.

Diese Situation stellt den Therapeuten vor größere Schwierigkeiten als die zuvor beschriebene. Ohne es zu wissen und zu wollen, findet er sich unter Umständen plötzlich in der Rolle des Richters wieder, der den identifizierten Patienten verurteilt; oder er nimmt eine beschützende Haltung dem Patienten gegenüber ein und riskiert damit, die Schuldgefühle der Familie noch zu verstärken und am Ende so etwas wie Gerichtssaalatmosphäre zu schaffen. Möglich ist auch, daß er versucht, dem ganzen Problem mit allen zugehörigen Spannungen dadurch aus dem Weg zu gehen, daß er seine Aufmerksamkeit auf die Beziehung zwischen den Eltern oder auf eines der anderen Kinder richtet, das keine Probleme präsentiert. Auch damit riskiert er, eine richtende Atmosphäre zu schaffen – dieses Mal mit den Eltern in der Rolle der Angeklagten.

In solchen Situationen hängt die Macht des Therapeuten von seiner Fähigkeit ab, den Teufelskreis der Schuldgefühle zu durchbrechen, ohne selbst in diese Falle zu geraten – und das ist unmöglich, wenn er nicht zugleich *das Problem neu definiert,* um dessentwillen die Familie um Hilfe gebeten hat.

Eine ganz andere Situation besteht dann, wenn wir es mit einem *Kontext des Beschützenwollens* zu tun haben. Hier ist die Atmosphäre gewissermaßen durchdrungen von der Bereitschaft, das Kind zu schützen und sein Verhalten zu verstehen. Übrigens spielt es so gut wie keine Rolle, ob wir es mit einem Kind, einem Jugendlichen oder einem jungen Erwachsenen zu tun haben: er muß geschützt werden, weil er so empfindlich und so »anders« ist. Beschützende Haltung und die passive Hinnahme des »gestörten« Verhaltens sind fast immer zu beobachten, wenn die psychische Störung sich in einem Menschen bemerkbar macht, der körperlich behindert oder organisch krank ist (also im Falle von Epilepsie, geistiger Behinderung etc.).

Diesen Kontext finden wir häufig auch zu Beginn einer Paarbehandlung, vor allem bei Paaren, die sehr harmonisch und einig wirken. Hier nimmt der angeblich gesunde Partner eine beschützende Haltung gegenüber dem »kranken« Partner ein; er sagt, daß er ausschließlich deshalb zur Therapie gekommen ist, weil er dem anderen helfen möchte, seine Probleme zu lösen (Depression, sexuelle Schwierigkeiten etc.). Seine bereitwillige Zusammenarbeit mit dem Therapeuten in der Anfangsphase erklärt sich durch seine Überzeugung, daß der kranke Partner allein ja nicht zurechtkommt und daß man ihn nicht allzu stark belasten darf. Es ist gefährlich, wenn der Therapeut es zuläßt, daß diese beschützende Atmosphäre sich auch in den späteren Sitzungen ausbreitet. Wenn er sich auch seinerseits der Überlegung anschließt, daß man »den zerbrechlichen und empfindlichen Menschen beschützen« muß, dann wird ihm die interaktionelle Bedeutung des Symptoms entgehen, und es wird ihm nicht gelingen, jene Stereotypen in Frage zu stellen, die das Paar zur Behandlung gewissermaßen »mitgebracht« hat. Wenn ein derartiger Kontext nicht ganz klar und deutlich neu und anders definiert wird, dann wird es dem Therapeuten kaum gelingen, seine unparteiische Haltung zu wahren bzw. zu verhindern, daß sich Allianzen bilden, die der Sache nicht dienlich sind (häufig beansprucht der Partner, der sich als »gesund« bezeichnet, eine privilegierte Rolle innerhalb der Behandlung). Zudem wird es schwierig sein, dem identifizierten Patienten einen einigermaßen brauchbaren Beitrag zu entlocken, wenn der Therapeut sich erst einmal damit einverstanden erklärt hat, ihn – selbst in der therapeutischen Situation – als »unreif« oder »zerbrechlich« oder irgend- wie zur Selbstbestimmung nicht fähig zu betrachten.

Die schwierigste Situation, mit der man es zu tun bekommen kann, ist zweifellos der *Kontext des »Verrücktseins«*. Das heißt, es herrscht das Gefühl vor, daß die Dinge völlig unberechenbar sind und daß man rein gar nichts unternehmen kann, und das affektive Klima wird in dramati- scher Weise aufgeheizt, sobald ein Familienmitglied Wahnvorstellungen zur Schau stellt oder sich in unverkennbar abnormer Weise verhält. Solche Fälle sind schon in sich recht schwierig, und dazu kommt, daß die Familienmitglieder dem Therapeuten dann implizit zu verstehen geben, daß sie resigniert haben: *»Sie sehen ja, er ist vollkommen verrückt, man kann einfach nichts dagegen machen.«* Der identifizierte Patient wird wahrscheinlich dieses Urteil durch sein Verhalten noch bestätigen.

Wenn die Diagnose »Schizophrenie« erst einmal gestellt und die psych- iatrische Karriere in Gang gekommen ist (das heißt, wenn der Patient als anders als die normale Welt etikettiert worden ist), dann herrscht in den Sitzungen eine Atmosphäre der Gespanntheit und der Unausweichlich- keit, selbst wenn der Patient sich vollkommen angemessen verhält oder sogar überhaupt nicht zugegen ist.

Wenn der Therapeut diesen »Kontext des Verrücktseins« akzeptiert, dann wird er fraglos von dem gleichen Gefühl der Ohnmacht überwäl- tigt, das die Familienmitglieder und den Patienten bereits erfaßt hat. Seine Intervention wird wirkungslos verpuffen, weil sie die Familie noch in der Überzeugung bestärkt, daß sie einem irreversiblen Prozeß, einer chronischen, sich verschlimmernden Krankheit ausgeliefert ist. Es mutet paradox an, daß die Tendenz zur Delegation der Verantwortung immer stärker wird, je wirkungsloser die Intervention bleibt: die Familie ver- langt eine beruhigende Antwort auf ein unlösbares Problem. Der Thera- peut sucht unter Umständen nach einer griffigen Lösung durch thera- peutische Maßnahmen wie Hospitalisierung des Patienten oder Verab- reichung von Medikamenten, die »äußerlich« wirken, ohne das stets gefährdete Gleichgewicht der Familie noch weiter zu bedrohen; vor allem wird er sich wohl um eine Lösung bemühen, die ihn nicht mit seiner eigenen Irrationalität oder mit der Irrationalität anderer Menschen konfrontiert. Die Intervention gerät zur *professionellen Täuschung,* sie maskiert eine der größten Irreführungen in der Psychiatrie, den Anspruch nämlich, daß ein Außenstehender herbeiführen kann, was der Patient, seine Familie und die größere Gemeinschaft eben gerade nicht fertigbringen – das heißt, einen Wandel in der schizophrenen Situation. Um einen solchen Kontext des Verrücktseins neu definieren zu können, muß der Therapeut zunächst seine eigenen Parameter der Normalität neu definieren[2]. Er muß sich tief in eine Realität hineinbegeben, in der Normalität und Verrücktheit sich treffen, indem er die *Normalität der Verrücktheit* des Patienten aufzeigt. Um Erfolg zu haben, muß er in der Lage sein, ohne Hemmungen die eigene Irrationalität zum Ausdruck zu bringen.

Der Therapeut kann nicht allein mit Hilfe irgendwelcher ausgeklügelter Techniken in ein Familiensystem wirklich eintreten, das aufgrund seiner besonderen Wahrnehmung der Abnormität schon lange Zeit gelähmt ist. Er wird sich nur dann gewissermaßen Zugang zu diesem System verschaffen können, wenn er sein eigenes »Anderssein« leugnet. Wenn der Therapeut es schafft, in das Familiensystem einzutreten, und wenn die Familie in der Lage ist, ihn zu akzeptieren, dann ist die Verrücktheit nicht länger ein distanzbewirkender Faktor und verliert deshalb erheblich an Macht. Die Therapie kann sich dann einem größeren Kreis von Schwierigkeiten zuwenden. Wir stimmen mit Whitaker (1975) darin überein, daß die Therapie eine Möglichkeit des Wachstums sowohl für die Familie als auch für den Therapeuten darstellt:

[2] »In Wahrheit hat jeder psychisch gesunde Mensch auch psychische Störungen, das heißt psychiatrische Probleme; und jeder Mensch, der als ›psychiatrischer Fall‹ gilt, hat psychische Bedürfnisse und Probleme, die sich nicht wesentlich von denen des ›gesunden Menschen‹ unterscheiden. Das Vorhandensein einer Krankheit zu beschwören, um auf diese Weise psychische Störungen erklären zu können, heißt weiter an der Annahme festhalten, daß die Dynamik der Störung völlig anders aussieht als die Dynamik, die in der normalen Psyche vorhanden ist« (Jervis, 1975).

»Die Therapie erfordert eine andere Art der Beteiligung von seiten des Therapeuten. Durch sein persönliches Engagement und die Wiederaufdeckung der irrationalen Aspekte seines Selbst kann er der Familie zeigen, daß der Zusammenhang zwischen Normalität und Verrücktheit umkehrbar ist. Mit anderen Worten, der Therapeut demonstriert, daß Verrücktheit eine Rolle ist, die wie jede andere Rolle gespielt werden kann und gespielt werden sollte, daß sie dann aber auch wie jede andere Rolle reversibel sein muß« (Anzilotti und Giacometti, 1977).


## DIE NEUDEFINITION DES PROBLEMS

Die Neudefinition des Problems, das der Bitte um Behandlung zugrunde liegt, ist gewissermaßen der Eckpfeiler, auf dem der gesamte therapeutische Prozeß beruht. Hier handelt es sich um den »kreativsten« Aspekt der Behandlung, um denjenigen nämlich, der es der Familie möglich macht, zum Träger ihrer eigenen Veränderung in der therapeutischen Situation zu werden.

Für Watzlawick, Weakland und Fisch (1974) bedeutet Neudefinition die Art und Weise, wie ein präsentiertes Problem in einen anderen Bezugsrahmen gestellt wird, das heißt:

»eine Umdeutung besteht also darin, den begrifflichen und gefühlsmäßigen (Bezugs-)Rahmen, in dem eine Sachlage erlebt und beurteilt wird, durch einen anderen zu ersetzen, der den ›Tatsachen‹ der Situation ebenso gut oder sogar besser gerecht wird, und dadurch ihre Gesamtbedeutung verändert« (Watzlawick, Weakland und Fisch, 1974, S. 118).

Für diese Autoren wie auch für Haley (1976), Whitaker (1975), Minuchin (1974), Bowen (1966), Hoffman (1971), Selvini et al. (1978) und andere interaktionsorientierte Therapeuten besteht das wichtigste Ziel der Behandlung darin, die Komplexität der Situation noch zu erhöhen, nicht aber darin, die Ordnung wiederherzustellen oder den identifizierten Patienten in die Normalität zurückzuführen. Je nach dem jeweiligen methodischen Ausgangspunkt dieser Autoren unterscheiden sich die Mittel, die sie anwenden, um dieses Ziel zu erreichen, und der Gebrauch, den sie vom therapeutischen Kontext machen, um neue individuelle und zwischenmenschliche Erfahrungen zu ermöglichen. Eine therapeutische Beziehung und ein Kontext, die eine *a priori* erfolgende und einschränkende Definition des Problems nahelegen, müssen also gleich zu Beginn verändert werden:

»Wenn man die psychiatrische Intervention in anderem Licht betrachtet, dann lassen sich schwierige Situationen nicht durch Stigmatisierung oder Beschränkung lösen, sondern durch die Befreiung des Individuums aus seiner Rolle als Sündenbock und durch die Befreiung der Familie aus ihrer Rolle als Angeklagte, so daß sie ihre eigentherapeutischen Fähigkeiten entdecken kann« (Andolfi und Menghi, 1976 a).


Die Neudefinition des Problems durch positive Umformulierung

Nach der systemischen Betrachtungsweise haben wir es bei dem vorgestellten Problem nicht mehr mit dem Synonym einer psychischen Störung zu tun, wie sie dem einzelnen Individuum innewohnt, sondern mit einem auf dem Weg über die Interaktionen der Gruppe entstandenen Konglomerat aus familialen und außerfamilialen Spannungen. Um das Problem also in positiven Worten neu definieren zu können, müssen wir zunächst eine Vorstellung von »Krankheit«, wie sie in jeder der beteiligten Personen tief verwurzelt ist, verändern. Eine positive Neudefinition beseitigt die *einengenden* und *negativen* Aspekte, die die Störung in den Augen der Familie hat. Wenn das gestörte Verhalten erst einmal in seinem interaktionellen Kontext gesehen wird, dann gerät die Störung selbst zum Stimulus für die Suche nach neuen Formen des Umgangs miteinander.

Die Neustrukturierung einer Erfahrung, die von der Familie als Stigma empfunden wird, ist eine faszinierende und verantwortungsvolle Aufgabe. Um sie lösen zu können, muß der Therapeut die Wahrnehmung der Familie von der psychischen Störung als einem individuellen Merkmal verändern und sich zugleich vollen Zugang zum Familiensystem verschaffen. Im Gedanken an dieses Ziel sollte er weder eine beschützende Haltung gegenüber dem identifizierten Patienten noch etwa eine Haltung der Beschuldigung oder des Mitleids gegenüber den anderen Familienmitgliedern einnehmen; d. h., er sollte es vermeiden, sogenannte Schuldige und deren Opfer festzuschreiben.

Die Schwierigkeiten der Familie dürfen nicht verniedlicht werden. Der Therapeut muß nach positiven Aspekten Ausschau halten, die zur Transformation der bisherigen Wahrnehmung der Schwierigkeiten durch eben diese Familie beitragen können.

Im Zusammenhang seiner Beschäftigung mit der Hypnose stellte Erickson fest, daß es möglich ist, »buchstäblich alles als Erfolg umzudeuten, was der Hypnotisierte in der Trance tut (oder nicht tut)« (Watzlawick et al., 1974., S. 125).

Das heißt also, Erickson führt Veränderungen herbei, indem er jeder Aktion eine positive Konnotation verleiht. Seine Strategie beruht auf der Überzeugung, daß jeder Mensch ein natürliches Verlangen nach Wachstum in sich verspürt und durchaus in diesem Sinne tätig werden wird, wenn die positiven Aspekte seines Verhaltens hervorgehoben werden (Haley, 1973).

In der Familientherapie gilt die positive Konnotation dem interaktionellen Netz, das die Mitglieder des Systems aneinander und an den Therapeuten bindet, nicht aber dem individuellen Verhalten. Im Zusammenhang mit diesem Punkt machen Selvini et al. (1978) auf die Gefahr des Rückfalls in das linear-kausale Modell, der positiven Konnotierung des Symptoms des identifizierten Patienten und der negativen Konnotierung der symptomatischen Verhaltensweisen der übrigen Familienmitglieder aufmerksam. Damit würde man eine Trennung zwischen den einzelnen Komponenten des Systems vornehmen, diese ganz willkürlich in gute und schlechte Komponenten unterteilen und sich mithin den Zugang zur Familie als einer systemischen Einheit selbst verbauen. Wichtig ist auch die Überlegung, daß der Therapeut durch positive Konnotation und durch Neudefinition ganz allgemein die Bedeutungen in Frage stellen kann, die der identifizierte Patient, die Familienangehörigen, die Fachleute und die größere Gemeinschaft im Laufe der Zeit einem bestimmten Verhalten beigemessen haben und die ihrerseits dafür gesorgt haben, daß dieses Verhalten für die Wahrung des systemischen Gleichgewichts immer unerläßlicher und damit auch immer weniger umkehrbar geworden ist.

Das nachstehende Beispiel macht deutlich, was ich über die Neudefinition des Problems ausgeführt habe. Herr und Frau Rossi bitten um gemeinsame Sitzungen mit dem Therapeuten, nachdem Margherita, die Frau, schon lange Zeit in Einzelbehandlung gewesen ist. Im Rahmen dieser Behandlung hat sie zwar ihre Konflikte erkunden können, aber in ihrem selbstzerstörerischen Verhalten ist keine wesentliche Änderung eingetreten. Margheritas Gesicht ist über und über von Wunden und Narben bedeckt, die sie sich durch Kratzen mit den Fingernägeln selbst beigebracht hat. Margherita hat das College besucht, sich aber niemals um Arbeit bemüht. Viele Stunden des Tages widmet sie ihrer Selbstverstümmelung (dabei achtet sie sorgfältig darauf, daß sich keine Entzündungen bilden). Luigi, ihr Mann, ist beruflich recht erfolgreich und hat sich in seine anstrengende Tätigkeit vergraben. Er sagt, daß er alles Erdenkliche getan hat, um das selbstzerstörerische Gebaren seiner Frau zu unterbinden, aber ohne Erfolg. Die Rossis haben eine elfjährige Tochter, die ganz deutlich an den Schwierigkeiten ihrer Eltern teilhat. Wir geben im folgenden einige Sequenzen aus dem Anfang der ersten Sitzung wieder, bei der die Therapeuten (meine Frau war Kotherapeutin) die Definition von Krankheit, wie sie von den Eltern vorgetragen wird, *in Frage stellen.* Die Therapeuten versuchen, das Problem in positiver Form neu zu definieren und einen therapeutischen Kontext zu begründen, in dem beide Partner das Gefühl haben können, daß sie die Träger des Veränderungsprozesses sind.

Es sind bereits etwa zehn Minuten vergangen, in denen Margherita einige Angaben zu ihrer Person gemacht hat, wobei sie sich sehr gewählt ausdrückt. Ihrer Beschreibung zufolge ist sie ein Mensch, der nur sehr unzureichend definiert ist und immer gezwungen gewesen ist, eine langweilige und konventionelle Rolle einzunehmen. Sie vergleicht sich mit ihrem Ehemann, in dem sie einen selbstsicheren Menschen sieht, der mit seiner sozialen Stellung zufrieden ist.

*Margherita:* Sehen Sie sich doch mein Gesicht an; deutlicher können Sie es doch gar nicht haben. Die Schwierigkeiten fingen an, als ich mich zum ersten Mal mit einem Mann einließ, das heißt, als ich den Sex und die Anforderungen des Erwachsenenlebens kennenlernte. Dann kam es zu dieser Explosion eines neurotischen Symptoms, das sich in der Zerstörung meines Gesichts äußerte, um mal ein brutaleres Wort dafür zu vermeiden.

*Margherita stellt sich selbst als die identifizierte Patientin vor und versucht, die Therapeuten durch die lebendige Schilderung ihrer Schwierigkeiten zu beeindrucken.*

*Therapeut:* Das ist das erste *kreative* Ergebnis Ihrer Lebensgeschichte! Es sieht so aus, als erblickten oder erspürten Sie in diesem Meer von Eintönigkeit und Konformität das einzig Schöpferische in dem, was Sie in Ihr Gesicht geschrieben haben.

*Der Therapeut fordert das symptomatische Verhalten heraus, indem er es in positiver Weise neu definiert.*

Woher stammt denn eigentlich das dringende Bedürfnis, die Sache unbedingt als neurotisch zu bezeichnen?

*Mit dieser Frage sollen Zweifel an der Angebrachtheit dieser Etikettierung des Problems geweckt werden. Zugleich soll die Macht unter-*

*bunden werden, die dem »Krank-
sein« innewohnt.*

*Margherita:* Am Anfang war alles
ganz vage. Ich hatte das Gefühl,
daß irgend etwas nicht in Ordnung war. Mein Gesicht war das
Entscheidende – es war dieses
Symptom, das sich so fürchterlich
auszubreiten begann, das *uns* begreifen ließ, warum . . .

*Kotherapeutin:* Meinen Sie mit der
Ausbreitung des Symptoms, daß
es auch Ihren Körper ergriff?

*Die Kotherapeutin macht die Her-
ausforderung noch deutlicher, indem sie beiläufig wissen läßt, daß
die Therapeuten überhaupt nicht
beeindruckt sind – daß sie in
Wahrheit sogar etwas Schlimmeres
erwartet haben.*

*Luigi:* Nur das Gesicht.

*Jetzt versichern beide Partner den
Therapeuten, daß das Problem in
Wahrheit nicht so schwerwiegend
ist, wie sie vielleicht denken
könnten.*

*Margherita:* Nein, nur mein Gesicht.

*Therapeut:* Was mir dabei vor allem auffällt, ist, daß Sie es als *Symptom* bezeichnen.

*Die Intervention wirkt verstär-
kend.*

*Margherita:* Ich sage »Symptom«
im Sinne einer endgültigen Äuße-

rung von etwas, so wie Fieber es in
bezug auf eine Krankheit ist.
»Symptom« als explizite, konkrete
Manifestation . . .

*Luigi:* Du solltest vielleicht sagen,
daß es ein Symptom ist, das du mit
deinen eigenen Händen schaffst.
Wer dich nicht kennt, könnte ja
glauben, daß es von innen her
kommt.

*Luigi hat offensichtlich empfun-*
*den, daß das System herausgefor-*
*dert worden ist, und versucht, das*
*Gespräch wieder auf die Schwere*
*des selbstproduzierten Symptoms*
*und damit auf den Ernst von*
*Margheritas Zustand zu bringen.*

*Margherita (ein wenig ärgerlich):*
Das scheint mir ziemlich überflüssig.

*Therapeut (zu Margherita):* Ich
glaube nicht, daß wir mit der Behandlung anfangen können, indem
wir einfach behaupten, daß Sie ein
neurotisches Symptom zeigen,
und daß damit schon alles gesagt
ist. Sie beschreiben Ihr Leben als
außerordentlich langweilig und
konventionell. Aber schließlich
sind Sie doch frei, zu leben wie Sie
wollen. Ich verstehe nicht, warum
Sie ein solcher Konformist sein
und den einzigen kreativen Aspekt
Ihres Lebens »neurotisch« nennen
müssen.

*Durch die Neudefinition des Sym-*
*ptoms als kreativ und durch seine*
*Kennzeichnung als den einzigen*
*kreativen Bereich in Margheritas*
*Leben fordert der Therapeut sie*
*implizit heraus, noch andere Berei-*
*che der Kreativität ausfindig zu*
*machen, die es ihr gestatten wür-*
*den, sich weniger gelangweilt und*
*konventionell vorzukommen.*

*Margherita (aufgewühlt):* Wissen
Sie, was mich daran so stört, das

*Die Herausforderung des Thera-*
*peuten scheint zu wirken; es wird*

ist der Umstand, daß es doch ein destruktives Faktum ist, das jetzt kreativ wird. Ich verstehe sehr gut, welche Bedeutung Sie diesem Ausdruck meiner Individualität geben wollen . . .

*Luigi (zu Margherita):* Wir müssen herausfinden, wie das alles kommt, denn ich habe den Eindruck, daß du gar nicht genau sagen kannst, warum dir das passiert. Für jemanden, der dich nicht kennt *(zum Therapeuten gewendet),* sind das doch nicht Dinge, die einfach von selbst geschehen, sie macht es doch selbst, mit ihren eigenen Fingernägeln, das ist doch der springende Punkt!

*Therapeut (unbeeindruckt):* Das haben Sie mir schon am Telefon gesagt.

*Margherita:* Ich glaube, das ist alles ganz überflüssig; es ist doch völlig klar, daß ich es selbst mache.

*Therapeut (zu beiden gewendet):* Und da liegt doch die Kreativität, denn wenn es auf ich weiß nicht was, sagen wir auf eine hormonale Unstimmigkeit, zurückginge – dann wäre es ja wirklich eine Be-

*jetzt schwieriger für Margherita, auf der » Unheilbarkeit ihres Symptoms« zu beharren. Ein Verlust der Kontrolle in diesem Bereich deutet unter Umständen auf einen Zugewinn an Kontrolle in anderen, konstruktiven Bereichen.*

*Luigi fürchtet die Bedrohung des Gleichgewichts des Systems, wenn das Problem in positiver Weise neu definiert wird. Er kehrt zu seiner ursprünglichen Position zurück.*

*Der Therapeut begegnet Luigis Erklärungsversuch, indem er wiederum auf das Thema Kreativität zurückkommt.*

hinderung. Nicht nur das – Sie suchen sich ja auch den Schauplatz noch mit Bedacht aus – mit einer Art Symmetrie – mit einer Art Kreativität *(zu Luigi):* Wie oft hat Sie dieser Zustand schon abgestoßen, und wie oft haben Sie sich schon gewünscht, aufzugeben und sich von Ihrer Frau zu trennen?

*Luigi:* Oft, sehr oft sogar. Manchmal war das fast mein einziger Wunsch. Was mich davon abgehalten hat, war meine Unfähigkeit, eine klare Entscheidung zu treffen, mein mitmenschliches Empfinden. Ich habe im Grunde keine negativen Gefühle gegenüber Margherita – wenn ihre Krankheit nicht wäre, die meiner Meinung nach an diesem absurden Verhältnis zwischen uns schuld ist.

*Therapeut:* Aber wenn das doch nun mal Teil des Lebens Ihrer Frau ist, eine Art von Kreativität, von Selbstdarstellung, warum in aller Welt fühlen Sie sich dann so verpflichtet, immerzu eine mitmenschliche Haltung zu zeigen? Sie könnten sich Ihr Leben doch weiß Gott anders einrichten.

*Zugleich bereitet er den Boden dafür, daß der Ehemann aus seiner »humanitären« Rolle entlassen werden kann.*

*Ist die Krankheit der Grund ihres absurden Verhältnisses zueinander, oder dient sie als Alibi für ihr Unvermögen, sich mit ihren wahren Problemen auseinanderzusetzen?*

*Wenn Margheritas selbstzerstörerisches Gebaren ein Zeichen von Kreativität ist, dann hat Luigi keinen Grund mehr, sich an sie gebunden zu fühlen, weil sie krank ist, und kann seine humanitäre Rolle aufgeben. Andererseits enthält die Botschaft des Therapeuten eindeutig ein Paradoxon: wenn Margherita nicht krank ist, dann sollte die Ehe nach dem, was Luigi*

*gesagt hat, doch eigentlich recht*
*gut laufen.*

*Kotherapeutin (zu Margherita):*
Wie oft haben Sie denn schon daran gedacht, Ihren Mann zu verlassen?

*Die Intervention der Kotherapeutin verstärkt noch die Weigerung des Therapeuten, den Gedanken hinzunehmen, daß Margherita krank ist, und stützt implizit ihre Kräfte und Möglichkeiten. Auch eine Frau, die ihr Gesicht entstellt, ist autonomer Handlungen fähig.*

*Margherita:* Das ist eine sehr wichtige Frage! Da empfinde ich außerordentlich zwiespältig. Eine Trennung von meinem Mann würde vieles bedeuten. Allein mit dem Leben fertigwerden. Furcht vor dem Erwachsenwerden, vor der Rolle des Erwachsenen. Ich stehe mir mit diesem Symptom ja selbst im Wege, ich suche nach einem Alibi . . . Ich bin zufrieden mit meinem Mann, ich bin immer und in jeder Hinsicht mit ihm ausgekommen. Über die sexuellen Schwierigkeiten sprechen wir ja noch, denn da gibt es Gründe für meine Neurose. In den übrigen Dingen steht nichts zwischen uns, aber als Paar, da läuft es nicht so, denn die Schwierigkeiten laufen doch in mir zusammen, das heißt,

*Margherita spürt die Unterstützung und beginnt, anders von sich selbst zu sprechen. Es wird möglich werden, eine interaktionelle Therapie in Gang zu setzen, wenn erst der Kontext und das Problem deutlich neu und anders definiert sind. Das Thema der Trennung gestattet es dem Therapeuten, die Fähigkeit beider Partner zur Autonomie zu erkunden; insbesondere ihre Möglichkeiten, zu einer neuen Definition ihrer Beziehungen zu gelangen, die für beide »gesünder« und befriedigender sein wird, und dies sowohl innerhalb als auch außerhalb der Ehe.*

ich habe sie zu tragen. Aber ich
glaube, er hat auch so seine Probleme.


## Die Erweiterung des Problems

Eine andere Möglichkeit, die Neudefinition des Problems voranzutreiben, besteht darin, daß man dafür sorgt, daß die Familie im Verlaufe der
Sitzungen ihr Problem klarer erkennt. Der therapeutische Raum kann als
eine Art Spiegel für die Konflikte, die Erwartungen und die persönlichen
Spannungen untereinander genutzt werden, die bisher nicht erkannt
oder aber hinter der pathologischen Fassade eines der Familienmitglieder
verborgen worden sind. Anorektische Symptome, wahnhaftes Verhalten, depressive Zustände, Unreife – das sind einige der Bereiche, in
denen die im Familiensystem vorhandenen Energien zusammenlaufen,
wenn eine Familie sich bemüht, ihre starre Struktur gegenüber der
Bedrohung ihres Gleichgewichts zu verteidigen. Indem wir dem interaktionellen Aspekt des Problems mehr Bedeutung beimessen, können wir
diese unflexible Struktur durchbrechen und es damit den Mitgliedern
ermöglichen, neue Interaktionsmuster zu erproben.
Als wirksam für die Unterbrechung dysfunktionaler und unfruchtbarer
Interaktionen hat es sich erwiesen, diese in den Sitzungen *zu dramatisie-
ren*. Dabei lassen sich eben diejenigen Regeln des Umgangs innerhalb der
Familie einsetzen, die schuld daran sind, daß die Familie in einem so
schwierigen Zustand festgefahren ist, der sich anscheinend überhaupt
nicht mehr umkehren läßt.
Wenn die Interaktionsmuster der Familie aufgedeckt und jedem sichtbar
gemacht worden sind, dann ist es schwieriger für die Familie, *die Illusion
aufrechtzuerhalten,* daß alle ihre Schwierigkeiten ihren Ursprung im
Problem des einen Mitgliedes haben, und es wird leichter, eine Veränderung in der Gruppe herbeizuführen. Die neuen Prozesse, die die Familie
im Rahmen der Therapie kennengelernt hat, werden nun auch außerhalb

des therapeutischen Kontextes mit Hilfe der selbstregulierenden Mechanismen der Familie am Leben gehalten.

Die Neudefinition *macht also nicht etwa auf irgend etwas aufmerksam: sie lehrt gewissermaßen ein neues Spiel,* und damit wird das alte Spiel sinnlos (Wittgenstein, 1956).

Der nachstehend geschilderte Fall kann uns als Beispiel dienen. Die Familie De Angeli kam nach langem Suchen in ganz Italien zu uns, um eine Lösung für die Schwierigkeiten der zwölfjährigen Tochter Laura zu finden. Nachdem sie zunächst ihren Hausarzt zu Rate gezogen hatten, waren sie zu einer Psychologin nach Modena und dann zu einer privaten Beratungsstelle nach Mailand gegangen. Alle diese Bemühungen hatten das Problem nur noch verfestigt, denn die Familie hatte sich vorgestellt, jemanden zu finden, der imstande wäre, ihnen eine teilweise und vorübergehende Lösung zu bieten, nicht aber Interesse und Verständnis für die Interaktionen dieser Familie und ihre spezielle Dynamik aufzubringen.

Die nachstehende Zusammenfassung des Berichtes der Eltern in der ersten Sitzung ist ganz besonders aufschlußreich: »Laura fühlte sich nicht wohl. Sie nahm ab und war sehr nervös. Unser Kinderarzt hat ihr Leberextrakte, Vitamin B 12 und anderes verschrieben, um sie bei Kräften zu halten. Aber sie wurde immer dünner und war immer deprimierter. Daher riet uns der Kinderarzt, eine Psychologin in Modena aufzusuchen. Die Psychologin untersuchte Laura und riet uns, das Kind für eine Weile wegzuschicken, denn die Untersuchungen hatten gezeigt, daß Laura Konflikte mit ihrer Mutter und ihrer jüngeren Schwester Marina hatte. Und da wir Verwandte in Mailand hatten, bin ich (*der Vater spricht*) mit Laura und ihrer Großmutter hingefahren. Die Großmutter kam mit, weil Laura sagte, sie liebe sie sehr, und die Ärztin dachte, sie sei wohl am ehesten geeignet, Laura Gesellschaft zu leisten. Aber (*fügt jetzt die Mutter hinzu*) nach einem Monat mit der Großmutter sah Laura die Dinge ganz anders.« (*Der Vater fährt fort*): »Wir blieben also einen Monat lang in Mailand. Wir suchten noch einen weiteren Spezialisten auf, der auf Depression mit sekundären anorektischen Erscheinungen schloß. Er verschrieb andere Medikamente und empfahl, das Mädchen mit ihrer Großmutter kurz zur Beobachtung in ein Krankenhaus zu geben. Aber gegen den Krankenhausaufenthalt hatten wir etwas – und da stehen wir nun. Jetzt sind wir zu Ihnen gekommen.«

Diese sinnlose und zerstörerische Folge von Interventionen wird vermutlich anhalten, wenn der Therapeut nicht rasch seine eigene Rolle, den therapeutischen Kontext und das Problem selbst neu und anders definiert. Er wird sich weiteren Manipulationsversuchen widersetzen müssen, damit die Familie die Verantwortung für ihre Interaktionsschwierigkeiten wieder selbst übernimmt. Nur durch die direkte Konfrontation und durch die Neubestimmung der Rollen, der Beziehungen und der Generationsgrenzen innerhalb der Familie wird es möglich sein, das *Phantom* eines Sündenbocks zu verscheuchen und den Prozeß des wechselseitigen Wachstums zu begünstigen.

*Therapeut:* War deine Großmutter das letzte Mal auch hier?

*Der Therapeut hatte hinter dem Einwegspiegel gesessen, während die Familie die an sie gestellten Fragen beantwortete.*

*Laura:* Ja.

*Therapeut:* Deine Großmuter lebt mit euch zusammen?

*Vater:* Nein, aber sie wohnt in einem Nachbarort, etwa zehn Kilometer von uns entfernt.

*Therapeut:* Wessen Mutter ist sie denn?

*Mutter:* Meine.

*Therapeut:* Sie ist noch jung.

*Mutter:* Ziemlich jung.

*Therapeut:* Ist sie eine energische Person?

*Während der Therapeut sich so nach der Großmutter erkundigt, sammelt er Informationen über die ganze Familie, insbeondere über das Verhältnis zwischen dem Vater, der Mutter und Laura.*

*Laura (flüsternd):* Sehr.

*Therapeut:* Was hast du gesagt?

*Laura:* Sehr.

*Therapeut:* Sehr energisch, ja?

*Mutter:* Sie kommt oft mal zu uns herüber, sehr oft.

*Therapeut:* Vielleicht einmal pro Monat?

*Laura:* Nein, nein.

*Mutter:* Es ist ja keine Entfernung, und das heißt, daß sie kommt, wie es ihr gerade einfällt.

*Therapeut:* Und wie kommt sie zu Ihnen?

*Laura:* Mit dem Auto.

*Therapeut:* Sie fährt Auto?

*Laura (etwas irritiert):* Ja.

*Therapeut:* Dann habt ihr ja eine sehr sportliche Großmutter. *(zu*

*Laura):* Aber du magst diese Besuche deiner Großmutter nicht so sehr, oder?

*Laura:* Es sind nicht so sehr die Besuche – es ist sie selbst!

*Therapeut:* Oh!

*Laura:* Ja, sie selbst!

*Therapeut (zu Laura):* Wenn deine Großmutter zu Besuch kommt, was macht sie dann? Wird sie ärgerlich auf dich?

*Laura:* Nein, nicht wenn wir alle beisammen sind, nein.

*Therapeut:* Das verstehe ich nicht. Als ich sie hinter dem Einwegspiegel sah, war sie doch sehr nett.

*Laura:* Ach, das schien vielleicht nur so.

*Therapeut:* Sie wirkte sehr nett. *(zur Mutter):* Was meinen Sie?

*Während er die Aufmerksamkeit weiter auf die Person der Großmutter richtet, gewinnt der Therapeut allmählich eine Vorstellung von den Machtverhältnissen in dieser Familie.*

*Mutter:* Ja, sie ist ganz schön herrschsüchtig.

*Therapeut:* Und schlagen Sie Ihrer Mutter nach?

*Mutter:* Das kann sein.

*Therapeut:* Was meinen Sie?

*Mutter:* Ja, ich glaube, ich schlage ihr wirklich nach.

*Therapeut (zum Vater):* Und wie denken Sie darüber?

*Vater:* In mancher Hinsicht ja, in anderer nein. Laura, was meinst du? *(Er richtet diese Frage an seine Tochter, so, als wolle er eine Bestätigung von ihr haben.)*

*Beide Eltern müsen Laura um Bestätigung bitten, bevor sie antworten. Dieses Muster wird sich in den folgenden Sitzungen noch oft wiederholen.*

*Mutter (zu Laura):* Darf ich dem Arzt erzählen, daß du vor deiner Krankheit ein sehr gutes Verhältnis zur Großmutter hattest?

*Laura:* Ja, ja.

*Therapeut (zur Mutter):* Entschuldigen Sie, bitten Sie Ihre Tochter immer erst um Erlaubnis, wenn Sie sagen wollen, was Sie denken?

*Mutter:* Früher habe ich nie jemanden um Erlaubnis gebeten. Aber so wie die Dinge nun mal im Augenblick liegen – ich meine, ich will ja ihre Gefühle nicht verletzen . . .

*Laura (unterbricht):* Ist ja egal, du hast es ihm ja schon gesagt!

*Mutter:* . . . da frage ich sie eben vorher.

*Therapeut:* Bitten Sie auch andere Leute um Erlaubnis, wenn Sie Ihre Meinung über irgend etwas äußern wollen?

*Mutter:* Sonst niemanden, jedenfalls nicht meinen Mann.

*Laura:* O nein, du fragst doch jeden.

*Laura kontrolliert alle Interaktionen und scheint in der Familie so etwas wie ein Schaltbrett zu sein.*

*Mutter:* Vielleicht bitte ich jetzt wirklich jeden erst um Erlaubnis, denn ich komme mir ein bißchen so vor wie ein Angeklagter – wenn Sie verstehen, was ich meine.

*Therapeut:* So kommen Sie sich vor?

*Mutter:* Ja, ich empfinde es so. Ich denke zweimal nach, bevor ich den Mund aufmache, denn ich glaube immer, ich mache einen Fehler.

*Therapeut:* Da sind Sie aber in einer üblen Lage. *(zum Vater):* Bittet der Vater Laura auch erst um Erlaubnis, wenn er etwas sagen will?

*Jetzt zieht der Therapeut den Vater ins Gespräch, um sich über die Machtverteilung und über die Generationsgrenzen in dieser Familie endgültig klarzuwerden.*

*Vater:* Normalerweise nicht, nicht einmal jetzt. Vielleicht mache ich manchmal etwas falsch, aber ich sage, was ich denke. *(zu Laura):* Stimmt das etwa nicht?

*Therapeut (zur Frau):* Also, wissen Sie, mir scheint, Ihr Mann macht es ziemlich genauso wie Sie.

*Der Therapeut schöpft die Frage der Kontrolle der Beziehungen bis zum äußersten aus: Lauras Macht steht in einem deutlichen Verhältnis zu dem Bestreben ihrer Eltern, ihr die Macht zu überlassen. Diese Position der Tochter scheint für das Verhältnis ihrer Eltern zueinander unerläßlich.*

*Mutter:* Sie meinen, mein Mann macht es mir nach?

*Therapeut:* Wenn es darum geht, um Erlaubnis zu bitten, macht er es genauso wie Sie.

*Mutter:* Es kommt darauf an, wie man die Sache betrachtet.

*Therapeut (zu Laura):* Komm mal mit deinem Stuhl hier hierüber, in die Mitte zwischen Mutter und Vater (Laura setzt sich zwischen ihr Eltern).

*Durch Umstrukturierung des äußeren Rahmens stellt der Therapeut die Beziehungen zwischen den dreien ganz deutlich heraus. Damit werden Lauras Schwierigkeiten und ihre Rolle im Zusammenhang mit der Aufrechterhaltung des Elternsubsystems unterstrichen.*

*Mutter:* Im Augenblick macht er es wohl wirklich so.

*Therapeut (zu Laura, in ernstem Ton):* Laura, bist du ein Mädchen von zwölf Jahren, oder bist du King Kong?

*Der Therapeut fordert das System auf dem Weg über seinen Sprecher, Laura, heraus. Zugleich ermöglicht er es Laura, ihre eventuelle Rückkehr in das Geschwistersubsystem ins Auge zu fassen.*

*Laura:* Ein Mädchen von zwölf Jahren.

*Therapeut (zu Laura):* Warum behandeln sie dich dann zu Hause so, als wärest du King Kong? Weißt du, wer King Kong ist?

*Der Therapeut verstärkt seine Provokation, indem er darauf anspielt, daß die Eltern vielleicht einen »King Kong« in der Gestalt ihrer Tochter brauchen.*

*Laura:* Natürlich.

*Therapeut (zu den jüngeren Schwestern):* Und wißt ihr denn, wer King Kong ist? *(Auf ihre verneinenden Gesten hin):* Also, dann erkläre es ihnen, Laura.

*Der Therapeut fordert Laura auf, vor ihren Geschwistern zu zeigen, was sie weiß und kann, und bedient sich zu diesem Zweck wieder des Inhaltes seiner Provokationen.*

*Laura:* Ein großer, dicker, starker Affe; es gibt sogar einen Film über ihn.

*Therapeut (verläßt den Raum und kommt mit einem Stoß Kissen zurück, die er auf Lauras Stuhl legt, damit sie höher sitzt. Sie sitzt nun zwischen den Eltern und zugleich über ihnen):* Also, ich meine zwar nicht, daß du ein großer dicker Affe bist, aber immerhin bist du doch eine sehr große Person, die höher steht als alle anderen und vor der sich alle fürchten. Hast du bemerkt, daß Mama und Papa immer zu dir hinsehen, wenn du sprichst? Wie hast du das fertiggebracht? Als ich zwölf war, war ich zu Hause längst nicht so wichtig wie du es bist. Verrat mir dein Geheimnis – wie bist du denn so wichtig geworden?

*Laura (von ihrer erhöhten Position her, zornig):* Ich bin nicht wichtig, auch jetzt nicht, ich bin ganz normal.

*Therapeut (zu Laura):* Wie ist das – bitten Mama und Papa häufiger dich oder häufiger deine Großmutter um Erlaubnis?

*Wieder fordert der Therapeut Lauras Rolle als Elternersatz heraus und macht sie lächerlich, indem er Laura mit ihrer Großmutter vergleicht.*

*Laura:* Erlaubnis? Ich glaube nicht, daß sie einen von uns fragen.

*Therapeut:* Was? Hast du nicht gehört, was deine Mutter gesagt hat? Daß sie jedesmal Angst hat, einen Fehler zu machen, wenn sie nur den Mund auftut, und daß sie sich immer unbehaglich fühlt?

*Laura:* Das glaube ich nicht.

*Therapeut (zur Mutter):* Sehen Sie, es ist nicht nur so, daß Sie Ihre Lage als schwierig empfinden – die Leute glauben Ihnen nicht einmal!

*Mutter:* Ganz genauso ist es.

*Therapeut (zum Vater):* Glauben Sie, daß Ihre Frau in letzter Zeit Schwierigkeiten hatte?

*Vater:* Ich glaube, die hatte sie wirklich.

*Laura (in ärgerlichem Ton):* Hm, hm.

*Therapeut:* Ich habe Ihre Berichte gelesen, aber ehrlich gesagt, ich möchte, daß Sie mir helfen zu begreifen, woran wir gemeinsam arbeiten können, denn die Sache ist mir immer noch nicht klar.

*Nachdem der Therapeut den Kontext umdefiniert und Lauras Funktion in der Familie dramatisiert hat, bittet er die Familienmitglieder um Hilfe bei der Suche nach einem therapeutischen Ziel. Jetzt, da das Problem in dieser Weise ausgedehnt worden ist, sollte es nicht mehr schwerfallen, eine interaktionsorientierte Therapie in Gang zu setzen, anstatt an dem falschen Problem von Lauras Krankheit zu arbeiten.*

Laura blieb während der ganzen Sitzung auf dem Berg von Kissen zwischen ihren Eltern sitzen. Die Metapher von King Kong kam im Verlauf der Therapie noch viele Male zur Sprache – bis es schließlich nicht mehr nötig war, King Kong zu bemühen, weil das System sich veränderte.

# 3 Raum und Aktion in der Familientherapie

## DIE NICHTVERBALE KOMMUNIKATION

Kommunikation ist für das Leben des Menschen und seine sozialen Beziehungen unerläßlich. Aber oft denken wir, wenn wir von Kommunikation sprechen, automatisch an die Sprache. Tatsächlich hat man in vielen Bereichen lange Zeit die verbale Äußerung für die einzige bedeutsame Modalität der Kommunikation gehalten. In den letzten Jahrzehnten hat sich die Forschung allerdings verstärkt solchen Verhaltensweisen, die die nichtverbale Kommunikation ausmachen, und dem Zusammenhang zwischen nichtverbaler Kommunikation und gesprochener Sprache zugewandt.

Nach Watzlawick, Beavin und Jackson (1967) ergibt sich aus der Übereinstimmung darüber, »daß alles Verhalten in einer zwischenpersönlichen Situation Mitteilungscharakter hat, das heißt Kommunikation ist, ... daß man, wie immer man es auch versuchen mag, nicht *nicht* kommunizieren kann« (S. 51).

Das heißt, wir alle lernen durch unsere täglichen Erfahrungen die Botschaften deuten, die uns von den Menschen zukommen, mit denen wir interagieren. Damit Kommunikation zustande kommen kann, müssen ein Übermittler, ein Empfänger und eine Botschaft vorhanden sein. Die Botschaft besteht aus einem *Inhalt*, der gewöhnlich mit Hilfe der Sprache zum Ausdruck gebracht wird, und einer *Form*, die sich in nichtverbalen Modalitäten äußert und Informationen über das Verhältnis der Kommunikanten untereinander und über den Kontext liefert. Zur analogen oder nichtverbalen Kommunikation gehören die Körperbewegungen (Kinetik), also Berührungen, Gestik, Mimik, Blickrichtung; ferner der Tonfall; die Sequenz, der Rhythmus und die Kadenz der Worte und schließlich die räumliche Anordnung der beteiligten Personen, einzeln und in ihrer Gegenüberstellung. Genetisch betrachtet ist die nichtverbale Kommunikation ein sehr primitives Phänomen, das sich auch unter Tieren und in den frühen Phasen der menschlichen Entwicklung beobachten läßt. Gewisse Formen der nichtverbalen Kommunikation sind universal und gehören in die Kategorie der neurophysiologischen Reflexe.

Ekman, Sorenson und Friesen (1969) haben aufgrund ihrer in Neuguinea, auf Borneo, in den Vereinigten Staaten, in Brasilien und in Japan betriebenen Forschungen nachgewiesen, daß gewisse Gesten und mimische Äußerungen universell in der gleichen Weise interpretiert werden.

Wenn wir in einer Rundfunksendung oder vom Tonband einen Menschen in einer uns unbekannten Sprache reden hören, dann können wir nichts verstehen. Wenn wir den Sprecher aber während seiner Rede sehen, dann können wir ein gewisses Maß an Informationen aus seinem Gesichtsausdruck, seinen Gesten etc. entnehmen, die ja unweigerlich den Vorgang des Sprechens begleiten.

Solche Beobachtungen bestätigen die Hypothese, daß nichtverbale Formen der Kommunikation nicht rein imitativ und nicht allein durch den spezifischen sozialen Kontext »kulturell bestimmt« sind, sondern daß sie daneben auch ausgeprägte instinktive Komponenten in sich tragen, mit deren Hilfe sie zu universell verständlichen Signalen werden. Die Verhaltenswissenschaften kennen zwei verschiedene Wege der Interpretation nichtverbaler Kommunikationen:

*Der psychoanalytische Ansatz* betrachtet die nichtverbale Kommunikation als eine Zurschaustellung von Emotionen, eine Art der Selbstdarstellung. So halten wir beispielsweise einen bestimmten Gesichtsausdruck für ein Anzeichen der Niedergeschlagenheit, eine andere Äußerung für ein Zeichen von Wohlbefinden. Wir nehmen also an, daß die Menschen ihre Persönlichkeit durch nichtverbale Modalitäten *erkennen lassen.*

*Der kommunikationstheoretische Ansatz* (an den sich vor allem die

Anthropologen und die Ethnologen halten) untersucht Haltung, physischen Kontakt und Bewegung im Zusammenhang mit dem jeweiligen sozialen Kontext, das heißt im Zusammenhang mit den Regeln, die die Beziehungen innerhalb der Gruppe regulieren. Bei Anwendung dieses Ansatzes erbringt die Beobachtung einer Familie, die beisammen sitzt, eine unglaubliche Fülle von Informationen allein aufgrund der Art und Weise, in der die Gruppenmitglieder ihre Arme und Beine bewegen. Wenn die Mutter als erste die Beine übereinanderschlägt und die übrigen Familienmitglieder dies dann ebenfalls tun, also die Aktion der Mutter wiederholen, dann ist die Mutter wahrscheinlich diejenige Person, die die Interaktionen in der Familie in Gang setzt, selbst wenn weder sie noch die übrigen Familienmitglieder sich dessen bewußt sind. Ihre Worte können ihre führende Stellung sogar leugnen: vielleicht wendet sie sich beispielsweise an ihren Mann oder an ihre Kinder, um sich deren Meinung anzuhören.

Im Grunde schließen diese beiden Betrachtungsweisen einander gar nicht aus, denn menschliches Verhalten kann zugleich expressiver und kommunikativer Natur sein. Scheflen (1972) sagt in diesem Zusammenhang folgendes:

»Wenn der Beobachter sich auf ein einzelnes Mitglied der Gruppe konzentriert und nur die Gedanken und Intentionen dieser Person betrachtet, dann wird er ihr Verhalten als expressiv interpretieren. Wenn er das gleiche Verhalten vor dem Hintergrund der Wirkungen beobachtet, die es in der Gruppe insgesamt ›produziert‹, dann hat er sich den kommunikationstheoretischen Standpunkt zu eigen gemacht.«

Die Unterscheidung zwischen verbalen und nichtverbalen Modalitäten in der menschlichen Kommunikation ist sehr bedeutsam. Diese Modalitäten unterscheiden sich sehr wesentlich voneinander, und zwar:
1. *In ihrem Verhältnis zum Objekt der Kommunikation.* Der Zusammenhang zwischen einem Wort und dem Objekt, das es bezeichnet, ist willkürlicher und konventioneller Art. Umgekehrt steht eine analoge Kommunikation im direkten und sofort verständlichen Zusammenhang

mit dem Objekt, das sie zu definieren sucht. Dieser Unterschied zwischen den verbalen und den nichtverbalen (analogen) Modalitäten wird in der Therapie besonders auffällig, wenn der Therapeut Informationen über die Vorgeschichte der Familie und über die Beziehungen ihrer Mitglieder untereinander zusammenträgt. Es ist oft schwierig und gelegentlich ermüdend, über Fakten und Emotionen zu sprechen oder die Beziehungen zu beschreiben, wie sie in der eigenen Familiengruppe existieren. Aber der Eindruck, den der Therapeut schließlich gewinnt, ist in der Regel sehr lebhaft und verständlich, wenn die Informationen zugleich auch noch in anderer als der verbalen Form, nämlich durch Aktionen, geliefert werden.

2. *In ihrer Kapazität, Informationen über bestimmte Objekte zu vermitteln.* Informationen über Objekte werden verbal, durch die Benutzung bestimmter Konzepte abgegeben. Die Weitergabe der Kultur beruht hauptsächlich auf der verbalen Kommunikation. Das trifft im großen und ganzen auch für den inhaltlichen Aspekt von Botschaften zu. Die analoge Kommunikation ist dagegen nützlicher und wertvoller, wenn man sich über Beziehungen verständigen will.

3. *In ihrer Eindeutigkeit bzw. ihrer Uneindeutigkeit.* Die verbale Kommunikation basiert gewissermaßen auf dem Grundsatz von Ja und Nein. Sie vermittelt Informationen, die – je nach dem Aufbau des gesprochenen Satzes – verstanden oder auch nicht verstanden werden. Die jeweilige Information wird nur symbolisch weitergegeben (zum Beispiel werden Bedürfnisse, Wünsche und Emotionen durch Worte mitgeteilt). Die analoge Kommunikation enthält – von ihrem instinktiven Aspekt einmal abgesehen – Informationen, die unter Umständen von verschiedenen Menschen in verschiedenen Kulturen verschieden verstanden werden (denken wir an die unterschiedlichen Empfindungen, die durch ein einzelnes analoges oder nichtverbales Verhalten wie etwa eine Umarmung, ein Lachen, einen Händedruck geweckt werden). Es ist schwierig, analoges Verhalten zu interpretieren, weil es jene Eigenschaften nicht besitzt, die genau aussagen, welche der möglichen Interpretationen korrekt ist; es besitzt auch keine Eigenschaften, die eine Unterscheidung

zwischen Vergangenheit, Gegenwart und Zukunft treffen. Dagegen hat es zweifellos eine semantische Struktur, die ausreicht, um Beziehungen zu definieren.

4. *Durch ihre Präsenz in bestimmten Subkulturen und Altersgruppen.* Viele Untersuchungen, unter ihnen die von Minuchin, Montalvo, Guerney, Rosman und Shumer (1967) und von Bernstein (1960), bestätigen, daß die verbale Kommunikation relativ stärker in der Mittel- und der oberen Mittelschicht verbreitet ist.

Ob ein Mensch eher den verbalen oder eher den nichtverbalen Modalitäten zuneigt, hängt wohl in erster Linie von der Kultur ab, der er angehört. In meiner Arbeit mit Menschen aus den lateinamerikanischen Ländern bzw. aus dem angelsächsischen Bereich und mit schwarzen Familien habe ich einen ganz unterschiedlichen Gebrauch und ein jeweils wieder anderes Gewicht der Worte im Vergleich zu den analogen Modalitäten der Kommunikation beobachten können. Diese Beobachtung läßt sich durchaus verallgemeinern (man kann sie zum Beispiel auf die sozialen Gruppen in einem und demselben Land anwenden, die sich in ihrer geschichtlichen und kulturellen Tradition und in ihrem Dialekt voneinander unterscheiden). Therapeutische Interventionen können unter Umständen ihr Ziel verfehlen, wenn der Therapeut sich nicht mit der »Grammatik« der nichtverbalen Sprache dieser Gruppe vertraut gemacht hat. Der Therapeut lernt diese Aspekte des Kommunikationsstiles einer Gruppe kennen, indem er innerhalb ihres sozialen Kontextes lebt und teil an diesem Kontext hat, aus dem Sprache und Verhalten erwachsen und in dem sie ihre ganz besondere Signifikanz erwerben.

Was die verschiedenen Altersgruppen angeht, so dominieren die analogen Modalitäten in der Kindheit und der Präadoleszenz, in jenen Phasen also, in denen Spiel und Phantasie die fruchtbarsten und unmittelbarsten Medien der Kommunikation bilden.

## Inkongruenz zwischen Form und Inhalt

Nachdem wir den Kontext definiert haben, in dem eine bestimmte Interaktion stattfindet, stellen wir nun fest, daß die nichtverbale Sprache die verbalen Mitteilungen entweder bestätigt oder aber ihnen widerspricht. Das Sprichwort »Der Ton macht die Musik« klingt möglicherweise banal, aber die Erfahrung, die es beschreibt, ist uns allen vertraut. Beispielsweise haben eine Zurechtweisung oder ein unerfreulicher Kommentar eine ganz unterschiedliche Wirkung je nach dem Ton, der Haltung und dem Gesichtsausdruck des Sprechers. Ebenso können wir auf vielfältige Weise demonstrieren, daß wir an einer bestimmten Person nicht interessiert sind, und ihr dabei doch höflich antworten.

Wenn solche Situationen nicht in unserem täglichen Leben, sondern in einem therapeutischen Kontext auftauchen, dann kommt dem Verhältnis zwischen der verbalen und der nichtverbalen Kommunikation (also der Kongruenz oder Inkongruenz zwischen Form und Inhalt) eine ganz besondere Bedeutung zu.

Im folgenden geben wir eine kurze Kommunikationssequenz aus einer therapeutischen Sitzung mit einer Familie wieder, die aus den Eltern und dem einzigen Sohn, dem achtjährigen Alfio, besteht.

Um sich über das vorgestellte Problem zu unterrichten, bittet der Therapeut die Eltern, Alfios Missetaten (der Ausdruck stammt von der Mutter) doch einmal aufzuzählen und sie an die Tafel zu schreiben. Die Tafel ist rasch mit einer langen Liste bedeckt: Alfio wirft brennende Streichhölzer in die Tanks von Motorrädern; er hat ein kleines Mädchen in den Fischteich gestoßen; er hat eine sehr teure Vase zerbrochen; er hat versucht, das Haus niederzubrennen, indem er einen Stuhl in Brand gesteckt hat; er stiehlt Comics am Zeitungsstand. Der Therapeut ist zunächst höchst verwundert über die Art, in der beide Eltern das Verhalten ihres Sohnes auf nichtverbale Weise kommentieren. Ihre zufriedene und komplizenhafte Haltung steht in deutlichem Gegensatz zu der Bestürzung und der Hilflosigkeit, die sie mit ihren Worten zum Ausdruck bringen.

Ihr Komplizentum tritt noch deutlicher zutage, als der Ehemann seine Frau auffordert, dem Therapeuten das letzte Bravourstückchen des Sohnes zu zeigen: er hat sich fünf Messer gekauft. Die Mutter nimmt die Messer aus ihrer Handtasche und zeigt sie dem Therapeuten geöffnet vor. Dann legt sie sie auf den Fußboden, der mit einem Teppich bedeckt ist, so als wolle sie ihr Kind zum Handeln auffordern. In der Tat nimmt Alfio, während die Eltern mit dem Therapeuten über seinen übereilten Kauf sprechen, die Messer in die Hand und beginnt, ein Loch in den Teppich zu schneiden. Die Eltern machen keine Anstalten, ihn von seinem Tun abzuhalten.

Wenn der Therapeut nur eben den Inhalt dessen, was die Mutter an die Tafel geschrieben und was sie gesagt hat, analysieren würde, dann würde er das Problem auf die Analyse des unangemessenen Verhaltens des Kindes reduzieren. Er würde die interaktionelle Signifikanz der Sequenz insgesamt und die Nichtübereinstimmung zwischen den verbalen und den nichtverbalen Kommunikationen, wie sie in der Sitzung präsentiert wurden, aus den Augen verlieren.

Ganz allgemein läßt sich sagen, daß die Menschen, sobald sie miteinander kommunizieren, Informationen über einen bestimmten Inhalt und über ihr gegenseitiges Verhältnis abgeben. Das heißt, jede Kommunikation bestätigt etwas über das Verhältnis zwischen dem Menschen, der die Botschaft abgibt, und demjenigen, der sie empfängt.

Wenn der verbale Inhalt einer Botschaft immer kongruent kommentiert würde, dann wäre jede solche zwischenmenschliche Beziehung deutlich definiert. Aber in Wahrheit geben die Menschen häufig Bestätigungen ab, die eine solche Beziehung in einer bestimmten Weise definieren, und widersprechen dieser Definition im selben Atemzug durch ein anderes Verhalten, das sie leugnet. Niemand kann es vermeiden, im Rahmen einer solchen Beziehung zu kommunizieren und sich selbst zu definieren. Wenn einem Menschen zwei kontrastierende Definitionen geboten werden und er gezwungen ist, darauf einzugehen, dann kann er signalisieren, daß seine Antwort nicht freiwillig erfolgt. In eben dieser Weise nehmen Symptome ihren Anfang. Der Vorteil des symptomatischen

Verhaltens liegt darin, daß es den Menschen, der es zeigt, in die Lage versetzt, seine Selbstdefiniton in der Art, wie sie gewünscht wird, zu vermeiden, indem er eine neue Definition ins Spiel bringt, die besagt, daß er unfreiwillig gehandelt hat. Je gesünder eine Interaktion ist, desto enger ist der Beziehungsaspekt auf den Inhaltsaspekt bezogen. Je gestörter eine Interaktion ist, desto größer wird die Spannung, die durch die ständigen Bemühungen um die Definition der hier herrschenden Beziehung entsteht, während die inhaltliche Ebene immer weiter an Bedeutung verliert.

## DIE BEDEUTUNG DES RAUMES

Die Einbeziehung und Nutzung des Raumes ist ein ganz besonders interessanter Aspekt der menschlichen Kommunikation. Bei unserer Beschäftigung mit dem kommunikativen Verhalten beobachten wir die Reaktionen des Individuums im Zusammenhang mit seinem unmittelbaren räumlichen Umfeld und analysieren die Art und Weise, in der das Individuum den Raum zur Mitteilung innerer Zustände und zur Aussendung von Signalen an andere menschliche Wesen nutzt.
Der Raum ist mehr als nur eben eine Gesamtheit geometrischer Beziehungen. Er ist Ausdruck unserer essentiellen Seinsweise. Jede Handlung unsererseits bedeutet sowohl eine Veränderung des Raumes, den wir mit unserem Körper innerhalb des uns umgebenden größeren Raumes beanspruchen, als auch eine zunehmende Öffnung unserer inneren Welt, ebenso wie zur Entstehung einer eigenen Identität die zunehmende Differenzierung und Bestimmung des inneren und des äußeren Raumes notwendig sind.
Der Raum ist eine dem Menschen mitgegebene und universale Dimension seines expressiven und sozialen Verhaltens. Der Raum definiert das Territorium des Individuums, einen Ort, der dem einzelnen gehört, an dem er sich selbst finden und zugleich seine Beziehungen zu anderen Menschen aushandeln kann.

Die Psychoanalyse und die psychodynamischen Therapien ganz allgemein nutzen das gesprochene Wort als ihr wichtigstes therapeutisches Instrument und Mittel zum Verständnis innerer Zustände. So bedient man sich beispielsweise der freien Assoziationen, um in die innere Welt des Klienten einzudringen. Dabei liegt das Schwergewicht auf dem Gespräch über die Gefühle und Konflikte des Patienten, die dann auf der Basis seiner Vorgeschichte und der früher erlittenen Traumen interpretiert werden.

In der interaktionellen Therapie schaffen der physische Kontakt, die Bewegungen und Handlungen und die Gegenwart anderer Menschen innerhalb des bestehenden Kontextes zugleich Assoziationen, Bedeutungen und Verhaltensweisen. Die Betonung liegt auf der Inszenierung und Dramatisierung emotionaler Zustände und Konflikte in der Gegenwart, damit sich die Fähigkeit der Familie, mit Hilfe der aktiven Intervention des Therapeuten zu einer Verständigung zu gelangen, feststellen läßt.

Psychodynamisch orientierte Therapeuten verstehen sich ganz besonders gut auf die passive Beobachtung und halten sich mit ihren Interventionen sehr zurück. Der interaktionsorientierte Therapeut macht dagegen einen ganz anderen Gebrauch von der eigenen Person: Er betrachtet sich als agierendes und reagierendes Mitglied des therapeutischen Systems, in das er seine persönliche Kreativität und Erfindungsgabe, seinen Humor sowie seine persönliche und berufliche Erfahrung einbringt. Der physische Kontakt und die Nutzung von Raum und Bewegung sind für den Familientherapeuten unerläßlich, wenn er die funktionalen und dysfunktionalen Kommunikationsmuster, die Grenzen zwischen Systemen, die Bereitschaft zur Veränderung etc. beobachten will.

In der interaktionellen Therapie ist es unerläßlich, daß man die analoge Sprache der Familie entschlüsselt. Das Verständnis für die nichtverbalen Kommunikationen der Gruppe ermöglicht es dem Therapeuten, sich Zugang zu dem System zu verschaffen, das heißt die impliziten Regeln der Gruppe kennenzulernen und das Maß an Übereinstimmung zwischen ihren verbalen und ihren nichtverbalen Mitteilungen zu beurteilen. Der Therapeut läßt ebenfalls auf analogem Wege erkennen, welche

Stellung er gegenüber der Gruppe einnimmt und wieweit er bereit ist, den Familienmitgliedern zu gestatten, nun auch in seinen persönlichen Bereich einzutreten.

Nach Duhl, Kantor und Duhl (1973) dienen das therapeutische System und der Raum vielen Familien als eine Art Puffer, und der Therapeut ist für sie ein Mittler, der die Kommunikation und die Weitergabe neuer Informationen erleichtert. Das Ziel der Therapie besteht in der Aneignung von Lernerfahrungen, die sich auf andere Bereiche anwenden lassen, die der unmittelbaren Kontrolle durch den Therapeuten nicht zugänglich sind. Für den interaktionsorientierten Therapeuten ist die räumliche Verteilung der Familie von hoher Bedeutung. Sie vermittelt ihm nämlich Informationen über mögliche Allianzen, Etikettierungen, Mittelpunkt- und Abseitsstellungen. Die »geographische« Situation der Familie ist niemals zufällig, und das therapeutische Team hat die Aufgabe, sie zutreffend zu analysieren.

In manchen Fällen entspricht die Art und Weise, in der die Familienmitglieder sich im Raum verteilen, ganz bestimmten familialen Regeln. Wir haben in ihrer Sitzordnung so etwas wie eine Röntgenaufnahme, auf der uns die Definition und die Festlegung der Beziehungen in der Gruppe ganz deutlich gemacht werden. Diese Art der Information wird von der Familie auf analogem Wege unter Umständen schon in den allerersten Augenblicken der Behandlung geliefert. Wir stellen beispielsweise häufig fest, daß die räumliche Situation des identifizierten Patienten sich von der der übrigen Familie unterscheidet. In Familien, die ehelichen Auseinandersetzungen aus dem Wege gehen, indem sie ein überfürsorgliches Verhalten zeigen, nimmt das Kind, das zum identifizierten Patienten bestimmt worden ist, gelegentlich einen sehr begrenzten Raum zwischen seinen Eltern ein, wo es ganz deutlich von seinen Geschwistern getrennt ist. In Familien, die das »sträfliche« Verhalten ihres heranwachsenden Kindes ablehnen, stellen wir oft fest, daß eine beträchtliche räumliche Distanz zwischen diesem Kind und der übrigen Familie eingehalten wird. Die übrigen Angehörigen zeigen damit auf analoge oder nichtverbale Weise an, daß sie »einen gewissen Abstand wahren« wollen. Wenn wir es mit einem Paar zu tun haben, das zur Behandlung kommt, dann liefert die räumliche Verteilung, die die beiden Partner gewählt haben, uns gleich Informationen auf mehreren Ebenen: sie zeigt an, welcher Partner die Behandlung erbeten hat, welcher der Meinung ist, gegen seinen Willen in diese Sache hineingezogen worden zu sein, welcher nur gekommen ist, um den »kranken« Partner zu begleiten usw. Ihre Position im Raum deutet vermutlich auch die Rollen- und Aufgabenverteilung zwischen ihnen an. Ganz allgemein können wir sagen, daß wir bereits durch die Beobachtung des Platzes, den die einzelnen Mitglieder der Gruppe sich wählen, herausfinden können, wer der Anführer und wer der offizielle Sprecher ist, wer eine eher periphere Stellung innehat usw. Allerdings dürfen wir dabei nicht vergessen, daß die räumliche Anordnung, die die Familienmitglieder gewählt haben, insbesondere in der Phase der Begründung des therapeutischen Systems, immer auch durch die Gegenwart des Therapeuten beeinflußt ist, eines Außenstehenden, an den die Familie sich anpassen muß. Häufig ist also die Verteilung im Raum weniger durch das üblicherweise von der Familie befolgte Muster als vielmehr dadurch bestimmt, daß die Gruppe insgesamt oder aber das eine oder andere ihrer Mitglieder dem Therapeuten ein bestimmtes Bild präsentieren möchte. In solchen Fällen bilden die Anstrengungen der Familie, bestimmte Gefühle oder Stimmungen vorzuzeigen, gewissermaßen die homöostatische Reaktion des Systems auf die Anwesenheit eines Außenstehenden, der als eine Bedrohung empfunden wird.

Der Therapeut muß in das Familiensystem eintreten, um die funktionalen oder dysfunktionalen Interaktionsregeln seiner Mitglieder voll erkennen zu können. An diesem Punkt wird der Kontext zum therapeutischen Instrument. Wenn die räumliche Anordnung der Familienmitglieder von großer Wichtigkeit ist, so gilt dies entsprechend auch für den Ort, an den der Therapeut sich begibt. Er muß gegenüber der Familie eine zugleich privilegierte und neutrale Position einnehmen. Ein unerfahrener Therapeut kann sein Einflußvermögen und seine Unparteilichkeit sehr rasch schon dadurch verlieren, daß er die falsche Position wählt.

Die Nutzung der räumlichen Gegebenheiten durch die Familienmitglieder und den Therapeuten kann ein wichtiges Kriterium für die Beurteilung des therapeutischen Fortschritts bilden. Bewegungen und räumliche Veränderungen in der Sitzung sind niemals zufällig; sie verweisen eindeutig auf gewisse Interaktionssequenzen. Deshalb bewirkt und beobachtet der Therapeut Bewegung, Aktion und Spiel innerhalb der übergreifenden therapeutischen Strategie, deren Ziel darin besteht, Informationen zusammenzutragen, unbefriedigende Beziehungen dramatisch herauszustellen und schließlich neu zusammenzufügen und neue Muster der Interaktion in Gang zu setzen.

## Aktionstechniken: Die Familienskulptur

Die Darstellung einer Familienskulptur gehört in den Rahmen der neuen nichtverbalen Aktionstechniken. Sie gestattet uns, die Analyse des familialen Systems mit der Vorgeschichte und den inneren Aspekten des Lebens des Individuums und der Familie zu verbinden. Dabei werden innerpsychische Zustände und emotionale Bindungen in symbolischer Weise neu geschaffen, und zwar durch die dreidimensionale Darstellung der Beziehungen unter den Familienmitgliedern, in die auch die Körper und ihre Bewegungen mit einbezogen sind.
Wir können die Skulptur als eine symbolische Repräsentation des Systems bezeichnen, die sich die Dimensionen von Raum, Zeit und Energie, wie sie allen Systemen eigen sind, zunutze macht. Sie gestattet es den Teilnehmern, Beziehungen, Gefühle und Veränderungen zugleich vorzuzeigen und an sich zu erfahren.
Genau zu erklären, was eine Familienskulptur denn eigentlich ist, macht allerdings ebenso große Schwierigkeiten wie die Beschreibung eines Werkes der Bildhauerkunst, wenn man den betreffenden Gegenstand nicht direkt vor Augen hat.
Die Darstellung einer Familienskulptur ist eine kreative, dynamische, nichtverbale Modalität, bei der der Darstellende seine eigenen Beziehun-

gen zu den Mitgliedern seiner Familiengruppe wie auch die Beziehungen repräsentiert, die unter den übrigen Mitgliedern zu einem bestimmten Zeitpunkt und in einem bestimmten Umfeld vorhanden sind. Derjenige, der die Familienskulptur schafft, erarbeitet eine »räumliche« Komposition, die häufig dramatisch ausfällt und die sichtbar seine Emotionen wie auch die Emotionen der Familienmitglieder in ihrer wechselseitigen Interaktion zum Ausdruck bringt.

Wir nutzen diese Technik zur Datenbeschaffung, zu therapeutischen Zwecken und schließlich auch für die Ausbildung angehender Familientherapeuten.

## Methode und Technik

Der Animator der Gruppe (also der Therapeut im therapeutischen System bzw. der Trainer in der Trainingsgruppe) bittet denjenigen, der die Skulptur schafft, jedes Mitglied der Gruppe in die richtige Position zu bringen; er soll eine bestimmte Entfernung bzw. Nähe zwischen den Akteuren vorsehen und ihnen einen Gesichtsausdruck und einen Blick zuordnen, in denen sich sein eigener Eindruck von ihrer Person und ihren Beziehungen untereinander symbolisch niederschlägt. Ferner soll er sich selbst ebenfalls in die Skulptur einbringen – an dem Platz und in der Haltung, wie sie seiner Meinung nach seinem Verhältnis zu den übrigen Akteuren entsprechen. Die so entstandene Komposition verdichtet die wesentlichen Aspekte seiner früheren oder gegenwärtigen Erfahrungen in seiner Familie und bringt sie in eine sichtbare Form.

Gewöhnlich wählt der Therapeut eine Person aus, die die Skulptur erarbeiten soll. Die übrigen Gruppenmitglieder sind gewissermaßen der Ton in seinen Händen; sie werden von ihm modelliert und im Raum angeordnet. Bei der Bestimmung desjenigen, der die Skulptur schaffen soll, zieht der Therapeut sowohl die augenblickliche Phase der Behandlung als auch die Kennzeichen der Familie in Betracht. Beispielsweise bestimmt er dasjenige Familienmitglied dazu, von dem er glaubt, es könne seine emotionalen Erfahrungen am ehesten spontan zum Ausdruck bringen. Oder er wählt einen Menschen aus, der ihm in der verbalen Mitteilung seiner Gefühle am stärksten gehemmt erscheint. Vielleicht möchte er diese Person dazu anregen, sich aktiver zu beteiligen, indem sie nichtverbale Kanäle der Kommunikation benutzt. Oder seine Wahl fällt auf ein Kind. Kinder sind unter Umständen gewandter und spontaner, wenn es darum geht, Konflikte und Familienbelastungen durch Aktion und Bewegung darzustellen.

Wenn derjenige, der die Skulptur bilden soll, bestimmt ist, hilft der Therapeut ihm, mit seiner Arbeit zu beginnen. Die ungewohnte Aufgabe sorgt häufig dafür, daß dem Akteur unbehaglich zumute ist und er sich blockiert fühlt. Nachdem der Therapeut die grundsätzlichen Regeln festgelegt und den Prozeß in Gang gesetzt hat, wird er zum teilnehmenden Beobachter, der nur hin und wieder eine Bemerkung über die Vorgänge macht. Allmählich kommt die Skulptur zustande; dabei wird kaum ein Wort gesprochen; im Grunde sind Worte nur zur Beschreibung der Position notwendig, die die einzelnen Familienmitglieder auf Anordnung des Herstellers der Skulptur einnehmen sollen (und damit zur Darstellung der inneren Zustände, die er durch die von ihm gewünschten Positionen und Haltungen der Akteure ausdrücken möchte). Die Teilnehmer sollen ihren jeweiligen Part in dieser Darstellung übernehmen, ohne in Blick, Körperhaltung oder Bewegung etwas Eigenes hinzuzufügen.

Der große Vorteil des Schaffens von Familienskulpturen besteht darin, daß hier Aktion anstelle von Sprache zur Darstellung emotionaler Situationen eingesetzt wird. Die Skulptur ist aussagekräftiger als das gesprochene Wort und setzt latente oder nicht zur Äußerung gekommene emotionale Zustände und Kommunikationsmodalitäten frei. Das räumliche Darstellen von Familienbeziehungen versetzt uns in die Lage, die Situation der Familie »auf einen Blick« zu ermessen, und zwar sowohl insgesamt als auch in ihren individuellen Aspekten. *Der erste Schritt zur Veränderung besteht darin, daß die Beziehungen sichtbar werden.* Diese erste eher statische Phase gipfelt in einer Art von blitzartiger Erkenntnis: Wenn derjenige, der die Skulptur erarbeitet, seine Darstellung vollendet hat, dann tritt plötzlich eine kurze Pause ein, und die Emotionen und Beziehungen scheinen sekundenlang fast greifbar. Die Intensität der Darstellung ist auf ihrem Höhepunkt, und die Teilnehmer können jetzt die wesentlichen Kennzeichen ihrer gemeinsamen Situation verstehen. Erst jetzt, nachdem die Skulptur beendet worden ist, beginnen sie über ihre Empfindungen zu sprechen. Bemerkenswert ist dabei, daß der verbale Austausch jetzt freier, spontaner und intimer wird.

Seit einigen Jahren kommt die Methode der Schaffung von Familienskulpturen als therapeutisches Instrument häufiger zur Anwendung. Dabei kommt vor allem den Bewegungen eine besondere Bedeutung zu. Tatsächlich scheint der Ausdruck Skulptur zur Beschreibung dieser therapeutischen Modalität jetzt schon fast fehl am Platz. Diese Technik versucht ja, die räumlichen und visuellen Dimensionen zwischenmenschlicher Beziehungen durch eine statische Darstellung zu definieren, zugleich setzt sie aber auch emotionale Energien in Bewegung (Annäherung, Trennung) um. Wenn der erste Schritt in Richtung auf eine Veränderung darin besteht, *die Beziehungen zu sehen,* dann besteht der nächste darin, *von einer Position zu einer anderen voranzuschreiten.* Deshalb fragt der Therapeut in der letzten dynamischen Phase möglicherweise den Hersteller der Skulptur (oder auch den einen oder anderen der Teilnehmer), was er in einer bestimmten Position empfindet. Oder er fordert ihn auf, eine für sich befriedigendere Position bzw. eine andere Haltung einzunehmen, die er ohne große Anstrengung beibehalten kann. Das regt die Teilnehmer an, mit möglichen Veränderungen zu experimentieren, und macht es dem Therapeuten möglich, zu erkennen, wie die Familie solche Veränderungen auf der analogen Ebene erfährt. Tatsächlich öffnen sich im Zuge des Experimentierens mit Bewegungen und neuen Positionen oft auch neue Kanäle der Kommunikation, und der Zusammenhang zwischen der Familienstruktur (dargestellt durch die räumliche Anordnung der Mitglieder), den familialen Interaktionen (dargestellt durch die Bewegungen der Mitglieder vor dem Hintergrund der Struktur) und den emotionalen Zuständen (den Gefühlen, die durch die unterschiedlichen Positionen und Bewegungen ausgelöst werden, die den einzelnen Mitgliedern »zugewiesen« sind) kommt ans Licht.

Die nichtverbale Technik der Familienskulptur hat mehrere Vorteile. Papp, Silverstein und Carter (1973) wiesen unter anderem besonders darauf hin, daß es bei Anwendung dieser Technik nicht zu *Rationalisierung, Widerstand und Stigmatisierung* kommt. Die Mitglieder sehen sich ihrer üblichen verbalen Möglichkeiten beraubt und mithin angehalten, auf einer bedeutsameren Ebene miteinander zu kommunizieren. Hier werden Triangulationen, Allianzen und Konflikte tatsächlich konkret vorgeführt, und zwar in einem sicht- und spürbaren symbolischen Bereich, der es den Teilnehmern ermöglicht, einander ihre Emotionen auf allen Ebenen zur Kenntnis zu bringen.

Ein weiterer Vorteil besteht darin, daß diese Methode einen gewissen Zusammenhalt in der Familie bewirkt. Die Familienmitglieder sehen sich allmählich als systemische Einheit und jeden einzelnen als Bestandteil dieser Einheit, der alle anderen Teile beeinflußt. Ich will damit nicht sagen, daß es immer und unter allen Umständen besser ist, wenn man eine Familie vereinigt, anstatt sie zu trennen. Das Zusammenhalten der Familie sollte niemals das vorgefaßte Ziel des Familientherapeuten sein. Für ganz wichtig halte ich es aber, daß man den Mitgliedern der Familie zu der Erkenntnis verhilft, daß *sie* es ja schließlich sind, die sich ihr Familiensystem tätig erschaffen, und daß die Existenz und die Regeln dieses Systems von den Entscheidungen jedes einzelnen Mitgliedes abhängig sind.

Daneben wird die Individuation des einzelnen dadurch gefördert, daß er sich als Teil eines Systems darstellt bzw. als Teil des Systems dargestellt wird. Für verstrickte Familien, deren Schwierigkeiten und Belastungen ihren Grund in ihrer allzustarken Fusion und im Mangel an Identität und privatem Raum haben, ist die Darstellung von Familienskulpturen oft eine völlig neue und recht wirksame Erfahrung.

Das praktische Vorgehen

Wenn die Grundsätze der Darstellung der Familienskulptur als einer analytischen Methode und einer Form der nichtverbalen Intervention geklärt sind, dann kann dieses Verfahren in vielfältiger Weise sowohl zur Diagnose als auch zur Behandlung des Familiensystems eingesetzt werden.

Der Therapeut kann die Familienmitglieder bitten, die wichtigsten Familienbeziehungen oder aber dasjenige Problem in dieser Weise zur Darstellung zu bringen, das die Familie zum Therapeuten geführt hat. Er kann auch den identifizierten Patienten bitten, sich selbst in seiner Rolle in der Familie und die übrigen Mitglieder im Zusammenhang mit dieser seiner Rolle darzustellen. Das führt dazu, daß derjenige, der die Skulptur schafft, gewisse Klischees ganz offen ausagiert, und ihre räumliche Darstellung gibt häufig den Anstoß zu einer Veränderung. Darüber hinaus hat so jedes Mitglied Gelegenheit, sich als Teil des Systems und als eingebettet in ein Netz von Beziehungen und Interaktionen zu sehen, von dem er normalerweise nur teilweise Kenntnis besitzt. In besonders rigiden Familiensystemen kann die Darstellung der dysfunktionalen Beziehungen im Raum die gleiche Wirkung haben wie eine paradoxe Verschreibung. Verhaltensweisen, die nach unserem üblichen Verständnis unwillkürlich, spontan und unkontrollierbar sind, werden jetzt zu vorsätzlichen Verhaltensweisen und lassen sich wiederholen.

Die Familienskulptur kann das ideale Selbstbild der Familie aufgrund ihrer Wünsche enthüllen: der Therapeut fordert dazu auf, die Familie so darzustellen, wie das betreffende Familienmitglied sie in Wahrheit gerne hätte. Wenn die Ergebnisse eine erhebliche Kluft zwischen Ideal und Wirklichkeit offenbaren, dann wird die Familie aufgefordert, an ihren Konflikten zu arbeiten und ihre Erwartungen – sich selbst und der Therapie gegenüber – zu überprüfen.

Wenn der Therapeut mit einem Paar arbeitet, das sich über das Recht zur Definition der Regeln der gemeinsamen Beziehung nicht einigen kann, dann fordert er die Partner unter Umständen auf, ihren Konflikt in Form einer Skulptur darzustellen. Unmittelbar anschließend bittet er sie dann, es doch nun einmal auf andere Weise zu versuchen; beispielsweise soll jeder Partner einmal seinen eigenen privaten Raum und zugleich einen Raum für den anderen Partner unter Beachtung dieses eigenen privaten Raumes definieren. Dann soll jeder dem anderen einmal gestatten, seinen Raum zu betreten, wobei unterschiedliche Modalitäten erprobt werden können (zum Beispiel, wie dies gewöhnlich geschieht, wie sie es gerne geschehen sehen würden, wie der eine Partner glaubt, daß der andere es gerne geschehen sehen würde etc.). Wenn diese Gegebenheiten durchgespielt worden sind, werden die Regeln der Beziehung für beide Partner erkennbar. Derjenige, der die Skulptur schafft, erfährt, wie sein Verhalten das Verhalten des Partners beeinflußt und umgekehrt vom Verhalten des Partners beeinflußt wird. Die physische Repräsentation emotionaler Zustände, die zuvor nicht erkannt worden oder nur vage und undeutlich ausgeprägt gewesen sind, läßt sich jetzt zur Erarbeitung kommunikativer Modalitäten heranziehen, die für beide Partner eher geeignet sind.

Die Familienskulptur eignet sich auch sehr gut als Mittel der Einbeziehung von Kindern in die Behandlung. Sie bietet ihnen ein natürliches Medium für die Darstellung von Emotionen und signifikanten Beziehungen, die sich mit Worten nicht so leicht zum Ausdruck bringen lassen. Sie vermittelt den Kindern zudem einen Eindruck davon, wie wichtig ihre Wahrnehmungen den Erwachsenen sind (und das macht sie eher bereit zur Mitarbeit). Oft wird durch die Familienskulptur auch der Zusammenhang zwischen dem Symptom und der Interaktion in der jeweiligen Familie ganz deutlich sichtbar.

Das Schaffen einer Familienskulptur kann auch zur Darstellung der Vorgeschichte der Familie eingesetzt werden; dann wird das bisherige Leben der Familie bis in die Gegenwart hinein von neuem inszeniert. Der Therapeut kann die Teilnehmer bitten, ihre Kernfamilie darzustellen, und kann dann die Eltern auffordern, ihre Herkunftsfamilien abzubilden. In dieser Weise kann er das ganze Netz der innerfamilialen und der außerfamilialen Beziehungen wie auch der Beziehungen zwischen der jüngeren und den älteren bzw. alten Generationen sichtbar machen.

Diese komplexe Sicht des größeren Netzwerkes trägt zur deutlichen Differenzierung des realen Kontextes jeder einzelnen Person bei.

## Parameter für die Interpretation von Familienskulpturen

Wir analysieren eine Familienskulptur aus struktureller Sicht und in zwei verschiedenen Phasen: 1. in der *statischen* Phase, in der die Teilnehmer bewegungslos in den Positionen verharren, die ihnen zugewiesen worden sind, und so ein Bild der familialen Beziehungen sich kristallisieren lassen; 2. in der *dynamischen* Phase, in der die Teilnehmer sich aus einer Position in die andere bewegen und so Änderungen in den üblichen Beziehungsmustern der Gruppe bewirken.

In der statischen Phase ist die Anordnung der Gruppenmitglieder im Raum vom diagnostischen Standpunkt her wichtig. Nicolò (1977) unterscheidet drei Arten der Skulptur:

1. die vertikale (oder die Skulptur der Sympathie)
2. die horizontale (oder die Skulptur der Distanzierung)
3. die zirkulare (oder die Skulptur der Verstrickung)

Die *Skulptur der Sympathie* hat einen festen Mittelpunkt, der entweder durch ein Symbol oder durch eine Person repräsentiert ist, das bzw. die von allen Mitgliedern des Systems als im Besitz der Macht angesehen wird, die Beziehungen zu definieren und/oder alle übrigen Mitglieder zu beherrschen. In patriarchalischen Familien kann dieser Mittelpunkt ein Mitglied sein, dem unbestrittene Autorität zukommt, etwa der Vater, der Großvater oder das Andenken an einen von ihnen. In anderen Gruppen kann es sich um eine Ideologie oder um einen Mythos handeln. Im allgemeinen wird die Person, die eine Skulptur der Sympathie schafft, die vertikale Organisation des Systems betonen. Beispielsweise wird sie ein Mitglied stehend postieren, während sie alle übrigen zu dessen Füßen sitzend anordnet. Die Bewegungen sind gewöhnlich zentripetal.

Die *Skulptur der Distanzierung* ist durch zentrifugale Bewegungslinien gekennzeichnet. Die räumliche Verteilung der Figuren ist horizontal, häufig streben sie von einem oder mehreren festen Mittelpunkten zur Seite hin weg. Das feste Zentrum kann auch der Mittelpunkt der Spiele sein. Diese Art der Skulptur ist häufig in Familien anzutreffen, deren Mitglieder sämtlich ein stark ausgeprägtes Gefühl der Autonomie besitzen (Familien, die die Emanzipation ihrer Kinder begünstigen). Allerdings finden wir die starke Betonung der horizontalen Anordnung und der zentrifugalen Bewegungslinien oft auch in Familien, die den Bedürfnissen ihrer schwächeren Mitglieder wenig Beachtung schenken und keinem ihrer Mitglieder viel Sicherheit vermitteln. In diesen Familien sind die individuellen und die Grenzen zwischen Familienmitgliedern und Subsystemen ganz besonders starr und undurchlässig, und folglich leidet die Kommunikation. Minuchin (1974) bezeichnet solche Familien als losgelöst; die einzelnen Mitglieder funktionieren autonom, aber ihr Unabhängigkeitsgefühl ist allzu stark ausgeprägt, und es fehlt ihnen an Zusammengehörigkeitsgefühl und an Bindungen an das familiale System.

Die *Skulptur der Verstrickung* ruft uns sofort eine ganz besondere Art der pathologischen Interaktion ins Gedächtnis. Jeder der Akteure steht unter dem Einfluß des Verhaltens – oder auch allein der Gegenwart – einer anderen Person. Jede Beziehung ist eine Fessel; der Raum ist fixiert und ohne alle Bewegung; die Spannung ist hoch. Die Bewegungslinien sind unklar und dürftig ausgeprägt. Im Augenblick der Vollendung der statischen Phase wirkt die spiralartige Darstellung der Gruppe wie eine Barriere gegenüber der Außenwelt. Innerhalb der Skulptur selbst herrscht kaum Distanz zwischen den individuellen Mitgliedern, und die Grenzen sind verwischt. In der dynamischen Phase sind die Akteure unfähig, ihre Handlungslinien klar zu definieren. Ihre Bemühungen, dem Raum von neuem eine Struktur zu geben, enden schließlich damit, daß sie die zirkuläre oder spiralartige Darstellung wiederholen, wie sie schon zu Beginn vorhanden war. Manchmal nimmt einer der Akteure eine periphere Position ein und überläßt es den übrigen, mit dem leeren Raum irgendwie fertig zu werden. Diese Art der Skulptur finden wir am häufigsten in verstrickten Familien (um uns der Terminologie Minuchins anzuschließen), in denen das Familiensystem so überladen ist, daß es die Ressourcen, die unter belastenden Bedingungen für Anpassung und Wandel sorgen könnten, selbst gewissermaßen erstickt. In solchen Familien ruft das Verhalten eines einzelnen Mitgliedes sofort die Gefühle und Empfindungen aller übrigen auf den Plan, und der Pendelschlag der Belastungen ist auch jenseits der verwischten individuellen Grenzen spürbar.

Vom dynamischen Standpunkt aus betrachtet, also im Blick auf die Bewegungslinien innerhalb der Skulptur und auf die Nutzung des Raumes innerhalb einer bestimmten Zeitspanne, kann man die Skulptur als 1. monochron oder als 2. polychron bezeichnen (Nicolò, 1977). Ganz allgemein können wir sagen, daß das System ein monochroner Block und der Raum monochronisch ist, wenn jedermann zur gleichen Zeit das gleiche auf die gleiche Weise tut. Wenn innerhalb einer bestimmten Zeiteinheit jeder etwas anderes tut und dabei jeweils wieder anders als die übrigen Beteiligten vorgeht, dann ist das System in hohem Maße polychron. Wird diese Tendenz zum Extrem getrieben, dann kann es zur Auflösung kommen, das heißt, die Mitglieder entweichen aus dem System. Das System reagiert darauf mit der Verstärkung seiner Grenzen, um seine bloße Existenz zu sichern.

Bei den Begriffen monochron bzw. polychron zur Kennzeichnung der dynamischen Phase handelt es sich um Interpretationskategorien, die der Familientypologie entsprechen, wie wir sie im Zusammenhang mit der statischen Phase schon genannt haben.

Die Technik der Familienskulptur in der Ausbildung

Die Technik der Familienskulptur wird auch in familientherapeutischen Trainingsprogrammen häufig angewandt. Der angehende Therapeut stellt mit Hilfe der Skulptur unter Mitwirkung der ganzen Trainingsgruppe die wichtigsten Beziehungen innerhalb seines eigenen Familiensystems dar, das heißt, er wählt die Akteure, die die Mitglieder seiner wirklichen Familie darstellen sollen, aus dieser Gruppe aus. Auch hier folgt auf die statische Phase eine Phase der Bewegung, in der alle nach neuen Formen des Ausdrucks und neuen Möglichkeiten der Interaktion suchen. Wenn die Skulptur fertiggestellt ist, gilt die besondere Aufmerksamkeit den emotionalen Reaktionen der Teilnehmer und der Diskussion in der Gruppe.

Die Skulptur der eigenen Familie in der Ausbildung angehender Familientherapeuten kann in erster Linie für denjenigen, der seine Familie darstellt, für die Akteure, die den Part der Familienmitglieder übernehmen, oder schließlich für den Rest der Gruppe – die Zuschauer – gedacht sein.

Für den Therapeuten bedeutet die Darstellung der Beziehungen in seiner eigenen Familie eine direkte Lernerfahrung. Er befreit sich hier von den Konzepten und Stereotypen seiner Disziplin, das heißt, er wechselt aus der Position des Therapeuten und Beobachters in die Position des Regisseurs und Akteurs seiner eigenen Erfahrungen über. Je besser er es versteht, sich der Gruppe auszusetzen, sich innerhalb seines Familiensystems darzustellen und seine eigenen Schwierigkeiten im Zusammenhang mit der Herbeiführung von Veränderungen zu enthüllen, desto eher wird er die Familien wirklich verstehen, die er später behandeln soll. Er hat es dann auch leichter, die Familien zu veranlassen, daß sie ihre Interaktionsschwierigkeiten darstellen, die er als umkehrbar, als allgemeingültig und als seinen eigenen Schwierigkeiten verwandt erkennt.

Ganz allgemein sorgt die Methode nicht nur dafür, daß der Therapeut sein eigenes Familiensystem erkunden kann, sondern sie bewirkt auch, daß die Mitglieder der Arbeitsgruppe einander besser kennenlernen und zu größerer Nähe untereinander finden. Das ist ein bedeutsamer Faktor, denn ein derart langes Trainingsprogramm fordert die Teilnehmer emotional und begünstigt Spannungen und Mißverständnisse. Das Darstellen der Familienskulptur weckt die Aufmerksamkeit und die Bereitschaft zur Mitarbeit; jeder Teilnehmer hat das Gefühl, daß die anderen an seinem Werdegang und seinen Problemen interessiert sind.

Zudem kann der Therapeut, der seine eigenen Probleme darstellt, entscheiden, ob er eine andere Person in seine Rolle einsteigen lassen und selbst von außen her beobachten möchte, oder aber ob er die Beziehungen, die er persönlich darstellen möchte, selbst, nämlich von innen her erfahren will. Das hilft dem angehenden Therapeuten, dysfunktionale Interaktionsmodelle ans Licht zu bringen und zu analysieren, die sich im anderen Fall vielleicht in seine therapeutische Praxis einschleichen würden, ohne daß er dies bemerkt.

Bei der Bestimmung derjenigen Gruppenmitglieder, die seine eigenen Angehörigen darstellen sollen, geht derjenige, der die Skulptur schafft, nicht etwa wahllos vor. Seine diesbezüglichen Entscheidungen lassen erkennen, welcher Art die Beziehungen sind, die zwischen ihm und den übrigen Gruppenmitgliedern bestehen. Daß er bestimmten Mitgliedern der Gruppe ganz spezifische Kennzeichen und Rollen zuweist, hat zur Folge, daß die einzelnen Teilnehmer sich selbst und ihr Verhältnis zueinander verändern. Die Beobachtungen, die die übrigen Gruppenmitglieder machen, nachdem die Familienskulptur fertiggestellt ist, betreffen oft mehrere Erlebnisebenen: 1. das Familiensystem, das dargestellt worden ist, 2. denjenigen, der die Skulptur schafft, bei seiner kreativen Tätigkeit, 3. die einzelnen Gruppenmitglieder, die an dieser Darstellung teilgenommen haben. Aber erst die Gegenwart der Gruppe bewirkt, daß das ganze Unternehmen Struktur und eine zeitliche Dimension erhält, und verleiht der Sequenz insgesamt so etwas wie Fortgang und Kontinuität. Die Gegenwart der Gruppe hält denjenigen, der die Skulptur schafft, auch davon ab, sich auf allzu intime Situationen einzulassen oder – was noch schlimmer wäre – etwa ein Urteil über einzelne Personen abzugeben.

Die Methode der Familienskulptur läßt sich auch zur Darstellung anderer als nur eben familialer Beziehungen einsetzen. Häufig wird sie angewandt, um Wachstum und Entfaltung in der Gruppe der angehenden Therapeuten zu fördern. In diesem Fall stellen die Mitglieder einer nach dem anderen das gesamte Netz der Beziehungen in dieser Gruppe dar. Das Ergebnis ist eine Art Gruppenskulptur, in der sich die Interaktionsschwierigkeiten, aber auch der Grad der Reife und der Differenzierung des einzelnen Mitgliedes in der Gruppe (die als System angesehen wird) enthüllen. Die Gruppenskulptur erbringt eine Reihe von Elementen, die den Teilnehmern helfen, die Geschichte und den Werdegang der Gruppe zu begreifen. Die Skulptur erweist sich auch als nützlich, wenn es um die Darstellung der Beziehung zwischen Supervisor und Therapeuten geht. Diese Beziehung zwischen den beiden Menschen, die an der gleichen Aufgabe arbeiten und deren Funktionen einander ergänzen, erfordert einen dynamischen Wachstumsprozeß. Die Skulptur kann nützliche Informationen über diese Beziehung, über die Vertrautheit zwischen den Beteiligten und über ihre wechselseitigen Erwartungen hervorbringen.

Das therapeutische Team kann sich mit Hilfe dieser Methode über die Schwierigkeiten informieren, die die Familie zur Schau stellt, und die Fähigkeit des Systems zur Veränderung besser einschätzen. Das Team selbst kann die Mitglieder des Familiensystems verkörpern und dessen besondere Interaktionen mit Hilfe der bildhaften Darstellung erproben. Diese Erfahrung kann dem Team Informationen vermitteln, die die Bewertung der Flexibilität bzw. der Rigidität des Systems, der möglichen alternativen Verhaltensweisen und des Leidensdruckes, den der identifizierte Patient und die übrigen Familienmitglieder an sich erfahren, sehr erleichtern.

Wir greifen häufig auf diese Technik zurück, wenn wir mit Familien arbeiten, die sich in einer Krise befinden. Die Darstellung der Skulptur durch das therapeutische Team ermöglicht es, die Krise als räumliche Sequenz zu beleuchten, die unterschiedlichsten Arten der Kommunikation sichtbar zu machen und sich in den inneren Zustand der Familienmitglieder im Augenblick der Krise einzufühlen. Auf diese Weise erhalten wir ein vollständiges Bild von der Situation und erkennen, welche Möglichkeiten der Intervention uns hier zur Verfügung stehen.

DAS SPIEL IN DER FAMILIENTHERAPIE

Um den Werdegang und die augenblickliche Situation eines Familiensystems zu begreifen, müssen wir die gesamte Familiengruppe einschließlich der Kinder zu uns bitten. Oft ist ein Kind der beste Indikator für die affektive Situation der Familie zum gegebenen Zeitpunkt. Das Kind kann Gefühle und Spannungen offen äußern, die die Eltern zwar empfinden, die sie aber nicht gerne enthüllen möchten; das Kind ist oft bereit, eines der Geschwister zu stützen, das sich in Schwierigkeiten befindet; und es zeigt dem Therapeuten häufig, welche Richtung in der Behandlung am besten einzuschlagen sein wird. Andererseits bringt die Anwesenheit von Kindern in der Behandlung auch gewisse Schwierigkeiten mit sich, und ein unerfahrener Therapeut sieht sich deshalb vielleicht verleitet, sie aus den therapeutischen Bemühungen auszuschließen. Zunächst einmal können Kinder erhebliche Unruhe in die Sitzungen hineintragen. Ein Therapeut, der es nicht gut erträgt, daß Kinder herumlaufen oder Lärm machen, wird leicht ängstlich und unsicher werden. Er hat vielleicht das Gefühl, seine Zeit zu vergeuden und so nicht zu ernsthaften Ergebnissen zu kommen, oder er glaubt, daß die Eltern ihm eben deshalb gram sind. Unsere Erfahrungen mit großen Familien haben uns gelehrt, daß in der Mehrzahl der Fälle die motorische Aktivität und Lebhaftigkeit der Kinder dem Therapeuten eine ausgezeichnete Gelegenheit bieten, sich Zugang zum Familiensystem zu verschaffen, vorausgesetzt, er ist in der Lage, Bewegung und Aktion zugunsten der Interaktionen zu nutzen, nämlich mit ihrer Hilfe ein gemeinsames Fundament zu errichten, auf dem Erwachsene und Kinder einander begegnen können.
Es ist ganz gewiß nicht einfach, in der richtigen Weise mit einer

Familiengruppe zu interagieren. Das unterschiedliche Alter und die ganz verschiedenen Interessen der Familienmitglieder sowie die immer wieder anderen Bedürfnisse, auf die der Therapeut einzugehen hat, verlangen ihm die andauernde Anpassung an ganz verschiedene Verhaltensweisen und Interaktionsmuster ab.

Häufig schließt der Therapeut die Kinder aus, weil er fürchtet, sonst die Kontrolle über die Situation zu verlieren; er rechtfertigt seine Entscheidung dann etwa mit dem Argument, daß das symptomatische Verhalten der Kinder ganz von selbst verschwinden werde, wenn die Probleme der Ehepartner untereinander erst einmal bereinigt worden sind. Oder er zögert, die Kinder in die Behandlung mit hineinzunehmen, weil er entweder sie oder ihre Eltern schützen will. Wenn es ihm um den Schutz der Kinder zu tun ist, dann will er sie unter Umständen schon bald wieder aus der Therapie herausnehmen, damit ihnen gewisse Themen und Situationen erspart bleiben, die vielleicht Angst und Beunruhigung in ihnen wecken könnten (eine solche Haltung fördert die Familienmythen allerdings nur noch stärker). Wenn der Therapeut die Eltern schützen will, trifft er unter Umständen die gleiche Entscheidung – diesmal aus der Sorge heraus, daß die Kinder gewisse dysfunktionale Bereiche in der Familie zur Unzeit enthüllen und damit negative Reaktionen auf seiten ihrer Eltern auslösen könnten. In jedem Fall beschließt er, nur mit dem Ehepaar zu arbeiten, und betrachtet die Kinder nicht als festen Bestandteil des Problems und seiner Lösung[1].

Eine weitere Gefahr, der der Therapeut sich gegenübersieht, wenn er Kinder in die Behandlung hineinnimmt, liegt darin, daß der therapeutische Kontext möglicherweise zu sehr den Erwachsenen angepaßt ist. Unter Umständen wird von den Kindern erwartet, daß sie Dinge verstehen, die viel zu abstrakt für sie sind, oder daß sie ganz logische Antworten liefern oder aber die ganze Sitzung hindurch still auf ihrem

---

[1] »Wenn der Familientherapeut den Beitrag des Kindes, das Tempo der Therapie zu bestimmen (durch das Wann und das Wie einer Zunahme oder Abnahme der Symptome), verliert, dann kann das Kind sich nicht verändern« (Montalvo und Haley, 1973).

Platz ausharren. Das kann geschehen, wenn der Therapeut nicht eine Atmosphäre geschaffen hat, in der die Kinder sich nicht scheuen, sich in ihrer üblichen Weise auszudrücken, und in der die Erwachsenen keine Hemmungen haben, ihre Kommunikationen auf einer Ebene anzusiedeln, die auch den Kindern zugänglich ist.

Einerseits muß der Therapeut es verstehen, die Konfrontation unter den Erwachsenen anzuregen, und sich ihrer Bereitschaft zur Mitarbeit im therapeutischen Prozeß vergewissern, andererseits muß er das Kind als einen Menschen ansehen, der ein uneingeschränktes Recht darauf hat, seine Gefühle, Gedanken und Meinungen in seiner eigenen Sprache auszudrücken und weiterzugeben, ohne daß es so behandelt wird, als sei es den Erwachsenen untergeordnet oder stehe qualitativ niedriger. Der Therapeut muß also unterschiedliche Denkweisen *übertragen:* die Denkweise des Erwachsenen mit ihren abstrakten Konzepten und der vorwiegend verbalen Kommunikation und die Denkweise des Kindes mit ihrem Reichtum an nichtverbalen Äußerungen und mit ihrer konkreten Bildhaftigkeit.

Das wissenschaftliche Interesse am kindlichen Spiel erwachte erst mit der Erkenntnis, daß Kinder ihre eigene Individualität besitzen und nicht einfach kleine Erwachsene sind. In den vergangenen fünfzig Jahren hat das Interesse an der Kinderpsychologie stark zugenommen, und viele psychoanalytische und psychotherapeutische Schulen haben psychodynamische Theorien des Spiels entwickelt. Aber über das Spiel als Mittel der Kommunikation – und aus systemischer Sicht betrachtet – ist wenig geschrieben und kaum geforscht worden. Das Spiel gilt in erster Linie als ein Mittel, durch das Kinder ihre Emotionen und innerpsychischen Konflikte zur Schau stellen. Der Rolle des Spiels als einer Form der Interaktionen innerhalb der Entwicklung des Kindes oder der Beziehung zwischen dem Kind und dem Erwachsenen im Rahmen des Spiels ist wenig Aufmerksamkeit zuteil geworden. Wir sprechen hier vom Spiel nicht etwa als von einem erzieherischen Werkzeug (das die Erwachsenen benutzen, um den Kindern ihre Erwartungen verständlich zu machen), sondern vom Spiel als einem Mittel, durch das Erwachsene und Kinder lernen, sich aneinander anzupassen und miteinander umzugehen. In diesem Sinne sind die Rolle, die der Erwachsene im Spiel einnimmt, und die Möglichkeiten, die er dem Kind bietet, von allergrößter Wichtigkeit.

## Das Spiel als Mittel, das Kind in die Therapie einzubeziehen

Das Spiel ist die wichtigste Technik überhaupt, mit der wir Kinder in die Therapie hineinnehmen können, ohne sie als kleine Erwachsene behandeln zu müssen. Worte bilden nur eine der vielen Möglichkeiten, die dem Familiensystem zur Kommunikation zur Verfügung stehen. Selbst wenn die Kinder einen großen Wortschatz besitzen, kommunizieren sie doch weit mehr als der Erwachsene mit Hilfe nichtverbaler Modalitäten. Das Spiel ist in der Arbeit mit Kindern ein Kommunikationsmittel ersten Ranges, kann aber gleichwohl auch bei Erwachsenen eingesetzt werden[2]. Das Spiel sorgt dafür, daß das Kind sich wohl fühlt und daß der therapeutische Kontext ihm vertraut erscheint; es gestattet dem Kind, sich auszudrücken, den anderen seine Bedürfnisse und Stimmungen mitzuteilen, und es erlaubt ihm auch den Rückzug, wenn es sich geängstigt fühlt. Besonders zu Beginn der Behandlung sollte der Therapeut das Kind auf dem Weg über das Spiel »ansprechen«. Das vermittelt dem Kind das Gefühl, daß es hier als eigenständiger Mensch gilt, und weckt seine Bereitschaft zur Mitarbeit. Ein Therapieraum ohne Spielsachen, Tafel, Zeichengerät und andere Dinge, die dem Kind vertraut sind, wirkt kalt und abweisend und bewirkt, daß das Kind sich aus dem, was vorgeht, ausgeschlossen fühlt. Natürlich ist es nicht damit getan, daß der Therapeut Spielzeug und Beschäftigungsmaterial anbietet; er muß auch selbst spielen können, das heißt, er muß wissen, wie man im Spiel eine

---

[2] In der Paarbehandlung greifen wir häufig auf die Möglichkeit des Spiels als eines alternativen Kommunikationsmittels zurück, insbesondere dann, wenn Worte unweigerlich dazu führen, daß die Partner ihre Zuflucht zur Intellektualisierung und zur Rationalisierung nehmen, um so den therapeutischen Kontext zu manipulieren.

Beziehung begründet. Das ist nicht so einfach, wie es zunächst scheinen mag. Tatsächlich ist es aber sehr viel leichter, als Zweiergruppe (Therapeut und Kind) miteinander zu spielen, als das Kind in Gegenwart der ganzen Familie für ein Spiel zu gewinnen oder Erwachsene und Kinder zum gemeinsamen Spiel zu bewegen.

Wenn man Kinder für das Spiel im Rahmen der Behandlung gewinnen kann, dann hat das oft zur Folge, daß die Erwachsenen sich aktiv an den therapeutischen Bemühungen beteiligen. Ein Vater, den man dazu bewegen kann, sein Jackett auszuziehen und sich auf den Fußboden zu setzen, um mit seinen Kindern zu spielen, oder eine sonst immer mißgelaunte Mutter, die jetzt tatsächlich Spaß am Spiel mit ihren Kindern hat, werden wieder Hoffnung schöpfen und nun eher bereit sein, auf die Ziele der Behandlung hinzuarbeiten, und damit wächst auch die Bereitschaft der Kinder zur Mitarbeit.

## Zugang zum Familiensystem im Spiel

Ich habe bereits darauf hingewiesen, wie wichtig es ist, Kontakt mit allen Familienmitgliedern herzustellen und dafür zu sorgen, daß alle sich unbeschwert fühlen. Das ist nicht immer leicht, denn die Familie ist unter Umständen sehr starr oder über eine schwere Störung eines ihrer Kinder oder eines Elternteiles sehr beunruhigt. Aber auch in diesen Fällen kann das Spiel uns den Zugang zur Familiengruppe eröffnen. Das Spiel läßt sich dazu einsetzen, den therapeutischen Kontext neu zu definieren und die affektive Gestimmtheit der ganzen Familie oder bestimmter Familienmitglieder zu verändern.

Ich erinnere mich an einen Hausbesuch, den ich einmal bei einer italoamerikanischen Familie in New Jersey machte. Die Mutter des Ehemannes war ebenfalls dazugebeten worden. In den vorangegangenen Sitzungen hatten die Eltern diese Großmutter als tyrannisch beschrieben und berichtet, daß sie sich ständig in ihre ehelichen Angelegenheiten und in die Erziehung der Kinder einmische. Die Bitte um Behandlung war durch das rebellische und schon fast delinquente Verhalten des vierzehnjährigen Sohnes ausgelöst worden, der ganz offensichtlich zum Katalysator der in der Familie herrschenden Spannungen geworden war. Insbesondere erregte er den Zorn der Großmutter, die ein derartiges Verhalten von einem Mitglied ihrer Familie einfach nicht hinnehmen wollte.

Bei dieser Gelegenheit spielte ich eine ganze Weile mit Stefania, der dreijährigen Tochter, um mir auf diese Weise Zugang zum Familiensystem zu verschaffen und mich mit der Großmutter anzufreunden. Stefania war der Liebling der Familie, alle waren sehr stolz auf sie und liebten sie zärtlich. Ich nahm das Kind auf den Schoß und aß mit ihm zusammen eine Portion Eis, indem ich das Spiel »Einen Löffel für dich, einen Löffel für mich« usw. mit ihm spielte. Schließlich gelang es mir, die Großmutter an dem Spiel zu beteiligen, während alle übrigen interessiert zusahen. Als unser Spiel zu Ende war, hatte sich die anfangs mürrische und mißtrauische Haltung der Großmutter sichtbar verändert. Sie erklärte sich bereit, sich im Interesse der Familie an unseren Bemühungen zu beteiligen, vermittelte mir nützliche Informationen über die Vorgeschichte der Familie und äußerte ihre Besorgnis über das vorgestellte Problem. Das bedeutete keineswegs, daß sie sich nicht auch weiterhin in die ehelichen Angelegenheiten der Eltern und in die Erziehung der Kinder einmischen würde; und es hieß auch nicht, daß es leicht sein würde, das Gleichgewicht zwischen den Generationen wiederherzustellen. Immerhin aber war der Therapeut nun gewissermaßen stillschweigend von der Familie und auch von ihrem strengsten Mitglied akzeptiert worden, und es war ein emotionales Klima zustande gekommen, das dem Einsetzen des therapeutischen Prozesses günstig war und die Aussichten für seinen positiven Ausgang vergrößerte.

Wie nützlich das Spiel im Rahmen der Interaktionen in und mit der Familie sein kann, zeigt sich auch am Beispiel einer Familie, die wegen der schweren Ängste ihres dreizehnjährigen Sohnes um Behandlung gebeten hatte. Von Anfang an war deutlich, daß der Vater, der als Arbeiter bei den Fiatwerken beschäftigt war, diesen Sohn ganz einfach nicht mochte; er sprach von ihm als von einem vollständigen »Reinfall«, und er hielt ihn für sehr unsicher und voller Komplexe. Wenn der

Therapeut in dieser Situation den Sohn gefragt hätte, was er zu den Worten seines Vaters meine, dann hätte das die Minderwertigkeitsgefühle des Jungen nur noch vergrößert und das System noch starrer werden lassen. Das Wichtigste war also zunächst, den Kontext der Sitzung neu zu definieren. Der Therapeut beschloß, zu diesem Zweck sowohl den Vater (der bis dahin nur unbrauchbare verbale Beiträge geliefert hatte) als auch den Sohn (von dem nur passiver Widerstand gekommen war) konstruktiv in ein gemeinsames Spiel einzubeziehen. Das würde die offene und freundschaftliche Begegnung des Vaters mit dem Sohn fördern und das Klima der Anschuldigung und Verfolgung, das hier herrschte, beseitigen.

Also forderte er die beiden auf, einen Ringkampf miteinander auszutragen. Die physische Konfrontation würde die aktive Zurschaustellung ihrer Feindseligkeit und die direkte körperliche Berührung nötig machen, aber sie würde zugleich auch den affektiven Kontakt ermöglichen. Der Vater konnte dem Sohn zeigen, wie kräftig er ist, und der Sohn konnte die Herausforderung annehmen und so sein Selbstvertrauen zur Schau stellen. Der Therapeut, der als Schiedsrichter auftrat, konnte sich auf diese Weise einen unmittelbaren Zugang zum Familiensystem verschaffen und wurde vom Vater wie vom Sohn akzeptiert.

## Das Spiel als Mittel, Informationen über das Familiensystem zu erhalten

Wenn wir die Familie als ein System von Beziehungen betrachten, dann müssen wir uns natürlich Informationen beschaffen, um die Regeln kennenzulernen, die in diesem System zu einem bestimmten Zeitpunkt am Werk sind. Die Rekonstruktion der bisherigen Entwicklung der Gruppe und die systembezogene Analyse ihrer verschiedenen Elemente ist etwas ganz anderes als das Zusammensetzen einer Fallgeschichte aus kalten und unpersönlichen Fakten. Häufig ist die verbale Kommunikation keineswegs die ergiebigste Quelle für wichtige Informationen; verständlicherweise empfinden die Menschen es als schwieriger, mit einem Menschen, der ihnen fremd ist, über gewisse heikle Geschehnisse und Situationen zu sprechen, als wenn sie einen guten Freund vor sich hätten.

Der Therapeut muß der Familie also freundlich und freundschaftlich gegenübertreten und sollte ganz besonders sorgfältig auf die nichtverbalen Kommunikationen achten, vor allem, wenn gewisse Aussagen eher dazu dienen, Fakten und Meinungen zu verschleiern, als sie zu enthüllen. Hier hilft das Spiel – wie die Metapher, die Nutzung des Raumes, die Dramatisierung oder die Familienskulptur – dem Therapeuten, wichtige Familieninteraktionen in einem Kontext zu beobachten, der auch für die Kinder akzeptabel ist und der den Eltern nicht das Gefühl vermittelt, daß über sie zu Gericht gesessen wird.

Die Aufforderung zum gemeinsamen Spiel der Familienmitglieder oder die Förderung bestimmter Beziehungen auf dem Weg über ein Spiel bieten uns die Möglichkeit zur Beschaffung von Informationen. Zunächst einmal läßt sich an dem Eifer, mit dem die Beteiligten die ihnen zugewiesene Aufgabe erfüllen, ablesen, wie weit sie dem Therapeuten vertrauen. Die Familienmitglieder erkennen vielleicht intuitiv, daß dieses Spiel etwas mit der Bitte des Therapeuten zu tun hat, daß sie sich doch aktiv am therapeutischen Prozeß beteiligen mögen; oder sie haben ganz im Gegenteil das Gefühl, daß die Aufforderung, sich jetzt auf ein Spiel einzulassen, lächerlich oder in der quälenden Situation, die sie hergeführt hat, nicht am Platz ist. Selbstverständlich ist ein Spiel, zu dem man die Familie während einer therapeutischen Sitzung auffordert, kein Ziel an sich, aber es enthält die Voraussetzungen für eine breitere therapeutische Strategie, mit der sich dann Veränderung herbeiführen läßt.

Das Spiel gestattet uns auch, die Beziehungen zwischen den Generationen zu erkunden und herauszufinden, wie starr die Überzeugung der Familie ist, daß eines ihrer Mitglieder krank ist. Wenn eine Familie so miteinander spielt, daß alle Mitglieder, mit Ausnahme des gestörten Kindes, aktiv beteiligt sind, dann ist dessen Kennzeichnung als »krank« vermutlich besonders starr ausgeprägt, und die Familie als System (einschließlich des identifizierten Patienten) fühlt sich wahrscheinlich von jeder – auch nur zeitweiligen – Veränderung in ihrer Selbstdefinition bedroht. Eine starre Trennung unter den Geschwistern (mit der die direkte Konfrontation auf der Ebene der Ehepartner verhindert werden soll) und feste Allianzen über die Generationsgrenzen hinweg spiegeln sich unter Umständen im Spiel durch den wiederholten Ausschluß des einen oder anderen Mitgliedes oder noch häufiger durch die scharfe Abgrenzung, die die Geschwister untereinander vornehmen. In solchen Fällen wählt das Kind unweigerlich einen Erwachsenen zu seinem Spielkameraden, nicht aber eines seiner Geschwister. Durch die Beobachtung der Familie, die mit einem ganz einfachen Spiel beschäftigt ist, gewinnt der Therapeut Anhaltspunkte, was die Durchlässigkeit des Systems, das Vorhandensein dyadischer Bindungen zwischen Eltern und Kindern und das Ausmaß der Rigidität der Subsysteme angeht.

Das Spiel als Mittel zur Neustrukturierung

Die therapeutische Funktion des Spiels kommt in diesem Buch an mehreren Stellen zur Sprache. So werden wir uns an anderer Stelle noch mit der metaphorischen Bedeutung des Spiels als Verschreibung oder als Teil einer weitergefaßten Strategie, die eine Veränderung in den Regeln des Familiensystems bewirken soll, beschäftigen.

An dieser Stelle möchte ich darauf hinweisen, daß das Spiel als ein ganz *einfaches* und *unmittelbares* Phänomen sich auch zur Neustrukturierung der Familie einsetzen läßt. Wenn wir die Konflikte eines Paares in ein Spiel übertragen, dann werden die ambivalenten oder starren Interaktionsmuster in ihrer räumlichen Dimension sicht- und faßbar, und das läßt die Beteiligten oft schlagartig erkennen, daß zwischen ihnen Gefühle und Verhaltensweisen existieren, die sie zuvor geleugnet haben oder derer sie sich nicht bewußt gewesen sind. Außerdem verlangt das Spiel schon als solches von den Beteiligten, daß sie bestimmte Grundregeln einhalten.

Wenn der Therapeut die dysfunktionalen Regeln des Systems identifiziert hat und sie nun zu Spielregeln erhebt, dann hat das Spiel seinen Charakter als nur spielerische Aktivität verloren; es legt jetzt die

Begrenztheit und die Unsinnigkeit gewisser Formen des Umgangs miteinander offen und veranlaßt die Teilnehmer, sich um neue Modalitäten der Interaktion und um eine bessere Verteilung der Rollen und Aufgaben in der Familie zu bemühen. Dieser Einsatz des Spiels wird (in Kapitel 4, S. 220) durch das Kartenspiel illustriert, in dem die Regeln vorschrieben, daß der Ehemann gewinnen und die Frau ihm das Gewinnen gestatten mußte. Diese Spielregel zwang die Partner, ihr übliches Interaktionsmuster zu übertreiben.

Spiele können auch die widersprüchliche Natur gewisser Botschaften ans Licht bringen, bei denen ein Gegensatz zwischen der wörtlichen und der analogen Bedeutungsebene besteht. In solchen Fällen kann der Therapeut ein Spiel vorschlagen, in dem nur die explizite verbale Botschaft genutzt wird, während die implizite Botschaft, die gewöhnlich die erstere disqualifiziert, keine Beachtung findet. Im Laufe des Spiels tritt die Uneindeutigkeit der Botschaft störend zutage; die zuvor verborgene Mystifizierung kommt ans Licht und wird allen Beteiligten deutlich vor Augen geführt. Wenn die Dinge soweit gediehen sind, müssen die Teilnehmer nach einer brauchbareren und ehrlicheren Art der Interaktion suchen. Spiele enthüllen oft auch den Kern eines Problems, ohne die Teilnehmer erst in eine sinnlose und ermüdende Eskalation hineinzutreiben: da es ja nur ein Spiel ist, *besteht kein Grund, es ernst zu nehmen.* Ich will diesen Gedanken an einem Beispiel erläutern. Die Familie Lucarelli bat um Behandlung, nachdem die zehnjährige Tochter Daniela mehrfach beim Stehlen ertappt worden war, und zwar sowohl zu Hause als auch in einem Warenhaus. Die Eltern betrachteten und bewerteten dieses Problem unterschiedlich: Der Vater hielt den Tatbestand für außerordentlich ernst und glaubte nicht, daß man rasch und erfolgreich dagegen angehen könnte. Die Mutter versuchte, die Frage in ihrer Bedeutung herunterzuspielen, und verteidigte die Tochter ganz offen. Der Vater schien in dieser Familie eine zentrale und autoritäre Stellung innezuhaben. Einerseits lobte er seine Frau überschwenglich und beschrieb sie als ideale Lebensgefährtin und fähige Mutter; andererseits boykottierte er auf der analogen Ebene alle ihre Unternehmungen. Daß er Danielas Vergehen in so besonders düsterem Licht sah, war wohl ein Vorwand für ihn, um implizit seine Frau der Unfähigkeit zur Erziehung der Kinder zu beschuldigen; zugleich wurde damit sein Anspruch nach ausschließlicher und unbestreitbarer Autorität noch untermauert. Die Frau ließ es an Selbstvertrauen in bezug auf ihre Fähigkeiten als Mutter fehlen (sie sprach weitschweifig über dieses Thema, als ihr Mann einmal bei einer Sitzung nicht zugegen war) und war wohl unfähig, ihrem Mann offen gegenüberzutreten, um so zu größerer Autonomie zu gelangen. Statt dessen unterstützte sie ihn fraglos und akzeptierte seine Lobeshymnen, zumindest nach außen hin.

Daniela und ihr elfjähriger Bruder waren lebhafte und aufgeschlossene Kinder. In den Sitzungen ließen sie sich immer irgendwelche Spiele einfallen, mit denen sie sich unterhielten. Der Therapeut beschloß, mit Hilfe eines Spiels zu intervenieren, das die wörtliche Ebene der Botschaften des Vaters bestätigen (daß seine Frau nämlich ihren Aufgaben gewachsen sei) und der Frau Mut machen würde, sich nun tatsächlich frei zu äußern (was den Kontrast gegenüber der analogen Ebene der Mitteilung ihres Mannes – daß sie nämlich nicht tüchtig und keine gute Mutter sei – dartun mußte). Der Therapeut wählte ein Spiel, mit dem die tatsächlichen Fähigkeiten und Möglichkeiten der Mutter erkennbar werden mußten. Er bat den Ehemann, die Vorgänge durch den Einwegspiegel zu beobachten und sich ganz genau zu merken, welche positiven Fähigkeiten die Frau beim Spiel mit den Kindern zeigen würde. Natürlich konnte der Mann diesen ehrenvollen Auftrag nicht ablehnen[3].

[3] In unserer klinischen Praxis kommt es häufig vor, daß wir die Familien aus taktischen Gründen während der Sitzung trennen. Der Einwegspiegel kann als durchlässige Scheidewand genutzt werden; er ist ein ideales Mittel zur Förderung bestimmter Arten der Interaktion, ohne daß es zu unerwünschten Unterbrechungen kommt. Neben dem Nutzen, den er bei der Erkundung der Subsysteme durch die Blockierung möglicher Einmischungsversuche von seiten der übrigen Familienmitglieder hat, bietet er den letzteren die Möglichkeit, sich die Bedürfnisse und Wünsche anderer Menschen tatsächlich einmal *anzuhören* und damit implizit nach befriedigenderen Formen des Umgangs miteinander zu suchen.

Die Kinder waren sehr erfreut darüber, daß sie gemeinsam mit der Mutter spielen sollten. Mit der Unterstützung des Therapeuten gewann die Mutter allmählich Selbstvertrauen und hatte ebenfalls ihren Spaß an dem ideenreichen Spiel, das die Kinder sich ausgedacht hatten: Sie und der Therapeut spielten die Rolle von zwei Gästen, die in einem Restaurant miteinander speisten; die Kinder waren die Kellner und sorgten daneben mit Gesang und Tanz auch noch für die Unterhaltung der Gäste. Der Vater, der die Vorgänge hinter dem Einwegspiegel beobachtete, wurde allmählich unruhig und war keineswegs begeistert von dem, was er sah: die Kinder hatten einen Riesenspaß mit der Mutter, die Mutter wiederum genoß ihre Rolle aufrichtig, hatte Spaß an dem Spiel und kümmerte sich allem Anschein nach überhaupt nicht darum, was ihr Mann dazu sagen mochte. Als das Spiel zu Ende war und der Ehemann gebeten wurde, zu sagen, was er von der Darbietung seiner Frau halte, blieb er schweigsam, so als wäre er gelähmt.

Dadurch, daß in diesem Spiel die wörtliche Ebene der Botschaften des Mannes (»Meine Frau ist ihren Aufgaben gewachsen«) akzeptiert und sogar besonders unterstrichen wurde, erwies sich seine analoge Mitteilung (»Meine Frau ist ihren Aufgaben nicht gewachsen«) als unhaltbar und absurd. Das Spiel bestätigte die erste Botschaft, die nicht negiert werden konnte, weil die zweite Botschaft, um überhaupt ausgesandt werden zu können, explizit negiert werden mußte. Das heißt, das Spiel bewirkte, daß jener Widerspruch unmöglich weiterhin aufrechterhalten werden konnte, der bisher jede Veränderung in diesem System verhindert und die »Ernennung« eines Sündenbocks verursacht hatte, damit die falsche Harmonie unter den Eltern gewahrt blieb. Darüber hinaus hatte das Spiel der Mutter Gelegenheit zu der Erfahrung gegeben, daß sie sehr wohl geschickt mit den Kindern umgehen konnte und von ihnen akzeptiert wurde. Das gab ihr den Mut, ihre untergeordnete und unterwürfige Rolle zurückzuweisen. Bisher hatte ihr Verhalten den Wunsch des Mannes, die Familie zu kontrollieren, nur noch verstärkt und so den Teufelskreis gewissermaßen am Leben gehalten.

# 4 Aufgaben

DAS DIREKTE VORGEHEN IN DER FAMILIENTHERAPIE

Daß man dem Patienten Anweisungen erteilt, ist als Vorgehen zumindest so alt wie der Gedanke des Heilens selbst. Dabei ist es zwar häufig gar nicht so einfach zu erkennen – und zu akzeptieren –, daß eine therapeutische Beziehung direktiver Art ist, aber es kann gar kein Zweifel daran bestehen, daß alle Formen der Behandlung ihrem Wesen nach direktiv sind.

Ob wir einem schwer geängstigten Menschen Medikamente verschreiben, ob wir schweigen, bis der Patient frei zu assoziieren beginnt, ob wir die Verschickung eines gehemmten und schüchternen Kindes in ein Sommerlager empfehlen, ob wir einem Paar erklären, wie es zum Orgasmus gelangen kann, ob wir ein paradoxes Verhalten verschreiben und uns sogar weigern, eine Behandlung zu bieten, weil wir der Meinung sind, daß das Problem letzten Endes gar nicht psychischen Ursprungs ist – in jedem Fall ist unser Verhalten direktiv.

Die Psychoanalyse, die Therapie nach Rogers und die psychodynamischen Behandlungsformen haben uns zu der Überzeugung geführt, daß der Patient entscheiden muß, was in der Sitzung geschehen soll. Aber in Wahrheit sind der therapeutische Kontext, die ungeschriebenen Regeln der Beziehung, die Nutzung des Raumes, die Fähigkeiten des Therapeuten und seine Maßnahmen sämtlich Zeichen einer Beziehung, in der der Therapeut die Macht und »das Sagen« hat und in dieser Stellung offiziell vom Patienten anerkannt wird.

Wie jede andere strategische Therapie ist auch die Familientherapie unbestreitbar direktiv. Allerdings unterscheidet sich die Art von Direktivität, mit der wir es hier zu tun haben, von der, die bei den psychodynamischen Behandlungsformen üblich ist. In der Familientherapie sind der Therapeut und die Familie gemeinsam damit beschäftigt, einen Kontext zu schaffen, Ziele aufzustellen, Interventionen zu planen, die Reaktionen der Gruppe auf die Direktiven des Therapeuten zu erkunden, diese Direktiven, wenn nötig, zu modifizieren und schließlich auf die Ablösung der Familie zum Zeitpunkt der Beendigung des therapeutischen Prozesses hinzuarbeiten.

Manche Kritiker sehen in diesen Aspekten der Familientherapie so etwas wie *Manipulation:* sie glauben, daß die Familie ihre Fähigkeit zur Selbstbestimmung verlieren oder daß sie gezwungen werden könnte, Verantwortlichkeiten zu übernehmen, denen sie nicht gewachsen ist. Wenn Familientherapie sich tatsächlich so auswirken würde, dann wäre die Kritik gerechtfertigt. In der Tat kann eine Behandlung, die sich an der Interaktion orientiert (wie übrigens jede Art von Behandlung), unerwünschte Ergebnisse dieser Art zeitigen, wenn sie von Therapeuten betrieben wird, denen es an der wahren Achtung gegenüber der Freiheit des Individuums und an dem feinen Gespür fehlt, das nun einmal notwendig ist, wenn man die Schwierigkeiten einer Familie in ihrem sozialen Umfeld verstehen will.

Familientherapie hat zum Ziel, die Kapazität der Familiengruppe zur Selbstbestimmung zu erweitern. Familien sind oft in schwierigen Situationen gefangen, die sie einfach nicht bewältigen können, es sei denn, sie schaffen sich einen Sündenbock und halten an ihrem Sündenbockdenken entschieden fest. Wenn die Familie ihre altgewohnten Denk- und Verhaltensweisen beibehält, dann wird sie sich eine Veränderung überhaupt nicht vorstellen können. Aus seiner Kenntnis dieser Zusammenhänge heraus ist der Familientherapeut überzeugt, daß seine erste Aufgabe darin besteht, gewisse *Einbrüche* in das Familiensystem zu bewirken. Er erschüttert also den *Status quo,* um die Familie als Gruppe in die Lage zu versetzen, ihre eigentherapeutischen Kapazitäten erst einmal zu entdekken, um den identifizierten Patienten und die ganze Familie von ihrem langen Leiden zu befreien und der Familie wieder zu eigener Initiative zu verhelfen. All das macht es erforderlich, daß der Therapeut eine gewisse *Macht*stellung innehat und aus dieser Stellung heraus vorgeht, denn er muß ja unverzüglich die ganz besonders starren Kräfte, die in diesem System vorhanden sind, miteinander konfrontieren. Diese Konfrontation löst häufig eine Erscheinung aus, die Carl Whitaker als »Kampf um die Kontrolle« bezeichnet. Von Anfang an muß der Therapeut der Familie klarmachen, daß er stark genug ist, um sie wirksam kontrollieren zu können. Er muß es fertigbringen, seiner Umgebung ständig um einen Schritt voraus zu sein.

Durch diesen Kampf um die Kontrolle vermag die Familiengruppe sich ein Urteil darüber zu bilden, ob der Therapeut stark genug ist, sie während des schließlich wohl einsetzenden Prozesses der Veränderung zu stützen. Wenn der Therapeut nicht führen kann – das heißt, wenn er nicht imstande ist, die Regeln der Beziehung konsequent vorzuschreiben –, dann wird er am Ende selbst ein Opfer der gewohnten Interaktionsweisen der Familie; die Familie wird ihn dann als Mittler ihrer Veränderung gerade nicht akzeptieren und die Behandlung wahrscheinlich abbrechen.

Wenn der Therapeut zu Beginn der Behandlung die Kontrolle über die Vorgänge voll in der Hand haben muß, so sollte die therapeutische Beziehung gegen Ende der Behandlung völlig anders aussehen: die Familie und der Therapeut besitzen dann die gleiche Macht, denn die Gruppe ist nun wieder im Vollbesitz ihrer Möglichkeiten, was die Bestimmung und Durchführung ihrer Handlungen angeht, und nicht länger auf Hilfe von außen angewiesen.

An diesem Punkt müssen wir ganz deutlich machen, in welcher Hinsicht die interaktionelle Therapie »direktiv« ist und was ihre Ziele sind. Das bloße Zusammenbringen einer Familie und die Tatsache, daß man diese Familieneinheit in Aktivitäten verwickelt, die direkte Konfrontation und das wechselseitige Lernen erforderlich machen, sind schon in sich direktiv. Auch die Aufforderung an die Mitglieder der Gruppe, sich aktiv an der Suche nach einer Lösung für ihre Schwierigkeiten – innerhalb oder außerhalb des Familiensystems – zu beteiligen, und die

Zurückweisung aller Versuche, die Verantwortung auf den Experten abzuschieben, sind direktive Vorgehensweisen.

Nicht zu übersehen ist auch der Umstand, daß der Therapeut durch seine besondere Nutzung der räumlichen Gegebenheiten und der Bewegungen während der Sitzung und durch die Erteilung von Aufgaben an die Familie ja deutlich mitteilt, daß er derjenige ist, der den therapeutischen Prozeß leitet. Seine direktive Funktion wird auch dadurch besonders unterstrichen, daß er sich während der Sitzungen mit einem Supervisor berät.

Wir müssen auch deutlich machen, was wir unter der *Veränderung* – dem Ziel jeder Behandlung – innerhalb des systemorientierten Vorgehens verstehen. Veränderung ist mehr als die Beseitigung der Symptome des Individuums: Veränderung bedeutet, daß wir alle Mitglieder des Systems tatsächlich anrühren und beeinflussen, indem wir ihnen neue Interaktionsmodelle anbieten, die den Zwang zum symptomatischen Verhalten beseitigen. Die Symptome werden als Signale einer Störung in der Kommunikation betrachtet. Eine Intervention, die sich auf ein Symptom konzentriert, bedeutet ganz zwangsläufig, daß sich die Kommunikationsregeln des Systems verändern müssen.

Was Papp, Silverstein und Carter (1973) zur Umsetzung von Aktion in Einsicht sagen, entspricht den Ansichten, die auch von Erikson vorgetragen werden. Danach sind Einsichten, die keine verhaltensmäßigen Veränderungen im Familiensystem bewirken, sinnlos. Die genannten Autoren sind der Meinung, daß es in manchen Fällen zu Veränderungen in den familialen Beziehungen kommt, weil sich die emotionalen Beziehungen verändert oder weil sich neue Einsichten eingestellt haben; in anderen Fällen kommt es dagegen überhaupt nicht zu irgendwelchen Veränderungen[1].

[1] Eine Familie, die in Behandlung steht, ist unter Umständen unfähig, einen neuen Kurs einzuschlagen, weil ihr dies zu riskant erscheint oder sie sich vor dem dazu notwendigen Engagement fürchtet. Aber die Tatsache, daß die Familie aus konkreten Erfahrungen doch immerhin gelernt hat, daß alternative Lösungen, die zuvor nicht gesehen oder gar geleugnet wurden, durchaus möglich sind, ist schon von erheblichem therapeutischem Wert.

Bei vielen Therapieformen gehen wir immer wieder von der irrigen Annahme aus, daß ein Mensch, der etwas *verstanden* hat, sich nun auch in einer Weise verhalten wird, die mit seinem neugewonnenen Verständnis übereinstimmt. In der Praxis stellen wir aber noch häufiger fest, daß ein Mensch, der sich in einer bestimmten Hinsicht *verändert*, nun imstande ist, alternative Formen der Kognition, des Fühlens und Verhaltens zu erproben und damit zu erlernen. Nach Wittgenstein (1956) bewirkt die Neustrukturierung[2] nicht etwa, daß die Aufmerksamkeit sich jetzt auf einen bestimmten Umstand richtet (das heißt, sie produziert nicht etwa Einsicht); sie lehrt vielmehr ein neues Spiel und sorgt dafür, daß das alte an Reiz verliert. Obwohl es meiner Meinung nach zutrifft, daß sich Veränderungen häufig dadurch herbeiführen lassen, daß in der gegebenen Situation neue Formen des Problemlösens erprobt werden, will ich doch die Möglichkeit nicht ausschließen, daß solche Veränderungen auch etwas mit Einsicht zu tun haben. Meiner Ansicht nach gibt es keine simple und eindeutige Antwort auf die Frage, ob Veränderung durch Einsicht bewirkt wird oder ob Einsicht parallel mit der Veränderung bzw. erst im Gefolge einer Veränderung erworben wird.

## Das Klassifizieren der Aufgaben

Die Aufgabe kann auf der Grundlage der in den Sitzungen geleisteten Arbeit, auf der Grundlage von Informationen, wie sie über die Interaktionen in der Familie gesammelt worden sind, oder auf der Grundlage desjenigen Materials formuliert werden, das die Mitglieder des Familiensystems selbst beigesteuert haben. Sie kann so gestellt werden, daß sie die ganze Familie oder aber nur einige ihrer Mitglieder direkt oder indirekt angeht und beansprucht. Manche Aufgaben müssen während der Sit-

[2] Der Begriff der Neustrukturierung bezieht sich, um es kurz zu sagen, auf das Herausarbeiten anderer Interaktionsmuster unter Nutzung bereits vorhandener Elemente.

zung, andere in den Pausen zwischen den einzelnen Sitzungen ausgeführt werden.

Anweisungen, die im Rahmen der Behandlung erteilt werden, bilden eine strategische Intervention, mit der mehrere Ziele verfolgt werden. Ganz allgemein soll durch die Erteilung einer Aufgabe eine *Veränderung erleichtert oder gefördert* werden, das heißt, es sollen dadurch neue Interaktionsmuster aktiviert werden, die es nicht länger notwendig machen, daß die Gruppe sich einen Sündenbock sucht oder an einem solchen festhält. Um es genauer zu sagen: Aufgaben, die der Gruppe gestellt werden, *fördern die Entstehung eines therapeutischen Kontextes*, indem sie eine Atmosphäre der Zusammenarbeit aufkommen lassen, in der man sich an gewisse allgemeine Regeln hält. Damit werden Verfolgung, Tyrannei und Anschuldigungen vermieden, es kommt nicht dazu, daß die Verantwortung einfach auf den Therapeuten abgewälzt wird, und die zum Klischee erstarrten Rollen werden in dieser Form nicht weitergeführt. Durch sein direktives Auftreten interagiert der Therapeut ganz intensiv mit der Familie. Als Garant der Autonomie und Eigenständigkeit jedes einzelnen Mitgliedes der Gruppe gewinnt er in den Augen der Familie an Wichtigkeit. Es wird ihm gelingen, sich *Zugang zum Familiensystem zu verschaffen* und von allen seinen Mitgliedern akzeptiert zu werden, wenn er sich nicht in heimliche oder offene Allianzen oder Koalitionen mit den Mitgliedern des Systems hineinziehen läßt. Aufgaben, die als *Hausaufgaben* erteilt werden, sollen *den therapeutischen Prozeß* über das einstündige wöchentliche Zusammentreffen mit der Familie hinaus *erweitern* und die »Anwesenheit« des Therapeuten im täglichen Leben der Familie spürbar werden lassen. So kann die Familie *neue Formen der Kommunikation erproben:* Wenn es ihr gelingt, solche Formen der Therapie wegen anzuwenden, dann wird sie allmählich immer stärker von ihrer Fähigkeit zum selbständigen Funktionieren überzeugt sein und schließlich die therapeutische Unterstützung gar nicht mehr brauchen.

In der Arbeit mit besonders starren Systemen (Familien mit einem schizophrenen oder anorektischen Patienten) habe ich festgestellt, daß man durch die Erteilung von Aufgaben das Intervall zwischen den Sitzungen allmählich auf zwei Wochen, einen Monat oder sogar drei Monate ausdehnen kann. Auch eine in dieser Weise betriebene Therapie kann durchaus noch wirksam sein, wenn der Therapeut sich erst einmal Zugang zum Familiensystem verschafft, seine dysfunktionalen Regeln aufgedeckt und der Familie schließlich eben diese Regeln verschrieben hat (s. S. 199). Der Erfolg dieser paradoxen Technik hängt weniger von der Aufgabe selbst als vielmehr vom geschickten Vorgehen des Therapeuten bei der Aufdeckung jener Regeln ab, die zu verbergen die Familie so heftig bestrebt ist. Manchmal kann das außerordentlich schwierig sein. Wenn der Therapeut aber Erfolg hat, gewinnt er das Vertrauen der Familie, und wenn die Karten erst einmal offen auf dem Tisch liegen, wird die Familie schließlich auch imstande sein, ein neues Spiel zu spielen. Die Festlegung neuer Regeln, an die sie sich von nun an halten will, gibt der Familie das Gefühl, für ihre Veränderung selbst verantwortlich zu sein.

Die Art, in der eine Aufgabe erfüllt wird, liefert uns zusätzliche *Informationen bezüglich der Interaktionen* in dieser Familie und so letztlich über ihre Struktur und die Reaktionen der einzelnen Mitglieder auf die Forderung nach einer Veränderung. In vielen Fällen ist die korrekte Durchführung der Aufgabe nicht einmal so wichtig wie die Analyse der Reaktionen der beteiligten Familienmitglieder. Die Aufgabe soll erfüllt, nicht aber interpretiert werden: Die Familienmitglieder sollen dazu gebracht werden, *eine vorgegebene interaktionelle Situation an sich zu erfahren*. So wird es immer weniger wahrscheinlich, daß sie ihre Zuflucht zu Abwehrmechanismen nehmen, die die Therapie nur in die Länge ziehen würden. Das heißt, die Aufgaben hindern die Familie daran, Abwehrmechanismen zu errichten, bevor sie auch nur einen anderen Versuch unternommen hat.

Damit soll nicht etwa gesagt sein, daß wir Widerstände etwa dadurch von vornherein ausschließen können, daß wir die Aktion der Verbalisierung voranstellen; Widerstände werden sich auf diese Weise wahrscheinlich sogar noch rascher und deutlicher bemerkbar machen.

Schließlich ist die Erteilung einer Aufgabe *für die Familie immer auch als Möglichkeit der Kommunikation von Bedeutung.* Die Familienmitglieder machen sich Gedanken darüber, welche Botschaft sich wohl hinter dem Ersuchen des Therapeuten verbergen mag, und stellen Vermutungen bezüglich der eigenen Person und bezüglich aller übrigen Mitglieder an. Der Therapeut muß sich diesen Umstand vor Augen halten, wenn er eine Aufgabe formuliert und später der Art ihrer Durchführung im einzelnen nachgeht.

Das hier folgende Schema, in dem die verschiedenen Arten von Aufgaben kategorisiert sind, baut auf meiner familientherapeutischen Arbeit auf. Es ist im Zusammenwirken mit meinen Mitarbeitern entstanden[3].

I. Aufgaben zur Neustrukturierung
   A. *Gegen die Homöostase gerichtete Aufgaben*
   B. *Aufgaben zur Herstellung und Erhaltung eines therapeutischen Kontextes*
   C. *Aufgaben zur Verschiebung des Symptoms*
   D. *Aufgaben zur Neustrukturierung des Systems*
   E. *Aufgaben zur Verstärkung*
   F. *Aufgaben, bei denen das Symptom selbst eingesetzt wird (Attacke, Allianz)*

II. Paradoxe Aufgaben
   A. *Das Verschreiben des Symptoms*
   B. *Das Verschreiben der Regeln*

III. Aufgaben mit Metaphern

[3] Mein besonderer Dank gilt in diesem Zusammenhang Paolo Menghi, mit dem ich dieses Material sehr ausführlich besprochen und überdacht habe. Viele Beispiele, die in diesem Kapitel beschrieben werden, stammen aus der klinischen Arbeit, die ich gemeinsam mit Menghi, Nicolò und Saccu geleistet habe.

## AUFGABEN ZUR NEUSTRUKTURIERUNG

Der Ausdruck *Neustrukturierung* kennzeichnet den Prozeß, durch den die gewohnten Interaktionsmuster der Familie modifiziert werden, wobei Elemente und Kräfte zum Einsatz kommen, die im jeweiligen System (zumindest potentiell) bereits vorhanden sind. Damit nimmt das System neue Kennzeichen an; es verändert sich, obwohl die Elemente, aus denen es sich zusammensetzt, die gleichen bleiben. Dieses Konzept, das in unserer Methode eine zentrale Rolle spielt, läßt sich auch auf die paradoxen Aufgaben (oder paradoxen Verschreibungen) anwenden. Der Unterschied liegt in der Tatsache, daß die Neustrukturierung bei der paradoxen Verschreibung indirekt, nämlich als Folge von Veränderungen, zustande kommt, die ihrerseits durch den Einsatz eines therapeutischen Paradoxons herbeigeführt worden sind, während die Neustrukturierung unmittelbare Veränderungen hervorruft.

Die Frage, wohin wir unsere Aufmerksamkeit lenken müssen, um dann entscheiden zu können, welche Art von Anweisungen oder Aufgaben wir erteilen wollen, läßt sich erst beantworten, nachdem wir uns im einzelnen mit den neustrukturierenden und den paradoxen Aufgaben beschäftigt haben.


Gegen die Homöostase gerichtete Aufgaben

Wenn diese Form der Intervention zur Anwendung kommt, so deutet das oft eher auf mangelnde Erfahrung des Therapeuten als darauf, daß er sich etwa bewußt für die »richtige Strategie« entschieden hätte. Der unerfahrene Therapeut, der seine Beurteilung auf *Inhalte* und nicht auf die *zugrundeliegenden Interaktionsmuster* stützt, versucht ganz offen, die Homöostase des Familiensystems anzugreifen. Er muß bald feststellen, daß er mit ungeeigneten Mitteln gegen die Tendenz der Familie ankämpft, den *Status quo* zu erhalten.

Zu den gegen die Homöostase gerichteten Aufgaben zählen alle jene Formen der therapeutischen Beratung und Anweisung, die auf einer übermäßig vereinfachten Sicht der Situation aufbauen. Sie zielen auf Veränderungen im identifizierten Patienten, der angewiesen wird, sich auf eben jene Energien zu verlassen, von denen er doch gerade das Gefühl hat, daß er sie nicht besitzt, oder sollen die Familienmitglieder daran hindern, weiterhin Verhaltensweisen zu zeigen, die der Therapeut für fruchtlos oder gar schädlich hält. Mit diesem Ansatz stellt der Therapeut sich gewissermaßen in Opposition gegenüber der systemischen Dynamik der Gruppe, bzw. er ignoriert sie.

Bei Verfolgung dieses Ansatzes kann es unter Umständen dazu kommen, daß ein Kontext entsteht, der von Anschuldigungen oder von ganz fruchtloser Konkurrenz geprägt ist. Das wirkt sich negativ auf den identifizierten Patienten und auf die übrigen Familienmitglieder aus und kann schließlich das Vertrauen der Familie in die Behandlung zerstören.

Aufgaben zur Herstellung und Erhaltung eines therapeutischen Kontextes

Diese Aufgaben werden während der Sitzung ausgeführt und sollen *das Zustandekommen und Fortbestehen eines therapeutischen Kontextes fördern*.

Das Ziel solcher Aufgaben ist die Vermittlung konkreter direkter Erfahrungen in der Sitzung selbst; sie werden häufig eingesetzt, um eine Veränderung der herrschenden Atmosphäre herbeizuführen, die der Therapeut für diese ganz bestimmte Phase der Behandlung als ungeeignet ansieht; wenn es also beispielsweise darum geht, das Klima der Anschuldigungen oder der Überfürsorglichkeit, wie es vielleicht zu Beginn der Behandlung besteht, zu modifizieren. In solchen Fällen dient die Aufgabe dazu, die Achtung vor der Autonomie des Individuums zu stärken und ganz deutlich zu machen, daß jedes einzelne Mitglied in der Familie Verantwortung trägt und eine Bedeutung hat.

Tatsächlich geschieht es oft, daß der identifizierte Patient nicht in der Lage ist, selbst zu bestimmen und frei zu handeln, bzw. er läßt andere über sich bestimmen. Ein Kind oder ein Heranwachsender wird vielleicht zur Frage der Behandlung oder Nichtbehandlung nicht einmal um seine Meinung gebeten. Vielleicht fragt man ihn nicht einmal dann, wenn es um Dinge geht, die ihn direkt betreffen, oder man läßt ihn mit seinen Wünschen und Bedürfnissen nicht zu Wort kommen.

Der Therapeut kann um Ruhe bitten, wenn ein Familienmitglied versucht, ein anderes zu unterbrechen, oder er kann ein Mitglied, das im therapeutischen Prozeß immer am Rand steht, aktiv einbeziehen, indem er ihm Raum zugesteht und die notwendige Unterstützung leistet. Er kann die Familie in Untergruppen einteilen, wenn er der Meinung ist, daß dies dem einen oder anderen Mitglied eher die Möglichkeit zur freien Äußerung bietet, oder er kann denjenigen, der sich allzu stark einmischt, bitten, die Dinge durch den Einwegspiegel zu verfolgen.

Er kann auch ganz bestimmte Interaktionen hervorrufen, indem er zwei oder mehr Personen anweist, während der Sitzung etwas miteinander zu besprechen oder zu unternehmen. Das kann der Familie zu neuen Erfahrungen verhelfen und ihre Bereitschaft zur Mitarbeit wecken und so den Boden für die nachfolgenden Interventionen bereiten.

Im Laufe der Behandlung geschieht es nicht selten, daß die Familie einer inzwischen erreichten positiven Wendung sogleich wieder entgegenarbeitet, das heißt also, in einen früheren homöostatischen Zustand zurückzukehren versucht. In solchen Fällen können die vorerwähnten Aufgaben die eingetretene Veränderung stabilisieren helfen, selbst in den fortgeschrittenen Phasen der Behandlung.


Aufgaben zur Verschiebung des Symptoms


Wenn wir davon ausgehen, daß das Vorhandensein eines Sündenbocks für ein bestimmtes System zu einem bestimmten Zeitpunkt zweckmäßig ist, dann können wir die Hypothese aufstellen, daß das Auftreten eines zweiten Patienten oder eines neuen Symptoms beträchtliche Bewegung in diesem System hervorrufen wird. Aufgaben zur Verschiebung des Symptoms dienen dazu, *das Problem künstlich vom Sündenbock auf ein anderes Familienmitglied zu verschieben.* Tatsächlich lehrt uns die Erfahrung folgendes: Wenn der identifizierte Patient erst einmal aus seiner zentralen Position herausgenommen worden und der symptomatische Bereich desensibilisiert worden ist, dann läßt sich ein Prozeß der Veränderung leichter in Gang setzen, indem man nämlich die Nutzung gesünderer Interaktionsmuster anregt.

Eine Aufgabe zur Verschiebung des Symptoms bewirkt den Übergang von der abnormen Situation, wegen der die Familie eine Intervention erbeten hat, zu einer anderen abnormen Situation, die neu und künstlich ist. Diese zweite, vorübergehende Situation wird vom Therapeuten geschaffen, um Veränderung zu ermöglichen, das heißt, die homöostatische Balance des Familiensystems zu erschüttern und die Zahl der Variablen und möglichen Alternativen zu erhöhen. Die Bewertung eines Problems ändert sich, wenn ein weiteres Problem auftaucht, das vielleicht noch akuter oder bedrängender ist. Der neu aufgetretene Faktor sorgt dafür, daß die vorhandenen Kräfte neu und anders ausgerichtet werden, und veranlaßt die betroffenen Menschen zu einer neuen und anderen Einschätzung der Bedeutung der ursprünglichen Schwierigkeiten. Damit wird automatisch eine Neuverteilung der Funktionen notwendig, und das erleichtert die Übernahme neuer Formen der Interaktion. Um eine solche Verschiebung zu bewirken, kann der Therapeut die eine oder andere eher nebensächliche Störung groß herausstellen, die eines der Familienmitglieder ihm gegenüber einmal erwähnt hat, oder er kann ein Problem gewissermaßen neu schaffen. Dieses neue Problem wird, da es ein künstliches Problem ist, nur eine Zeitlang gebraucht und läßt sich leicht wieder beseitigen, sobald erst einmal eine Veränderung im System eingeführt worden ist. Die Aufgabe kann entweder in *Allianz* mit demjenigen, der zum weiteren Patienten bestimmt worden ist, oder aber ohne sein Wissen erteilt und ausgeführt werden.

Als Beispiel dafür soll uns der Fall von Luciano dienen (siehe Kapitel 5).

Luciano ist sechzehn Jahre alt und ein Einzelkind. Seit Jahren leidet er an phobischen Ängsten. Sein tyrannisches und aggressives Verhalten in der Familie spiegelt die Furcht, die er angesichts der Welt außerhalb seiner vier Wände empfindet. Er hat sein Leben lang mit seinen Eltern im gleichen Bett geschlafen. Seit drei Jahren schläft der Vater jetzt im Wohnzimmer, während Luciano, der sich vor dem Alleinsein fürchtet, mit seiner Mutter im gleichen Raum schläft. Er hat die Schule im siebenten Schuljahr verlassen und noch nie gearbeitet, wenn er auch oft sagt, daß er sich gerne nach einer Beschäftigung umsehen würde.

Fünf Monate sind seit dem Beginn der Behandlung vergangen, und die Frage von Lucianos Selbständigkeit ist dabei immer dringender in den Vordergrund getreten. Nach einer Sitzung, in der es um das Schlafmuster in dieser Familie ging, kommen die Therapeuten zu der Erkenntnis, daß es noch zu früh ist, hier an eine Neudefinition der Grenzen zwischen den Generationen zu denken, das heißt Luciano wieder in seine Sohnesrolle zu verweisen und zugleich mit den Eltern zu arbeiten. Luciano spricht dann aus, was die Therapeuten bereits vermutet haben: »Das Problem mit dem Schlafen kommt an letzter Stelle. Alles andere werde ich früher schaffen; das wird der letzte Schritt sein.«

An diesem Punkt beschließen wir, uns außerhalb der Familie mit Lucianos Autonomie zu beschäftigen und dabei einer Strategie zu folgen, die vorübergehend die *Störungen* von Luciano auf seinen Vater überträgt. Wir werden eine Aufgabe erteilen, die mit der einzigen Sphäre zu tun hat, in der der Vater außerhalb der Familie engagiert ist, mit seiner Arbeitsstelle nämlich. Der Vater arbeitet seit zwanzig Jahren als Verkäufer in einem Warenhaus und ist seiner Arbeit in all diesen Jahren nicht einen einzigen Tag lang ferngeblieben. Seine Arbeit bildet wohl den einzigen Bereich seines Lebens, der ihn wirklich befriedigt und in dem er von allen, auch von Frau und Sohn, anerkannt wird.

Einer der beiden Kotherapeuten spricht mit dem Vater allein und erbittet seine Mitarbeit bei dem Versuch, Luciano dazu zu bewegen, irgendeine Verantwortung außerhalb des Hauses auf sich zu nehmen. Die Aufgabe besteht darin, daß der Vater sich für zwei Wochen von seiner Arbeit beurlauben lassen soll. Er soll zu Hause bleiben, ungewöhnliche Nieder-geschlagenheit an den Tag legen, sich um nichts kümmern und sich weigern, mit seinen Angehörigen zu sprechen oder etwas zu unterneh-men. Die Therapeuten sagen ihm im voraus, daß es nicht sehr schwierig sein wird, sich so zu verhalten, als wäre er in der Tat deprimiert: in den zwei Wochen, die er zu Hause verbringen soll, wird der Vater die Bedeutung und die Unangebrachtheit der Rollen und Funktionen, wie sie in dieser Familie bestehen, recht gut kennenlernen. Der Vater erklärt sich zur Mitarbeit bereit.

Dieser therapeutische Schritt muß notgedrungen eine starke Reaktion auslösen, vor allem bei Luciano. In der folgenden Sitzung greift Luciano die Therapeuten an und schiebt ihnen die Schuld an der Krankheit des Vaters zu. Er gibt auch seinen Entschluß zu erkennen, nun eben seinerseits in die Stellung desjenigen Familienmitgliedes nachzurücken, das zählt: »Wenn er in einem solchen Zustand ist, dann muß eben ich die Dinge in die Hand nehmen!«

Die Aufgabe hat vorübergehend das Gleichgewicht des Familiensystems erschüttert und neue Prozesse in Gang gesetzt. Nachdem Luciano selbst Verbindung mit einer Reihe von Leuten aufgenommen hat, beginnt er zu arbeiten. Er kommt nicht mehr zu den Sitzungen, sendet den Therapeu-ten aber durch seine Eltern beruhigende Botschaften und fängt an, sich in seiner Freizeit an den Aktivitäten einer Gruppe zu beteiligen. Zur gleichen Zeit beginnen die Eltern, einander – ohne Luciano – im Zusammenhang mit lange vernachlässigten ehelichen Angelegenheiten tatsächlich gegenüberzutreten. Unsere Anweisungen in diesem Fall waren gewiß sehr ungewöhnlich, aber sie hatten Erfolg: Sie setzten einen Prozeß der Emanzipation bei Luciano und die Konfrontation zwischen seinen Eltern in Gang.

Die Verschiebung des Symptoms ist nicht immer durchweg künstlich. In manchen Fällen macht sie nämlich auf ein wirklich vorhandenes anderes Problem aufmerksam. Die Veränderung des Fokus kann das System aus dem Gleichgewicht bringen, weil jetzt sehr viel mehr Variablen auftauchen und die Familie gezwungen ist, das vorgestellte Problem neu zu definieren.

Der Fall Adriano ist ein Beispiel für diese Art der Verschiebung. Adriano, der identifizierte Patient, war 28 Jahre alt und der Jüngste unter vielen Geschwistern. Die Beziehungen zwischen den Familienmitgliedern waren von ungewöhnlicher Fürsorge und ausgeprägter Einmischung gekennzeichnet.

Der Tod des Vaters vor zwanzig Jahren hatte die Generationsgrenzen verwischt. Der älteste Sohn, Romano, jetzt 45 Jahre alt, hatte damals die väterlichen Aufgaben übernommen. In gewisser Weise war er darüber hinaus auch zum Partner der Mutter geworden. Die Mutter sah mit großem Respekt zu ihm auf und redete ihn häufig mit dem Vornamen des Vaters an. Romano machte geltend, daß seine väterlichen Funktionen ihn immer daran gehindert hätten, auch einmal an sich selbst zu denken. Insbesondere hatte er es niemals fertiggebracht, sich über die Beziehung zu seiner Freundin endgültig klarzuwerden. Dieses Verhältnis, das schon viele Jahre bestand, wirkte in mancher Hinsicht wie die Freundschaft zweier Heranwachsender. Romano sah seine Freundin häufig, aber immer im Haus ihrer Eltern, obwohl er eine eigene Wohnung besaß (er benutzte diese Wohnung nur als Abstellraum und lebte weiter mit seiner Familie zusammen). Er schlief nur selten mit seiner Freundin, brachte dann immer die Bettwäsche mit und nahm sie zum Waschen wieder mit nach Hause.

Die übrigen Geschwister waren Mario, 40, Loredana, 38, Isabella, 35, und Adriano. Die drei Letztgenannten hatten alle eine Arbeitsstelle, aber wohnten noch zu Hause. Alle gaben sie zu, daß sie sehr eng zusammenhielten und kaum irgendwelche außerhäuslichen Interessen hatten. Mario, der Zweitälteste, hatte sich sein eigenes Leben aufgebaut, er hatte Frau und Kinder und lebte nicht mit der Mutter und den Geschwistern zusammen. Im Laufe der Behandlung äußerten die Mutter und die übrigen Geschwister mehrfach, Mario sei nicht sehr feinfühlig und jedenfalls »anders« als sie alle.

Die Familienbehandlung war begonnen worden, nachdem Adriano

einen Selbstmordversuch unternommen hatte, der seinen Angehörigen vollkommen unverständlich erschien. Adriano hatte versucht, sich zu erhängen, und war im letzten Augenblick von Romano gerettet worden. Eine psychiatrische Vorgeschichte war nicht auszumachen. Die Familie bezeichnete Adriano als den Jüngsten und Sensibelsten in ihrem Kreis. Aus diesem Grunde war man ihm immer mit besonderer Aufmerksamkeit begegnet.

Nach diesem sehr ernsthaften Zwischenfall erschien das Familiensystem noch stärker geeint, noch fürsorglicher und noch einengender als zuvor. Die Angehörigen beobachteten jeden noch so harmlosen Schritt, den Adriano unternahm, mit größtem Interesse. Bisher hatte jedes Familienmitglied *für* die anderen gelebt, jetzt begann die ganze Familie, ausschließlich *für* Adriano zu leben. Adriano für seinen Teil war nicht imstande, auf diese einengende Kontrolle irgend zu reagieren; er versuchte sogar, sie zu rechtfertigen, indem er sagte, das sei der beste Beweis für die Liebe, die seine Angehörigen ihm entgegenbrächten (und diese stimmten dem selbstverständlich zu).

Nach einigen Erkundungssitzungen erkennt der Therapeut, daß die ständige Aufmerksamkeit, die Adriano und seinen Schwierigkeiten zuteil wird, genau die gleiche Situation schafft wie bei einem Footballteam: es herrscht ein großes Gedränge (um den Ball), und man kann nicht herauskommen. Deshalb beschließt der Therapeut, den Schutzraum um Adriano zu durchbrechen, indem er das *Problem* auf Romano *verlagert*, dem seine immerwährende Anwesenheit im Elternhaus deutlich nicht nur angenehm ist.

Der Therapeut sorgt also dafür, daß sich die Aufmerksamkeit aller Angehörigen nun Romano zuwendet. Auch er spricht ihn jetzt mit dem Vornamen des verstorbenen Vaters an und überzeugt ihn davon, daß seine jungen (!) Geschwister und seine Mutter ja in dieser aufregenden Zeit völlig abhängig von ihm sind. Der Therapeut kommt immer wieder auf diesen Punkt zu sprechen, indem er etwa darauf hinweist, daß Adriano und seine Schwestern ja gar nicht recht in der Lage sind, für sich selbst zu sorgen (die jüngeren Geschwister sind in gewisser Hinsicht auf der Stufe der Adoleszenz »stehengeblieben«, auf der sie sich befanden, als der Vater starb. Diese Fixierung erlaubt es Romano, seine »Vaterrolle« weiterhin auszuüben).

Unter Heranziehung der Informationen, die er in den ersten Sitzungen zusammentragen konnte, stellt der Therapeut Romanos Tüchtigkeit und die völlige Hilflosigkeit der übrigen Familie in so übertriebener Weise dar, daß sie sich alle lächerlich vorkommen müssen. Mit der Taktik der Verlagerung der Aufmerksamkeit von Adriano auf Romano verfolgt der Therapeut ein ganz bestimmtes Ziel: er verschafft sich damit mehr Kontrolle über die möglichen homöostatischen Reaktionen des Systems und kann zugleich dessen dysfunktionalen Regeln angreifen. Das System fühlt sich bedroht, weil sein Spiel aufgedeckt und ihm sogar verschrieben worden ist, und es reagiert entsprechend. Die Familienmitglieder bemühen sich um einen noch engeren Zusammenhalt, um so den Therapeuten davon zu überzeugen, daß ihre Rollen nun, da sie doch alle erwachsen sind, im Grunde gar nicht so starr sind.

Während das System allmählich seine Stabilität verliert, verstärkt der Therapeut seine Strategie noch, um diesen Prozeß zu beschleunigen. Er ermuntert Romano beharrlich in seiner Rolle als Vaterersatz und macht abfällige Bemerkungen über die Bemühungen Adrianos und der beiden Schwestern, zu Selbständigkeit zu gelangen. Er bleibt dabei, daß diese Bemühungen von Unreife zeugen und nur bestätigen, daß Romano seine Beziehung zu seiner Freundin beenden und im elterlichen Haus bleiben muß, um sich ausschließlich der Familie zu widmen. Die Mutter begrüßt die Anweisungen des Therapeuten und ist zur Mitarbeit bereit, denn sie hofft, daß Romano ihr dadurch als Partner erhalten bleibt. Auf diese Weise ist eine vorübergehende Verschiebung zustandegekommen: Das neue Problem ist Romano, und jedermann muß ihm helfen, in seine Rolle als Hauptstütze der Familie zurückzukehren. Diese Maßnahme ist eindeutig paradox und fordert das System implizit heraus: die jüngeren Geschwister müssen Romano helfen (und sich dabei wie Erwachsene verhalten), damit Romano weiterhin als Oberhaupt der Familie fungieren kann (obwohl dies in Wahrheit gar nicht mehr nötig ist).

Diese Strategie bringt Romano in Schwierigkeiten: Er fürchtet, seine Familie niemals verlassen und sich niemals ein eigenes Leben aufbauen zu können. Diese Furcht nimmt zu und stellt sich in der Behandlung ganz konkret dar, und damit wird sein Wunsch nach Unabhängigkeit und Selbständigkeit dringlicher. Dadurch, daß der Therapeut die Aufmerksamkeit von Adrianos Selbstmordversuch abgezogen und auf das Bestreben der Familie gelenkt hat, in Romano einen »Vater« zu haben, hat er das therapeutische Ziel nur scheinbar modifiziert. In Wahrheit war Adrianos Selbstmordversuch ein Signal, durch das die eigentlichen Probleme aufgedeckt wurden: das Autonomiestreben der Geschwister und die Unfähigkeit des Familiensystems, das Auseinandergehen seiner Mitglieder zu ertragen. Durch Verschiebung des Symptoms ist der Therapeut in der Lage, die Regeln eben dieses Systems zu verschreiben, und er kann diese Maßnahme mit dem Hinweis rechtfertigen, daß damit Romanos Bedürfnissen Rechnung getragen wird.

Die Aufgabe wird in zwei aufeinanderfolgenden und einander ergänzenden Teilen gestellt: der erste Teil ist paradox und soll das bestehende System der wechselseitigen Kontrolle und der Konfusion zwischen den Generationen potenzieren. Romano wird angewiesen, die Sache der Familie in die Hand zu nehmen und alles aufzugeben, was ihn davon etwa ablenken könnte. Von seiner Mutter soll er verlangen, daß sie ihm täglich über Adrianos Verhalten berichtet. Er soll von seinem Arbeitsplatz aus jeden Tag mehrmals zu Hause anrufen und sich vergewissern, daß alles in Ordnung ist. Darüber hinaus soll er dafür sorgen, daß seine Schwestern nicht mehr miteinander streiten, weil sich das unter Umständen schädlich auf Adriano auswirken könnte. Über alle diese Anordnungen und ihre Durchführung muß er genau Buch führen und seine Niederschriften zu den Sitzungen mitbringen, damit man sie im einzelnen durchgehen kann.

Das System reagiert prompt: Romano empfindet seine Rolle, die ihn in seiner Autonomie beschneidet, zunehmend als lästig. Adriano und die Schwestern finden, daß man sie wie Kinder behandelt, und äußern nun hin und wieder, daß die Familie auch ohne Romano sehr gut zurecht kommen würde. Sie meinen ganz einfach, daß Romano sein eigenes Leben führen sollte. Die Mutter ist am wenigsten verärgert, aber ganz unerwartet äußert sie dann doch die Befürchtung, daß Romano vielleicht niemals heiraten wird, und fragt: »Wer wird sich dann um ihn kümmern, wenn ich einmal nicht mehr am Leben bin?«

Den zweiten Teil der Aufgabe erteilt der Therapeut in dem Augenblick, in dem er der Meinung ist, das System sei nun ausreichend destabilisiert und könne nicht mehr zum alten *Status quo* zurückkehren. Jetzt weist er Romano an, seine Familie für einen Monat zu verlassen und in dieser Zeit mit seiner Freundin zusammenzuleben. Er darf seine Mutter einmal täglich anrufen, um – *nur von ihr* – zu erfahren, wie die Dinge stehen. Auch soll er seine Wäsche nicht mehr zum Waschen mit nach Hause bringen und auch sonst aus keinem anderen Grund nach Hause gehen. Der Therapeut sagt ihm, daß die Zeitspanne, die er fern von zu Hause verbringen wird, ihm klarmachen wird, wie *unentbehrlich* er für seine Familie ist. Nach dieser Erfahrung wird er nicht mehr daran zweifeln, wo seine Zukunft liegt; die Mutter wird ihn sicherlich zurückhaben wollen.

Der Therapeut sagt voraus, daß Adrianos Situation sich unter Umständen verschlechtern und er vielleicht einen weiteren Selbstmordversuch unternehmen wird. Auch die Schwestern werden unruhig werden. Romano soll sich aber in keiner Weise einmischen. Der Therapeut versichert der Familie, insbesondere der Mutter, daß ein Team vom Beratungszentrum im Notfall Tag und Nacht erreichbar sei. Die Mutter soll Romanos Aufgabe, den schriftlichen Bericht über Adrianos Verhalten und die Streitereien unter den Schwestern, während Romanos Abwesenheit übernehmen.

Die zweite Phase soll dann die Muster festigen, die in der ersten Phase eingeführt worden sind. Sie fördert das neue Verhältnis zwischen den einzelnen Mitgliedern der Familie und zwischen Romano und seinen Angehörigen, und zugleich wird ganz deutlich, daß mit Romanos Abgang von der Szene nicht etwa die Voraussetzung für ein neues systemisches Gleichgewicht gegeben ist: Mit der Ankündigung, daß es

Adriano wohl schlechter gehen wird, blockiert der Therapeut die Möglichkeit eines Rückfalls.

Wenn Romano zeigt, daß er imstande ist, eine größere Distanz zu wahren, und wenn die Familie dies ertragen kann, ohne ihn um Schutz für sich zu bitten, dann wird das System allmählich erkennen, daß es besser ist, in neuer und anderer Weise miteinander umzugehen, und es wird allen seinen Mitgliedern mehr Autonomie zugestehen – obwohl es zunächst so ausgesehen hat, als hätte die Möglichkeit zur Selbstbestimmung gerade jetzt nach Adrianos Selbstmordversuch weiter abgenommen.


## Aufgaben zur Neustrukturierung des Systems

Ziel dieser Aufgaben ist es, die Kommunikationsformen neu zu strukturieren, wie sie gewöhnlich von der Familie herangezogen werden. Das wird dadurch erreicht, daß man neue und zweckdienlichere Muster einführt, auf die man durch die Erkundung der im System vorhandenen Elemente und Energien gestoßen ist.

Der Fall Sandro (s. S. 66) enthält mehrere Aufgaben, mit denen eine Neustrukturierung des Systems bewirkt werden soll. Wenn der Therapeut darum bittet, daß Vater und Sohn sich während der Sitzung über die Frage der Emanzipation des Jungen unterhalten, dann werden mit dieser Aufgabe die Muster von Koalition und Trennung in diesem System in ganz konkreter Weise neu strukturiert. Wenn die beiden sich darüber einigen wollen und sollen, was denn Sandros Rechte und Pflichten im gegenwärtigen Zeitpunkt sind, dann müssen sie dies in der Erkenntnis tun, daß seine bisher gezeigte Unreife, die Nichtwahrnehmung seiner Rechte und das Nichtwahrhabenwollen seiner Pflichten für dieses Muster gewissermaßen funktional war.

Dadurch, daß nun in jeder Sitzung den Auswirkungen dieser Übereinstimmung zwischen Vater und Sohn ganz genau nachgegangen wird, läßt sich der in den therapeutischen Sitzungen begonnene Prozeß der Erkundung gewissermaßen auch zu Hause nutzen. Vater und Sohn bemühen sich nun tagtäglich, sich einer Absprache gemäß zu verhalten, die offiziell von ihnen allen abgesegnet worden ist. Auch die Mutter und die Tante sind gefordert und müssen zusammenarbeiten. Ihnen liegt ganz besonders daran zu zeigen, daß ihr Verhalten gegenüber Sandro korrekt und nicht etwa beschützender Art ist, wie der Vater doch behauptet hat. Wenn der Prozeß der Neuorganisation des Systems erst einmal in Gang gesetzt ist, dann läßt sich das Feld der Interventionen leicht dahin erweitern, daß es nun auch Schwierigkeiten und Bedürfnisse abdeckt, die in keinem so direkten Zusammenhang mit dem Problem stehen, dessentwegen die Behandlung erbeten worden ist. Dieses Stadium bildet einen Wendepunkt im Prozeß des Wachstums und der Differenzierung innerhalb der familialen Gruppe.

Ein weiteres, einfacheres Beispiel der Neustrukturierung eines Systems zeigt, daß sich durch diese Strategie das vorgestellte Problem ganz rasch neu und anders darstellen kann:
Frau Maggi kommt mit ihrer fünfjährigen Tochter und dem Kindermädchen zur Behandlung. Das Kindermädchen bleibt im Wartezimmer. Frau Maggi hat sich vor zwei Jahren von ihrem Mann getrennt und lebt nun mit dem Kind und dessen Betreuerin zusammen. Das vorgestellte Problem betrifft Silvia, die Tochter, von der die Mutter sagt, sie sei nicht zu bändigen und für ihr Alter zu unreif. Das zugrundeliegende Problem kommt rasch an die Oberfläche: es handelt sich dabei um die ambivalente Beziehung der Mutter zu ihrem Ehemann (von dem sie sich innerlich noch nicht hat lösen können) und um ihre gegenwärtige Lage als alleinstehende Frau. Ihre Ausdrucksweise ist höchst theatralisch, und sie bringt ständig die Schwierigkeiten des Kindes mit ihren eigenen Lebensproblemen durcheinander. Als Mutter mischt sie sich ununterbrochen dort ein, wo Silvia bereits selbständig ist, und hat es fertiggebracht, das Kind ganz und gar in ihre eigenen Konflikte hineinzuziehen. Das Kind verhält sich in der Tat despotisch und unberechenbar, aber trotz der Klagen der Mutter besteht ganz offensichtlich eine Art Kom-

plizenschaft zwischen ihnen. Maria, das Kindermädchen, hätte der Mutter zumindest einen Teil ihrer Pflichten im Zusammenhang mit der Versorgung und Betreuung des Kindes abnehmen und ihr so zu einer gewissen Freiheit verhelfen sollen. Tatsächlich aber wird sie mit dem Kind überhaupt nicht fertig (Silvia will nicht einmal mit ihr spielen), und das schafft zusätzliche Schwierigkeiten. Das Verhältnis der Mutter zum Kindermädchen ähnelt dem zu ihrer Tochter: Sie schwankt ständig zwischen Kameraderie und Einmischung und macht sich Sorgen, ob sie ihrer Verantwortung gegenüber dem Mädchen, das noch sehr jung ist, denn auch wirklich gerecht wird.

Die erste Sitzung bringt zwar nicht sehr viel in bezug auf die Schwierigkeiten, die die Mutter vorgetragen hat, aber sie ist für den Therapeuten dennoch sehr bedeutsam: Sie klärt die Probleme, so daß man sich in den zukünftigen Sitzungen mit ihnen befassen kann. Der Therapeut bittet Silvia und Maria, sich in ein anderes Zimmer zu setzen, wo sie ein Lied und einen Tanz einüben sollen, um diese Darbietungen dann vor der Mutter zum besten zu geben. In der Zwischenzeit verwickelt der Therapeut die Mutter in ein Gespräch über Dinge, die die beiden anderen gar nicht berühren. Zum verabredeten Zeitpunkt kommen Maria und Silvia wieder in den Behandlungsraum und führen ihr Stück auf, während die Mutter, die neben dem Therapeuten sitzt, interessiert und amüsiert zuschaut.

Mit Hilfe einer sehr einfachen Aufgabe hat der Therapeut hier eine Grenze zwischen Mutter und Kind gezogen und so den jeweiligen Freiraum gemäß den unterschiedlichen Bedürfnissen neu strukturiert. Silvias symptomatisches Verhalten ist durch die Aktivierung der Beziehung zwischen ihr und dem Kindermädchen in der Form des schöpferischen Spiels reduziert worden. Dieses Interaktionsmuster, das in der Behandlung in Szene gesetzt worden ist, läßt sich zu Hause wiederholen. Die Schwierigkeiten der Mutter, die falsch verstanden und mit den Verhaltensproblemen der Tochter durcheinandergebracht worden sind, werden nun für sich faßbar. Das heißt, wir können damit beginnen, die therapeutischen Ziele neu zu definieren.

Aufgaben zur Verstärkung

Aufgaben, die eine verstärkende Wirkung haben, werden zur Befesti-
gung von Schritten und Bewegungen genützt, die im Familiensystem
bereits im Gang sind und die man in bezug auf die Herbeiführung einer
Veränderung für nützlich hält.
Selbstverständlich können auch gegen die Homöostase gerichtete und
Aufgaben, die der Verschiebung und der Neustrukturierung des Systems
dienen, im Sinne der Verstärkung wirken, da sie ja geeignet sind,
Lösungen voranzutreiben, die in der familialen Gruppe bereits Gestalt
annehmen.
In solchen Fällen braucht der Therapeut nur solche Prozesse zu unter-
stützen, die die Familie dank ihres eigentherapeutischen Potentials
bereits von sich aus in Gang gebracht hat. Gelegentlich sind die Tendenzen zum Wandel vorübergehend stärker als die homöostatischen Bestre-
bungen. Hier muß der Therapeut nur eben Direktiven furmulieren, die
das, was bereits in Gang ist, bestätigen, erweitern und artikulieren.
Wenn die Familienmitglieder feststellen, daß ihre Bewegungen im Einklang mit den Instruktionen des Therapeuten stehen, dann werden sie
ihre Bemühungen um die Mitarbeit verstärken, und damit steigen die
Aussichten dafür, daß die Ziele erreicht werden und die Dauer der
Behandlung dadurch verkürzt wird.
Aufgaben zur Verstärkung sollen Veränderungen konsolidieren, die
bereits stattgefunden haben, und weitere Veränderungen begünstigen.
Sie werden häufig während der letzten Phase der Behandlung herangezo-
gen. Die Familie erhält eine Aufgabe, die sie zu Hause durchführen soll,
und die Anweisung, daß sie zur nächsten Sitzung nicht etwa in der
Absicht kommen soll, ihre Probleme zu besprechen, sondern um dem
Therapeuten (und sich selbst) zu beweisen, daß die in der Behandlung
geleistete Arbeit schon eine ganze Weile Wirkung gezeigt hat.
Eine Aufgabe zur Verstärkung kommt im Fall der Familie De Angeli
(Kapitel 2, S. 109) zur Anwendung, nachdem zunächst vier Monate lang
in wöchentlichen Sitzungen mit der Familie gearbeitet worden ist.

Nach Auswertung der Ergebnisse, die bereits erreicht worden sind, bittet der Therapeut die Familie, in drei Monaten wiederzukommen. Sie soll diese Zeitspanne zur Befestigung ihrer Fortschritte und zur Arbeit an anderen Problemen nützen, die sie erwähnt hat. Der Therapeut fügt allerdings hinzu, daß das nächste Zusammentreffen nur dann stattfinden kann, wenn jedes Familienmitglied der Meinung ist, daß die anderen sich ebenfalls an der Erfüllung der Aufgabe beteiligt haben. Im anderen Fall wird man die Sitzung um einen weiteren Monat hinausschieben.

Die Aufgabe stellt in sich eine positive Verstärkung dar: Die Familie soll nur zurückkehren, um den Therapeuten davon in Kenntnis zu setzen, daß sie ihn nicht länger braucht. Auf diese Weise fühlt die Familie sich für ihre Veränderung selbst verantwortlich.

Etwa einen Monat vor dem vereinbarten Termin ruft der Vater den Therapeuten an, um mitzuteilen, daß es Schwierigkeiten zwischen der Mutter und Laura gibt, und bittet um eine vorgezogene Sitzung. Der Therapeut bleibt fest. Er weist darauf hin, daß es gegen die Regeln verstößt, ihn anzurufen, und erinnert den Vater an die Bedingungen, die an die Abhaltung der nächsten Sitzung geknüpft waren.

Die nachstehend wiedergegebenen Sequenzen stammen aus der Sitzung, die Ende Januar, wie ursprünglich geplant, durchgeführt wurde. Die Familie ist vollzählig versammelt.

*Therapeut (lächelnd):* Das letzte Mal, als wir uns gesehen haben, war im ...
*Vater:* Ja, das war ...
*Mutter:* ... im November.
*Laura:* Ja, in der ersten Novemberwoche.
*Therapeut:* Dann sind also inzwischen drei Monate vergangen. Haben Sie sich an die Regel gehalten, nach der Sie nur herkommen sollten, wenn jeder von Ihnen mit den inzwischen erreichten Fortschritten zufrieden ist?
*Vater:* Ja. Schließlich nehmen wir die Sache ernst.
*Therapeut:* Können Sie das irgendwie beweisen?

*Vater (auf der Suche nach Führung):* Welche Aufgabe wollen Sie uns denn geben?

*Therapeut (lächelnd):* Ich möchte, daß diesmal Sie die Sitzung leiten. Ich werde darauf achten, welche Fortschritte Sie erzielt haben.

*Vater:* Wir haben durchaus Fortschritte gemacht ...

*Laura:* Darf ich sie vielleicht an die Tafel schreiben?

*Therapeut:* Warum nicht? So wie wir es früher auch gemacht haben. Dann kann man sich besser erinnern.

*Vater:* Schildere zuerst unser Verhältnis zueinander. Das Verhältnis zwischen Mutter und Vater (*Zu seiner Frau*): Wir kommen jetzt doch sehr viel besser miteinander aus. Wir besprechen mehr zusammen. Wenn ein Problem auftaucht, sprechen wir darüber, wir sagen, was wir dazu meinen, und wir lösen es. Ich glaube, meine Frau und ich sind jetzt reifer. Jedenfalls sind wir auf dem richtigen Weg.

*Therapeut (gutgelaunt):* Ich möchte wetten, Sie haben Ihre Prüfungen immer mit Auszeichnung bestanden!

*Vater:* Ich? Nein ... und das Verhältnis zu unseren Töchtern ist ...

*Therapeut (zum Vater):* Einen Augenblick, nicht so schnell, bitte. Wir haben doch gerade über Sie und Ihre Frau gesprochen (*Zur Mutter*): Frau De Angeli, was meinen Sie dazu?

*Mutter:* Oh, ich bin ganz seiner Meinung, vor allem jetzt, wo wir uns häufiger unterhalten.

*Therapeut:* Das heißt also, Sie sprechen ...

*Mutter:* Ja.

*Therapeut:* Früher haben Sie das seltener getan ...

*Mutter:* Viel seltener. Wir haben uns weder über Kleinigkeiten noch über wichtige Dinge unterhalten. Jetzt sind wir uns zwar vielleicht in manchen Dingen nicht einig, aber wir finden doch immer irgendeinen Weg.

*Therapeut (ungläubig):* Das haben Sie in nur drei Monaten geschafft?

*Mutter:* Wir hatten ja schon angefangen ...

*Therapeut:* Das stimmt. Sie meinen, Sie haben Ihre Fortschritte befestigt.

*Mutter:* Ja, genau.

*Vater:* Vor allem in diesen letzten Monaten, wo alle mitgemacht haben.

*Therapeut:* Auch die Großmütter?

*Vater:* Nein, ich meine eigentlich unsere Familie. Wir sprechen nicht mehr so viel über die Großmütter.

*Mutter:* Aber manches ist auch ganz schön abrupt kaputtgegangen. Das bedrückt mich etwas.

*Therapeut:* Zum Beispiel?

*Mutter:* Zum Beispiel das Verhältnis zu meiner Mutter.

*Therapeut:* Sehen Sie sich gar nicht mehr?

*Mutter:* Selten.

*Therapeut:* Wann haben Sie sie das letzte Mal gesehen?

*Mutter:* Zu Weihnachten.

*Vater:* Ja, am ersten Feiertag haben wir sie besucht. Jetzt machen wir an den Sonntagen immer etwas anderes. Entweder gehe ich mit den größeren Mädchen auf den Fußballplatz, oder wir fahren alle zusammen in die Berge.

*Therapeut (zu Laura und Marina):* Mögt ihr Fußball?

*Laura und Marina (gleichzeitig):* O ja, sehr!

*Therapeut:* Früher seid ihr aber nicht zum Fußball oder in die Berge gefahren. Stimmt's?

*Vater:* Ich bin immer allein ins Stadion gegangen.

*Mutter:* Und ich bin zu Hause geblieben und hatte den ganzen . . .

*Therapeut (zur Mutter):* Jetzt, wo Sie nur noch Claudia zu Hause haben, ist es doch ruhiger, und Sie haben nicht mehr so viel zu tun.

*Mutter:* Das stimmt.

*Therapeut:* Und wenn Sie in die Berge fahren, wer geht dann alles mit? Nur Ihre Familie?

*Laura:* Nein, wir gehen mit Bekannten.

*Vater:* Mit Freunden.

*Therapeut:* Das haben Sie früher nicht gemacht.

*Laura:* Wir sind meistens allein gegangen, nur unsere Familie, und das war nicht so lustig.

*Therapeut:* Aha. Jetzt geht ihr also mit anderen Familien zusammen, mit Kindern in eurem Alter!

*Laura:* Ja.

*Therapeut:* Du hast mir doch wohl einmal erzählt, daß deine Freundinnen alle jünger sind als du. Stimmt das?

*Laura:* Ja.

*Therapeut:* Und jetzt hast du Freundinnen in deinem Alter?

*Laura:* Ja, ich habe Freundinnen und Freunde.

*Therapeut:* Also gemischt.

*Laure (lachend):* Ja.

*Mutter:* Und die Einladungen sind auch . . .

*Therapeut:* Gemischt (*Alle lachen*).

*Mutter:* Sie bekommt Einladungen . . . ich weiß nicht . . . zum Beispiel zum Pizza-Essen am Samstagabend.

*Therapeut:* Ich fürchte, die Tafel ist zu klein. Wo sollen wir das nur alles hinschreiben? Sie haben schon über so viele Dinge gesprochen. Bei Ihnen war in letzter Zeit bestimmt sehr viel los . . .

*Mutter:* Seit Weihnachten immer.

*Therapeut:* Oh ja. Eben fällt mir ein, daß ich einen Anruf bekam, über den ich mich überhaupt nicht gefreut habe. Aber ich weiß nicht mehr, wann das war.

*Mutter:* Anfang Dezember.

*Vater:* Ja, das war eine üble Zeit.

*Therapeut:* Ich bin wirklich froh, daß ich mich nicht darauf eingelassen habe, Sie früher zu empfangen, als die Dinge noch nicht so gut liefen. Ich hätte Ihnen die Befriedigung genommen, aus eigener Kraft über eine schwierige Periode hinweggekommen zu sein. Und wir hätten gegen eine wichtige Regel verstoßen: Wir wollten uns ja nur noch treffen, um über Verbesserungen miteinander zu sprechen. (*Zum Vater*): Und Ihre Mutter?

*Vater:* Meine Mutter . . .

*Therapeut:* Wo lebt sie?

*Vater:* Bei uns.

*Therapeut:* Und wie steht es da so mit den Grenzen?

*Vater:* Ich glaube, es ist jetzt besser. Sie hält sich eher heraus. Das geht auf das Konto meiner Frau; sie hat gelernt, sie so zu nehmen, wie sie ist.

*Therapeut:* Was gibt es sonst noch Neues?

*Laura:* Zwischen mir und Marina.

*Therapeut:* Was meinst du damit?

*Laura (im Ton der Befriedigung):* Es ist jetzt alles in Ordnung. Wir streiten uns nicht mehr.

*Therapeut:* Wie ist denn das gekommen? Ihr wart doch wie Hund und Katze miteinander!

*Laura:* Also, manchmal hab' ich es ja mit Absicht gemacht. Ich meine, ich hab's gemacht, weil ich doch hierhergekommen bin, also hab' ich gedacht, ich müßte es machen. Aber jetzt merke ich, daß ich es für mich und meine Schwester mache, wenn ich streite, und also . . .

*Therapeut (zu Marina):* Und was meinst du dazu?

*Marina:* Laura ist jetzt viel netter zu mir.

*Therapeut (lächelnd):* Das mußt du mir mal erklären. Meinst du, daß Laura nicht mehr so befehlshaberisch ist, oder bist du etwa befehlshaberischer geworden?

*Marina:* Beides ein bißchen.

*Therapeut (zu den Eltern):* Was ist aus Ihrem Plan geworden, nach Teramo zu ziehen?

*Vater:* Der Plan existiert noch, aber . . .

*Mutter:* Wir müssen uns jetzt darauf einrichten, denn sonst wäre ich den ganzen Tag allein mit den Kindern, und wenn sich gewisse Beziehungen nicht bessern . . .

*Therapeut:* Sie müssen sich immer noch bessern. Sie machen sich Sorgen, weil Sie die ganze Verantwortung für die Kinder haben, oder?

*Mutter:* Natürlich.

*Laura (fast im gleichen Augenblick):* Soll ich die Fortschritte aufschreiben, die wir schon gemacht haben, oder die, die wir noch machen müssen?

*Therapeut:* Paß auf, was du machen kannst. Du teilst die Tafel in eine obere und eine untere Hälfte. Oben kannst du hinschreiben, was ihr schon erreicht habt, und unten ist Platz für ein Programm, über das wir dann bei unserem nächsten Zusammentreffen sprechen können, in fünf Monaten, also noch vor den Sommerferien.

Die Familie läßt selbst erkennen, wie man weiterarbeiten wird. Wie so häufig ist es auch hier die identifizierte Patientin, also Laura, die den Weg zu weiteren Verbesserungen aufzeigt. Die Tafel hält zum einen fest, was die Familie bereits geleistet hat; zum anderen zeigt sie ihre neuen Zielsetzungen.

Durch die Festlegung der nächsten Zusammenkunft in einem zeitlichen Abstand von mehreren Monaten hat die Familie das Gefühl, daß das therapeutische System weiterhin besteht. Aber an diesem Punkt ist die Familie bereits zu ihrem eigenen Therapeuten geworden und braucht die Führung durch einen Außenstehenden nicht mehr so dringend wie früher.

Aufgaben, bei denen das Symptom selbst eingesetzt wird

Die Einbeziehung des Symptoms in der therapeutische Programm läßt sich in der Form der direkten Attacke oder aber in der Form der Allianz vornehmen. Im folgenden wollen wir erklären, was damit gemeint ist.

### Aufgaben, die das Symptom attackieren

Die 24jährige Patientin Monica ist vor zehn Monaten als schizophren diagnostiziert worden. Bisher ist sie nur einmal im Krankenhaus gewesen und noch nicht endgültig als ein Fall eingestuft, dessen psychiatrische Karriere bereits feststeht. Monica zeigt Interesse an der Sitzung, obwohl sie durch ihr verbales Verhalten dieses Interesse leugnet. Sie beansprucht eine zentrale Position für sich und setzt gelegentlich ihre

Wahnideen in diesem Sinne ein. An der Sitzung nehmen außer ihr auch der Vater, die Mutter, die ältere Schwester und der 17jährige Bruder teil. Die Familienmitglieder sprechen ganz allgemein über die Schwere von Monicas Störung. Es scheint, als wollten sie den Therapeuten um die offizielle Bestätigung dafür bitten, daß Monica wieder in eine Klinik muß, obwohl die Situation, wie sie sich darbietet, nicht besonders dramatisch erscheint[4].

Der Therapeut ignoriert Monicas provozierendes Verhalten (das die Meinung der Familie von ihr natürlich noch stützt und ihr »sonderbares Wesen« hier in der Sitzung deutlich macht). Er gibt ihr implizit zu verstehen, daß sie sich mit ihrem symptomatischen Verhalten keine zentrale Position in der Behandlung verschaffen kann. Dann richtet er eine Bitte an alle Familienmitglieder:

*Therapeut:* Ich möchte gerne, daß jeder von Ihnen mir in ganz konkreten Worten berichtet, was an Monicas Verhalten denn so schwerwiegend ist.

*Mutter:* Das Schlimme daran ist, daß sie sich, wenn sie so weitermacht ... vielleicht ... selbst in den Wahnsinn treibt.

*Therapeut:* Was Sie da sagen, ist nicht ganz klar. Wenn sie wie weitermacht?

*Mutter:* Na, mit diesen entsetzlichen Haaren, mit denen sie herumläuft. Vielleicht geht sie nächstens auch mal in dieser Aufmachung zu den Nachbarn, das würde ihr ähnlich sehen ...

*Monica (steht auf und legt die Hände auf den Kopf):* Ich bin müde, ich möchte gehen ...

*Therapeut:* Du hast heute kaum ausruhen können, Monica[5] (er verläßt

---

[4] Wer in Beratungsstellen tätig ist, hat es häufig mit Familien zu tun, die es gerne sehen würden, daß der Therapeut eine Feststellung absegnet, die sie bereits getroffen haben. Die Familie hofft nämlich, sich auf diese Weise von den Schuldgefühlen befreien zu können, die sie wegen dieses Anliegens empfindet.

[5] In letzter Zeit hat Monica tagsüber stundenlang auf ihrem Bett gelegen. Die Familie ist über dieses Verhalten außerordentlich beunruhigt.

den Raum und kehrt mit einem Stoß Kissen zurück), und deshalb solltest du dich vielleicht jetzt mal hinlegen . . . Komm, leg dich hierhin.

*Monica:* Was soll das? Legen *Sie* sich doch hin . . .

*Therapeut:* Ich glaube, es ist ganz richtig, daß du dich ausruhst . . . Ich wüßte nicht, warum . . . aber mach nur, was du möchtest (*Er setzt sich und wendet sich an die Mutter*): Kennen Sie Ihre Tochter gut?

*Mutter:* Ich glaube schon, obwohl . . .

*Therapeut:* Gut, dann möchte ich, daß Sie jetzt mal für eine Weile so tun, als wären Sie Monica, und mir zeigen, wie das aussieht, wenn Monica anfängt zu spinnen.

*Mutter (zögernd):* Sie zieht sich die Haare ins Gesicht . . .

*Therapeut:* Zeigen Sie mir, wie sie es macht.

Die Mutter zieht sich die Haare vor das Gesicht und spielt die angedeutete Situation vor – daß Monica nämlich in dieser Aufmachung in der Nachbarschaft herumläuft. Der Vater beobachtet die Darbietung mit einer gewissen Distanz, während die Kinder, einschließlich Monica, kaum imstande sind, ihre Erheiterung zu verbergen.

Dieser kurze Auszug zeigt, was wir unter der *Attacke auf das Symptom* bzw. unter der *Herausforderung des Symptoms* verstehen:

Das symptomatische Verhalten des identifizierten Patienten wird den Blicken aller Anwesenden ausgesetzt und als lächerlich hingestellt, indem man dafür sorgt, daß es besonders betont oder bereits erwartet wird. In der Sequenz, in der es um Monicas »Müdigkeit« geht, betont der Therapeut ihr »Anderssein«. Als die Mutter sagt, daß sie befürchtet, die Tochter werde den Verstand verlieren, greift der Therapeut die Art und Weise an, in der die ganze Familie und insbesondere die Mutter mit dem Symptom umgeht.

Eine Regel sollte dabei immer beachtet werden: Parallel zu unserer Attacke gegen das symptomatische Verhalten und gegen das damit zusammenhängende manipulative Gehabe suchen wir nach Bereichen der Autonomie, die wir schützen und stärken könnten. Das läßt sich zum Beispiel dadurch erreichen, daß der Therapeut die interaktionelle Bedeutung des Symptoms verändert.

Im angeführten Fall erwies sich dieser doppelte Ansatz als sehr wirksam und wurde von der Familie und von der identifizierten Patientin akzeptiert. Gegen Ende der geschilderten Sitzung verhielt Monica sich bereits angemessener und beteiligte sich stärker; sie hatte also Vertrauen zum Therapeuten gefaßt.

## Die Allianz mit dem Symptom

Aufgaben, die so etwas wie eine Allianz mit dem Symptom zum Inhalt haben, eignen sich ganz besonders im Fall von Familien, deren heranwachsende Kinder im Begriff sind, *zu Autonomie zu gelangen und eine gewisse Loslösung von der Familie zu erreichen.* Dieser Prozeß bedeutet, daß das Familiensystem insgesamt sich in einer Situation des Wandels wiederfindet, und führt zu einer der heikelsten Phasen im Lebenszyklus der Familie.

Häufig beobachten wir, daß Symptome auftauchen, die dazu dienen, das heranwachsende Kind in einem Alter in der Familie zu halten, in dem es sich normalerweise größere Bereiche der individuellen Autonomie und der sozialen Kontakte außerhalb der Familie eröffnen würde. Die Bitte um Behandlung erfolgt, weil Phobien, Ticks oder Ernährungsstörungen (Anorexie, Obesität) oder auch Symptome wie Bettnässen und Einkoten aufgetaucht sind. In solchen Fällen erweist es sich oft als hilfreich, wenn man in eine Allianz mit dem Kind eintritt und es in seinem *gestörten Verhalten* noch ermuntert, um so die beziehungsmäßige Signifikanz dieses Verhaltens zu verändern. Das Bettnässen, der Tick oder die Verweigerung der Nahrungsaufnahme werden Bestandteil einer Verabredung mit dem Therapeuten: dann werden diese Symptome nicht länger als Manifestation der Tatsache vorgeführt, daß die Beziehung des Kindes zu einem Elternteil oder einem seiner Geschwister von Feindseligkeit, Abhängigkeit oder besonderer Fürsorge gekennzeichnet ist.

Um sein Ziel zu erreichen, kann der Therapeut mehrere Methoden heranziehen. Wie immer er sich auch entscheidet, er interveniert auf zwei Ebenen. Auf der einen Seite provoziert er das Kind in bezug auf sein symptomatisches Verhalten; auf der anderen Seite stützt er es in seinen Möglichkeiten als heranwachsender Mensch. Durch dieses Wechselspiel kann er den Prozeß der Veränderung vorantreiben.

Der Fall der vierzehnjährigen Carla soll uns als Beispiel dienen. Carla ist ein Einzelkind und seit fast einem Jahr wieder zum Bettnässer geworden. Die Eltern sind darüber außerordentlich beunruhigt und aufgebracht. Im übrigen zeigt Carla keine Schwierigkeiten; die Eltern sind im Gegenteil voll des Lobes darüber, daß sie ein verständiges Mädchen und eine gute Schülerin ist, die alle ihre Erwartungen erfüllt. Wenn das Bettnässen nicht wäre, das Carlas Handlungsfreiheit ganz deutlich einschränkt, »dann würde alles glatt gehen«.
Nach einigen Sitzungen ist klar, daß Carlas Störung die Eltern zugleich eint und entzweit, und daß ihr »gesunder Menschenverstand« darin besteht, daß sie ihre Autonomie selbst beschneidet, um die Eltern zu schützen. Der Mutter gelingt es, ihre Enttäuschung dadurch niederzuringen, daß sie sich ganz und gar dem Bemühen widmet, der Tochter bei der Überwindung ihres Problems zu helfen. Sie hat Gummihöschen, einen wasserdichten Matratzenschoner und andere Hilfsmittel besorgt. Sie verwendet viel Zeit und viele Gedanken auf Carlas beunruhigendes Verhalten. Der Vater ist in diesem Fall anscheinend ganz neutral. Auf die Frage, was er von dem Problem hält, versucht er, es in seiner Bedeutung herunterzuspielen, oder aber er kritisiert – höflich aber bestimmt – die Erziehungsmethoden seiner Frau. Carla sagt, daß es ihr leid tue – nicht ihretwegen (sie kann ihre Freundschaften aufrechterhalten, ohne daß ihre Schwierigkeiten bekannt werden), sondern »für meine Mutter, die so sehr darunter leidet, und für meinen Vater, der sich dann so über sie ärgert«.
Es scheint, als haben alle drei Beteiligten in Carlas Bettnässen eine Methode gefunden, die es ihnen gestattet, die Homöostase der Familie

zu bewahren, wenn sie auch dysfunktional ist, was die Energien angeht, die hier zum Zuge kommen. Das heißt, es bleibt ein bestimmtes Gleichgewicht erhalten, die zwischenmenschlichen Spannungen werden auf einem erträglichen Niveau gehalten, und die Konflikte zwischen den Ehepartnern können indirekt, auf dem Weg über Carlas Schwierigkeiten, zum Ausdruck gelangen. Daß man Carla beschützt, ist ein Mittel, um sie innerhalb des Systems zu halten. Wenn Carla unabhängiger wird, dann werden die Eltern gezwungen sein, einander und der Welt draußen direkt gegenüberzutreten.

Für Carla bedeutet die Tatsache, daß sie ihre Eltern beschützt (das wird natürlich von allen dreien geleugnet), eine Möglichkeit, innerhalb des Systems zu verbleiben und sich so um die Suche nach Bereichen einer größeren Autonomie und altersgemäßen Verantwortung herumzudrücken.

Um diese Situation verändern zu können, muß man den Teufelskreis des beschützenden Verhaltens durchbrechen. Zunächst versuchen wir, Carla zur Aufsässigkeit zu verleiten. Wir sagen voraus, daß die beschützende Haltung der Eltern eines Tages in Ärger auf die Tochter umschlagen wird. Eingedenk dieser Überlegung trennt der Therapeut die Familie, das heißt, er hält Einzelsitzungen mit Carla ab und macht ihr den Vorschlag, daß sie beide am Problem des Bettnässens arbeiten, allerdings unter der Bedingung, daß diese Arbeit ein Geheimnis zwischen ihnen bleibt. Carla soll täglich Notizen anfertigen und dieses Tagebuch zu den therapeutischen Sitzungen mitbringen, vor ihren Eltern allerdings geheim halten. Sie soll notieren, wann, wie oft und in welchem Umfang die Störung eintritt und was und wieviel sie jeden Tag noch nach siebzehn Uhr trinkt. Wenn ihr Bett nachts einmal trocken bleibt, muß sie zudem im einzelnen festhalten, was sich am Tag zuvor ereignet hat. Der Therapeut begründet seine Bitte mit der Erklärung, daß sie ja ein genaues Bild der Situation brauchen, um eine Lösung zu finden, und daß jede Bemühung von seiner Seite fehlschlagen muß, wenn Carla nicht zur Mitarbeit bereit ist.

Diese Aufgabe, die eine Art *Allianz mit dem Symptom* bedeutet, hat verschiedene Ziele. Zunächst soll damit ein enges Verhältnis zwischen dem Therapeuten und dem Mädchen zustande kommen. Anfangs hat diese Bindung ihre Grundlage in dem vorgestellten Symptom, dessen affektive Konnotation verändert worden ist. Da das Symptom nun nicht länger »für die Familie« in Szene gesetzt wird, kann es die Grundlage eines Paktes abgeben, der mit einer wichtigen erwachsenen Bezugsperson geschlossen wird, das heißt, jetzt werden Carlas Möglichkeiten als heranwachsender Mensch konstruktiv eingesetzt. Ihre Kapazitäten werden sich allmählich neue und geeignetere Ventile erschließen.

Durch die Aufmerksamkeit, die er Carlas Störung sowohl in den Sitzungen als auch mittels der Hausaufgabe zukommen läßt, will der Therapeut diesen Bereich gewissermaßen desensibilisieren, und zugleich ermuntert er Carla, sich gegen ihn aufzulehnen. Allmählich wird Carla das Gefühl bekommen, daß man ihre Kapazitäten als Heranwachsende achtet und anerkennt, und entsprechend wird sie weniger gern über das Bettnässen sprechen. Allerdings wird man die Aufmerksamkeit, die diesem Thema gilt, nur dann reduzieren und auf erwachsenere Formen der Selbstdarstellung lenken können, wenn das Symptom seine ursprüngliche Bedeutung tatsächlich verliert.

Eine endgültige Lösung des Problems kann ohne die gleichzeitige Herbeiführung von Veränderungen auf der Ebene der Eltern nicht erreicht werden, denen bis jetzt ja sehr heftig daran gelegen war, Carla zwischen sich zu behalten. Die erste Phase der Behandlung könnte darin bestehen, daß man anstelle der beschützenden Haltung, die die Eltern ihrer Tochter gegenüber an den Tag legen, nun Zorn und Ärger auf das Symptom in ihnen weckt. Dann würde Carla vermutlich eher zur Rebellion neigen.

Durch die Anweisung an die Eltern, eine stärkere Kontrolle in bezug auf Carlas Symptom auszuüben, wird deren Aufgabe schwieriger. Carla wird sich tatsächlich bemühen müssen, ihre Eltern aus der ganzen Sache herauszuhalten. Die Eltern – und besonders die Mutter – werden von Carlas plötzlicher Heimlichtuerei unangenehm überrascht sein; das Bettnässen wird von nun an nicht mehr als Vehikel für alle möglichen beschützenden Interaktionen dienen können, sondern vielmehr zum Anlaß von Auseinandersetzungen und Streit werden.

Wenn erst einmal alle Beteiligten – auch Carla – es akzeptiert haben, daß Carla jetzt eben dabei ist, erwachsen zu werden, dann wird der Therapeut seine Intervention auf die wahren Probleme dieser Familie verlagern. Seine Arbeit wird leichter werden, wenn die Familie nicht länger auf einen Patienten angewiesen ist, um diese Probleme zu verschleiern.


## PARADOXE AUFGABEN

Zum besseren Verständnis der paradoxen Intervention müssen wir zunächst definieren, was wir unter *paradox* verstehen, und die Wirkungen aufzeigen, die ein Paradoxon auf die menschliche Interaktion hat[6]. Wir können eine Situation als paradox bezeichnen, in der eine Behauptung dann – und nur dann – wahr ist, wenn sie falsch ist. Eine Situation dieser Art ergibt sich, wenn zwei Mitteilungen, die einfach nicht miteinander zu vereinbaren sind, genau zur gleichen Zeit erfolgen.

Paradoxien sind im menschlichen Verhalten keine Seltenheit, wenn sie auch oft gar nicht bemerkt werden. Unser tägliches Leben als Eltern, Ehepartner, Kinder, Freunde, Arbeitnehmer, Arbeitgeber etc. ist von paradoxen Kommunikationen duchzogen, die in sehr vielfältiger Gestalt auftreten.

Bateson, Jackson, Haley und Weakland (1956) haben am Beispiel von Familien mit schizophrenen Interaktionsmustern eine Vielzahl bedeutsamer Effekte des Paradoxons auf die menschliche Interaktion untersucht. Ihnen verdanken wir auch den ersten deutlichen Hinweis auf gewisse Formen der Interaktion, aus denen sich der Begriff der Doppelbindung[7] herleitet.

[6] Ein Versuch der Formulierung einer Definition findet sich bei Watzlawick et al., 1967, Kapitel 5

[7] Die Bestandteile einer Doppelbindung sind die folgenden: 1. Eine intensive Beziehung von hohem emotionalem und existentiellem Wert zwischen zwei oder

Sluzki und Veròn (1971) haben die Doppelbindung dann später als eine *umfassende Theorie krankhaften Verhaltens* beschrieben, das heißt nicht als eine Theorie, die nur auf schizophrene Interaktionen anwendbar wäre, sondern als eine Theorie von ganz allgemeiner Anwendbarkeit. Zweifellos werden wir bei einer Analyse der Interaktionen zwischen Menschen, die eng miteinander verbunden sind – also beispielsweise Familien, Kommunen, Arbeitsgruppen, politische oder religiöse Gruppierungen, Institutionen – feststellen, daß wir alle in der einen oder anderen Weise immer wieder einer solchen Situation der Doppelbindung ausgesetzt sind. Allerdings sind solche Erfahrungen wohl in vielen Fällen unvollständig und ohne inneren Zusammenhang, obwohl sie traumatische Wirkungen haben können. So sind etwa *Krisen* häufig nichts anderes als Reaktionen auf eine *paradoxe Situation*.

Ganz anders liegen die Dinge, wenn ein Mensch für längere Zeit einer solchen Doppelbindung unterliegt. Mit der Zeit wird er sich der Situation anpassen, und am Ende wird er darin die einzig mögliche Art der Kommunikation sehen und zum aktiven Teilhaber an einem Spiel ohne Ende werden[8]. Eine Situation wie diese führt nicht zum isolierten Trauma, sondern bewirkt schließlich ein pathologisches Interaktionsmuster, durch das die Teilnehmer in einen Teufelskreis hineingeraten und das sich nur unter allergrößten Schwierigkeiten verändern läßt.

mehr Menschen, (Familie, ökonomische Abhängigkeit, Gefängnis, Glaube an eine Sache oder Ideologie, Psychotherapie usw.). 2. Eine Botschaft ist so strukturiert, daß sie a) etwas bestätigt, b) ihre Bestätigung bestätigt wird, c) diese beiden Bestätigungen sich gegenseitig ausschließen. Wenn die Botschaft beispielsweise aus einem Befehl besteht, dann muß dieser Befehl, um erfüllt zu werden, mißachtet werden. Das heißt, es ist unmöglich, den Sinn der Botschaft zu bestimmen. 3. Der Empfänger kann sich aus dem Bezugsrahmen, wie er durch die paradoxe Botschaft geschaffen worden ist, nicht heraussstehlen, und deshalb ist es ihm auch nicht möglich, *angemessen* darauf einzugehen.

[8] Als Spiel ohne Ende bezeichnen wir eine nicht umkehrbare Situation, in der die Beteiligten unfähig sind, die Regeln der zwischen ihnen bestehenden Beziehung, die das Spiel in Gang gesetzt haben, zu ändern – selbst wenn sie das eigentlich möchten.

## Die Bedeutung des Paradoxons in der Behandlung

Im Rahmen psychotherapeutischer Bemühungen kommt das Paradoxon in anderer Weise zur Anwendung. Der Patient ist hier nicht gezwungen, mit einer pathologischen Reaktion aufzuwarten; vielmehr wird der Teufelskreis, in dem er gefangen ist, durchbrochen.

Daß wir zum Mittel des therapeutischen Paradoxons greifen, hat seinen Grund darin, daß viele Familien zwar um Hilfe bitten, zugleich aber alle Hilfeangebote zurückzuweisen scheinen. Der Therapeut sieht sich damit in ein *Spiel* hineingezogen, in dem jeder Versuch von seiner Seite, Veränderung zu bewirken, von der Familiengruppe zunichte gemacht wird. Wenn wir die Dinge systemisch betrachten, dann rührt diese allem Anschein nach doch ganz widersprüchliche Haltung der Familie aus dem dynamischen Gleichgewicht zwischen Kräften her, die miteinander interagieren, einander aber zugleich entgegenstehen: der Tendenz zur Veränderung, die ja implizit in dem Hilfeersuchen zum Ausdruck kommt, und der um ein weniges stärkeren Tendenz zur Homöostase[9], die dafür sorgt, daß die Familie ihre eingefahrenen verhaltensmäßigen Sequenzen ständig wiederholt[10]. Das Nebeneinanderbestehen dieser

---

[9] In diesem Teil des Buches halte ich die Konzepte von *Homöostase* und *Veränderung* streng voneinander getrennt, um das Material so deutlich wie möglich darstellen zu können. Im Grunde lassen sich diese Begriffe natürlich nicht so leicht voneinander absetzen, und man kann sie auch nicht jener Form der moralischen Beurteilung preisgeben, die die Homöostase mit den negativen und die Veränderung mit den positiven Aspekten des Systems gleichsetzt. Es kommt immer wieder vor, daß der Therapeut die Dinge eher willkürlich in dieser Weise beurteilt, wenn er versucht, sich über die Wechselbeziehungen zwischen dem therapeutischen System und dem Familiensystem klarzuwerden. Er ist dann fast automatisch versucht, die Tendenz zum Wandel als die »bessere« zu betrachten, weil sie mit seinen Zielen übereinstimmt. In Wahrheit sind Tendenzen auf den Wandel hin aber weder »besser« noch »schlechter« als homöostatische Tendenzen.

[10] Der Leser sollte sich vor Augen halten, daß diese eingefahrenen Verhaltenssequenzen ja eine *kommunikative* Bedeutung für die Familienmitglieder und für das Verhältnis zwischen dem Familiensystem und dem Therapeuten besitzen.

Kräfte kann nur zu leicht dazu führen, daß der Therapeut sich von der widersprüchlichen Logik der Familie (*»Hilf mir zur Veränderung, aber ohne etwas zu verändern«*) einfangen läßt.

Das heißt also, der Therapeut ist einer Art von Doppelbindung zum Opfer gefallen. Was immer er im Blick auf Veränderung und Wandel unternimmt, wird gleich auf mehreren Ebenen boykottiert, während die Familie ihn auf anderen Ebenen durchaus weiterhin um seine Hilfe bittet[11].

Anstatt sich nun weiterhin und ohne allen Erfolg um eine Veränderung zu bemühen, kann der Therapeut den Widerspruch, mit dem er sich konfrontiert sieht, *akzeptieren* (anstatt sich ihm zu beugen)[12]. Auf diese Weise gelingt es ihm, die Tendenzen zum Wandel, wie sie auf anderen Ebenen innerhalb des Familiensystems ja vorhanden sind, anzuregen und zu begünstigen. Mit anderen Worten, dadurch, daß er die »Doppelbindung« akzeptiert, schafft er sich eine Position, mit der die Familie nun gerade nicht gerechnet hat. Seine Reaktion auf das paradoxe Ersuchen der Familie besteht in einem Gegenparadoxon (Selvini et al., 1978), denn sie ruft eben die widersprüchliche Kommunikation hervor, wie sie für die Doppelbindung typisch ist[13].

Ein solches Ergebnis läßt sich etwa dadurch erzielen, daß der Therapeut dem identifizierten Patienten gerade das *Symptom*[14] und dem Familiensystem gerade dessen eigene dysfunktionale Regeln verschreibt.

[11] Das heißt, die Familie greift nun auch im Rahmen der Behandlung auf jenes Kommunikationsmodell zurück, das ihre wichtigsten internen Beziehungen bestimmt und nach dem alle Familienmitglieder auf der einen Ebene leugnen und boykottieren, was sie auf einer anderen Ebene doch offenbar gutheißen.

[12] Durch die bewußte Hinnahme des Widerspruchs gelingt es dem Therapeuten, seine Einbeziehung in diese ganz fruchtlose Situation zu vermeiden.

[13] Der Therapeut kann sich diese »kontraparadoxe« Stellung allerdings erst schaffen, nachdem er eine intensive Beziehung zu den übrigen Familienmitgliedern begründet hat, falls diese anwesend sind. Überdies muß seine Macht im therapeutischen System als real und kontinuierlich erfahren werden.

[14] Wir werden später noch sehen, daß auch die Regeln der Familie von der Verschreibung des Symptoms berührt werden. Es ist unerläßlich, daß der Therapeut diesen Aspekt der Intervention genau betrachtet und begutachtet.

Das Verschreiben des Symptoms

Eine Möglichkeit des paradoxen Vorgehens haben wir im *Verschreiben des Symptoms*. Hier wird ein Paradoxon zur therapeutischen Reaktion auf den Hilferuf (»Hilf mir, mich zu verändern, aber ohne etwas zu verändern«) gewählt, der den identifizierten Patienten oder das Familiensystem insgesamt so unbeweglich gemacht hat[15]. Wenn der Patient sich mit der Bitte um Hilfe an den Therapeuten wendet, dann erhält er den Rat, sein gestörtes Verhalten nur weiterhin einzusetzen, wenn er wieder gesund werden möchte.

Diese Technik, die als *Verschreiben des Symptoms* bezeichnet wird, ist wohl schon lange Zeit rein intuitiv von den Psychiatern angewandt worden. Schon 1928 spricht Dunlop von der negativen Empfehlung: seine Methode bestand darin, daß er den Patienten provozierte, indem er ihn anwies, eine bestimmte Sache nicht zu tun, um ihn auf diese Weise

[15] Wir möchten hier besonders darauf hinweisen, daß es unmöglich ist, zu einer neuen Form der Beobachtung und der interaktionsbezogenen Intervention allein dadurch zu gelangen, daß man alle Mitglieder der Familie in die Therapie einbezieht, anstatt sich nur mit dem identifizierten Patienten abzugeben. Die Anwesenheit der anderen Familienmitglieder bietet (einem Therapeuten, der sie im Blick auf die Interaktionen zu nutzen versteht) nur die Möglichkeit, Interaktionen unter den einzelnen Teilnehmern und Subsystemen direkt anzuregen, so daß der Therapeut wie auch die Familie die vielfältigen Rückmeldungen, die hier auftauchen, begutachten und genau unter die Lupe nehmen können. Aber mit der Anwesenheit der Familiengruppe ist nicht schon in sich die Gewähr dafür gegeben, daß nun wirklich interaktionsbezogen gearbeitet wird. Im Grunde kann gerade der »anklägerische« Kontext, der oft entsteht, wenn der Therapeut versucht, sich allem Anschein nach neutral zu geben (im Einklang mit dem psychiatrischen Modell also), ihn dazu veranlassen, daß er bei der Begutachtung der Situation in das lineare Modell zurückfällt. Andererseits schließen die Einzelsitzungen, die der Therapeut nur mit dem Patienten durchführt, nicht automatisch schon den »interaktionellen« Ansatz aus, wenn sie den Therapeuten auch in der Möglichkeit beschneiden, direkt gewisse Formen der Interaktion zwischen dem Patienten und seinen wichtigen Bezugspersonen zu aktivieren und zu untersuchen (Andolfi und Menghi, 1976 a).

dazu anzuregen, gerade diese Sache nun eben doch zu tun[16]. In jüngerer Zeit hat auch Frankl (1957) eine provokative Form der Intervention beschrieben, die sogenannte paradoxe Intention, die er sehr ausgiebig im Falle phobischer und zwanghafter Patienten anwendet. Frankls Methode basiert tatsächlich auf dem Verschreiben des phobischen Symptoms; der Erfolg ist, daß der Patient schon mit dem Auftreten des Symptoms rechnet und es in seiner Intensität stark übertreibt. Diese Technik führt letztlich zu einem Wandel in der Natur des Symptoms selbst: es bewirkt nun immer weniger Angst, und in manchen Fällen erscheint es dem Patienten allmählich als lächerlich. Am Ende gelingt es ihm, einen gewissen Abstand von seinem neurotischen Verhalten zu gewinnen.

Im Rahmen seiner psychotherapeutischen Arbeit mit schizophrenen Patienten hat auch Rosen (1953) eine solche Technik ins Gespräch gebracht, die er die *direkte Analyse* nennt. Rosen gibt seinen Patienten paradoxe Anweisungen, mit denen eine besonders heftige Zurschaustellung des symptomatischen Verhaltens gefordert wird, und zwar gerade dann, wenn der Patient einem echten Rückfall ohnehin ganz nahe ist. Dadurch, daß er die Verschlechterung der Situation also gerade verschreibt, verhindert er ihr tatsächliches Eintreten. Diese Maßnahme des Therapeuten macht den Patienten hellhöriger für seine Störungen. Nach Rosen ist der Patient, der sein symptomatisches Verhalten willentlich verstärken kann, vermutlich auch in der Lage, es unter Kontrolle zu halten.

Eine ähnliche Technik wird auch von Don D. Jackson (1963) beschrieben, der sie im Falle von Patienten mit paranoiden Zügen anwendet; sie besteht darin, daß man die Patienten gewissermaßen lehrt, noch mißtrauischer zu werden. Haley (1976) zeigt unter Heranziehung der Beob-

---

[16] Es ist leicht, diese Art der Intervention einzuführen, aber es ist schwierig, sie über längere Zeit hinweg tatsächlich durchzuhalten. In unserer klinischen Tätigkeit hat sie sich im Falle Heranwachsender als besonders nützlich erwiesen, wenn der Therapeut sich genau überlegt hatte, wie weit seine Provokationen gehen durften, um die rebellischen Tendenzen, wie sie für diese Altersgruppe typisch sind, einem konstruktiven Zweck nutzbar zu machen.

achtungen von Milton Erikson, welche ganz wesentliche Rolle gewisse paradoxe Anweisungen in der Hypnose spielen:

»Hier werden durch den Hypnotiseur gewissermaßen zwei Ebenen der Botschaft zur gleichen Zeit vermittelt; er sagt: ›Folgen Sie meinen Anweisungen‹, und das heißt zugleich ›Folgen Sie meinen Anweisungen nicht, seien Sie ganz spontan!‹ Der betroffene Mensch hält sich an die einander entgegenstehenden Anweisungen, indem er eine Veränderung durchmacht und sich in einer Weise verhält, die wir als Tranceverhalten bezeichnen.«

Häufig bedienen wir uns der Methode der Symptomverschreibung innerhalb einer größer angelegten paradoxen Strategie, mit der besonders starre Familiensysteme aus dem Gleichgewicht gebracht werden sollen. Wir können uns als Beispiel eine Familie mit einer anorektischen Tochter vorstellen. Das Mädchen, also die identifizierte Patientin, kontrolliert sämtliche Kommunikationen, die in der Familiengruppe überhaupt im Gang sind. Die Eltern haben alle Autorität an die Tochter abgetreten, und diese regelt auch alle Beziehunen in dieser Familie einschließlich der Beziehung zwischen ihren Eltern als Ehepartner. Dadurch, daß wir das Symptom (also die Verweigerung der Nahrungsaufnahme) in der Sitzung verschreiben, können wir gewisse Umbrüche in diesem System hervorrufen, denn jetzt wird das Symptom, das ja gewöhnlich von der Patientin dazu eingesetzt wird, die Beziehungen in der Familie zu kontrollieren, zu einem unfreiwilligen Phänomen. Das Verschreiben erfolgt während eines Essens, bei dem der Therapeut und die übrigen Mitglieder der Familie normal essen, während der Tochter das Essen *verboten* wird.

Da die Weigerung des Mädchens, Nahrung zu sich zu nehmen, jetzt unfreiwillig geworden ist, eignet sie sich nicht länger als Mittel zur Kontrolle der familialen Interaktionen. Dazu kommt, daß es den Eltern jetzt nicht mehr möglich ist, widersprüchliche Botschaften auszusenden wie etwa »Iß, aber iß nicht!« Das Verschreiben unterbricht also das Spiel der Familie, das auf den Eßschwierigkeiten des Mädchens aufgebaut war.

Es läßt zugleich die Regeln des anorektischen Systems zutage treten und erleichtert so das Zustandekommen eines brauchbaren therapeutischen Systems. Was Milton Erikson als »Ermunterung zum Rückfall« bezeichnet, läßt sich auch als paradoxe Intervention ansehen: Wenn ein Therapeut der Meinung ist, daß sein Patient unmittelbar vor einem Rückfall steht, oder wenn der Besserung im Zustand des Patienten nicht so recht zu trauen ist, oder wenn schließlich der Patient (und seine Angehörigen) das symptomatische Verhalten eindeutig manipulativ einsetzt – so Eriksons Empfehlung –, dann sollte der Therapeut den Rückfall vorausagen und den Patienten noch eigens dazu ermuntern, um sein Eintreten zu verhindern. Durch dieses Vorgehen macht der Therapeut dem Patienten ein paradoxes Angebot: er bietet ihm eine verhaltensmäßige Alternative unter Hinweis darauf, daß er eine autonome Entscheidung gar nicht treffen kann. Je deutlicher der Therapeut dem Patienten seine Autonomie abspricht, desto heftiger wird der Patient sich darum bemühen.

In unserer eigenen Arbeit machen wir von der Technik der Symptomverschreibung immer dann Gebrauch, wenn wir das Gefühl haben, daß sie ein im Übermaß zur Schau gestelltes Verhalten auf Dauer unterbrechen und uns so die Möglichkeit einräumen könnte, uns Zugang zur Interaktionswelt des Patienten zu verschaffen, selbst wenn die übrigen signifikanten Mitglieder der Familie vielleicht gar nicht anwesend sind. Daß man dem individuellen Patienten sein eigenes Symptom verschreibt, führt allein noch nicht zur Lösung der Schwierigkeiten. Es handelt sich vielmehr um eine taktische Bewegung, die darauf zielt, gewisse Einbrüche in ganz besonders rigide Systeme zu bewirken, damit die in solchen Systemen schlummernden Möglichkeiten und Kräfte zum Ausdruck kommen können.

Wir sollten uns immer vor Augen halten, daß mit der Bekundung des Patienten (»Ich will mich nicht verändern«) häufig der Gedanke zurückgewiesen werden soll, daß »irgend jemand« etwas verändern könnte. Die Botschaft, die er dem Therapeuten zukommen läßt, heißt unter Umständen: »Ich will nicht, daß *du* etwas in mir veränderst.« Mit anderen

Worten, der Patient ist bestrebt, auch in der therapeutischen Situation eben jene »atemlose« symmetrische Spannung von neuem zu schaffen, wie sie auch in den innerfamilialen Beziehungen vorhanden ist; dort kann niemand es hinnehmen, daß irgendeine Neudefinition seiner selbst von anderer Seite erfolgt, und zugleich versucht jeder, den übrigen seine eigenen Neudefinitionen aufzuzwingen (Selvini et al., 1978).

Wenn der Therapeut sich diese Art der symmetrischen Beziehung zunutze macht, dann kann er damit rechnen, daß der Patient irgendeine Veränderung betreibt – um zu beweisen, daß der Therapeut im Unrecht war.

Wenn der Therapeut beispielsweise das Verhalten eines depressiven Patienten einfach hinnimmt und nicht den Versuch macht, es zu mildern oder in seiner Bedeutung herunterzuspielen, wenn er vielmehr den Patienten sogar noch ermuntert, seine Verzweiflung doch ganz offen zum Ausdruck zu bringen, dann kann er damit eine Reihe von Ergebnissen erzielen. Zunächst einmal hat der Patient eher das Gefühl, »verstanden« zu werden; er hat es also nicht mehr nötig, dem Therapeuten Widerstand entgegenzusetzen, nur um diesem zu beweisen, daß er seine Schwierigkeiten weit unterschätzt hat. Jeder Versuch, einen deprimierten Menschen zu trösten, indem man ihm etwa sagt: »Es ist ja gar nicht so schlimm, wie es aussieht; Sie werden sehen, daß alles wieder in Ordnung kommt«, wirkt sich in der Regel so aus, daß die Niedergeschlagenheit des betroffenen Menschen noch zunimmt. Wenn der Therapeut dagegen die Schilderung, die der Patient von seinem Zustand gegeben hat, noch übertreibt, wenn er die Tendenz des Patienten, sich einer Veränderung zu widersetzen, noch unterstützt und sogar verschreibt, dann ist der Patient gezwungen, die irrigen Ansichten des Therapeuten zu korrigieren, indem er ihm beweist, daß er ja gar nicht so schwer deprimiert ist.

## Das Verschreiben der Regeln

In der Familientherapie nutzen wir auch die paradoxe Technik der ständigen Anwendung jener starren und dysfunktionalen Regeln, die die Homöostase des Systems am Leben halten. Diese Technik ermöglicht es, das System zu transformieren; sie bewirkt nämlich gerade Verstöße gegen die Regeln, die das Problem ja erst geschaffen haben und es nun fortbestehen lassen.

Um deutlich zu machen, was wir mit dem Verschreiben der Regeln meinen, wollen wir zunächst zwei Hypothesen aufstellen:

1. In jedem Familiensystem (wie übrigens in jedem anderen System auch) besteht ein dynamisches Gleichgewicht zwischen der Tendenz zur Homöostase (die wir im folgenden mit H bezeichnen) und der Tendenz zur Transformation (im folgenden mit T bezeichnet).

2. Das therapeutische System versucht, per definitionem, einen Wandel[17] in dysfunktionalen Familiengruppen zu bewirken, die gewöhnlich durch ein deutliches Vorherrschen der Tendenz zur Homöostase gekennzeichnet sind. Wenn das therapeutische System ein Familiensystem aktiviert, in dem die T-Kräfte bereits freigesetzt und einsatzbereit sind (das heißt, wenn die Tendenz zur Wahrung einer rigiden Homöostase nicht die Oberhand hat), dann lassen sich die beiden T (also die Tendenz zur Transformation im therapeutischen wie im familialen System) leicht miteinander verbinden und werden einander wechselseitig noch verstärken, so daß die Schwierigkeiten recht bald gelöst sein werden. (Dies läßt sich beispielsweise in bestimmten akuten Krisensituationen beobachten, die zu Instabilität führen und das System in Bewegung setzen.)

Wenn andererseits T, die Tendenz zur Transformation, wie sie im therapeutischen System vorhanden ist, ein Familiensystem in Bewegung setzt, in dem die entsprechende Tendenz T von den starren internen

---

[17] Der wichtigste Wandel besteht in der Herstellung eines neuen Gleichgewichts zwischen H und T.

Regeln erstickt worden ist, dann wird die Tendenz T des therapeutischen Systems als Bedrohung angesehen und schließlich von den homöostatischen Kräften der Familie neutralisiert werden[18]. Der Therapeut stellt fest, daß er sich in einer paradoxen Position befindet, ähnlich derjenigen, die die Familienmitglieder in einer Doppelbindung gefangen hält: *»Ich möchte mich gerne verändern, aber ich kann nicht; warum hilfst du mir nicht zur Veränderung, aber ohne etwas zu verändern?«*[19]

In Fällen, in denen die T-Kräfte des therapeutischen Systems der Familie als Bedrohung erscheinen[20], kann der Therapeut dennoch die Veränderung begünstigen, wenn er sie als H-Kräfte darstellt und so die H-Kräfte des Familiensystems verstärkt, indem er sie verschreibt oder Wege zu ihrer Stärkung aufzeigt. Das ist eine Möglichkeit des Eingehens auf die paradoxe Forderung der Familie: *»Hilf mir, aber hilf mir nicht.«* Das heißt, der Therapeut kann mit einem Gegenparadoxon antworten: *»Schon gut, ich werde dir helfen, indem ich dir nicht helfe.«* Damit bestätigt er die Starrheit der familialen Homöostase noch. Die Familie kann sich den T-Kräften des therapeutischen Systems nicht entgegenstellen, weil diese ihr so dargestellt worden sind, als seien sie synonym mit

---

[18] Die Homöostase der Familie hat nur dann einen pathologischen Beigeschmack, wenn sie außerordentlich starr ist. Auch die Tendenz zur Veränderung wird, wenn sie unvereinbar ist mit allen Versuchen, irgendeine Form der Homöostase wiederherzustellen, zur dysfunktionalen Form der Interaktion.

[19] ›Ohne dabei irgend etwas zu verändern‹ ist der Schlußsatz einer komplexen Botschaft: »Um mir wirklich zu helfen, mich zu ändern, müßtest du der *sein,* der *hätte sein müssen,* dieser andere, der jedoch nicht so war, wie er hätte sein müssen...« (Selvini et al., 1978, S. 50).

[20] »In sehr starr kalibrierten Systemen, zu denen auch die Familien mit schizophrener Transaktion gehören, wird jede Veränderung als eine Gefahr oder als eine Drohung empfunden. Es kann sich dabei um Veränderungen handeln, die entweder von außen an das Familiensystem herangetragen werden (zum Beispiel soziale oder politische Belastungen) oder aus dem Innern der Familie selbst kommen (Geburt, Tod oder Weggang eines Familienmitgliedes, Pubertätskrisen usw.). Auf solche Veränderungen folgt im System eine negative Rückkoppelung mit weiterem Einschleifen der bestehenden Praxis« (Selvini et al., 1978, S. 43/44).

ihren eigenen H-Kräften. Die Familie ist also gezwungen, sich zu verändern – das heißt, ihre eigenen T-Kräfte freizusetzen –, um dem Therapeuten zu beweisen, daß er einen Fehler begeht, wenn er die Tendenz der Familie, einer Veränderung Widerstand entgegenzusetzen, bestätigt.

Diese Strategie stellt den Versuch dar, ein *neues Spiel* an die Stelle des *Spiels ohne Ende* zu setzen, das die Familie bisher gespielt hat. Indem er die Möglichkeit alternativer Verhaltensweisen bestreitet, handelt der Therapeut in einer Weise, die zugleich provozierend und befreiend wirkt. Sein Vorgehen versetzt die Familiengruppe in die Lage, mit einer therapeutischen Gegenprovokation zu antworten (*Ich werde dir beweisen, daß du dich irrst*). Über die interaktionelle Botschaft hinaus, die in ihr enthalten ist, macht die Gegenprovokation es der Familie möglich, neue Formen des Umgangs und der Lösung ihrer Schwierigkeiten zu erproben.

Da die Familie die Intervention des Therapeuten als eine Herausforderung betrachtet, fühlt sie sich ihrerseits von einem Teil der Verantwortung befreit, die ursprünglich auf ihr gelastet hat – der Verantwortung nämlich, die in dem Gedanken enthalten ist, daß man sich nur für sich selbst verändern soll (und nicht für jemand anderen, insbesondere für denjenigen, dessen Aufgabe es ist, einer Veränderung den Weg zu ebnen). *Eine Veränderung für den Therapeuten* (also der Nachweis, daß er sich geirrt hat) bedeutet den Eintritt in einen neuen Zustand der Abnormalität. In vielen Fällen ist allerdings eine Übergangsphase dieser Art notwendig. Sie hilft den Familienmitgliedern, sich aus einer schwer gestörten Realität zu befreien, so daß sie annehmbarere Interaktionsmuster entwickeln können, ohne sich einen Sündenbock schaffen zu müssen.

Die Familie muß sich überlegen, ob sie die Anweisungen des Therapeuten befolgen will (was zugleich heißt, daß sie die Macht des Therapeuten akzeptiert) oder ob sie ihnen Widerstand entgegensetzen will (was bedeutet, daß sie die herrschenden Regeln verändert). Jetzt stellen die Familienmitglieder außerdem fest (ob sie den Anweisungen des Therapeuten nun folgen oder nicht folgen), daß das wahre Spiel, in dem sie zugleich Handelnde und Gefangene ihres Spiels sind, nun deutlich zutage liegt und ihre altgewohnten Formen des Umgangs miteinander nicht mehr effektiv sind.

Ich möchte hier noch einen weiteren Aspekt jener Beziehung besprechen, wie sie zwischen dem therapeutischen System und dem Familiensystem zustande kommt. In dieser Situation läßt das Familiensystem seine starrsten homöostatischen Tendenzen zum Zuge kommen. Es wird diese Tendenzen dem Therapeuten wahrscheinlich so augenfällig wie nur möglich vorführen, um so seine Fähigkeiten auf die Probe zu stellen. Durch diese aktive Zurschaustellung seiner homöostatischen Tendenzen zeigt das Familiensystem dem Therapeuten, welche Richtung er einschlagen muß[21], und zugleich prüft es seine Glaubwürdigkeit und Verläßlichkeit, indem es ihn zwingt, sich mit den starren familialen Regeln auseinanderzusetzen. Unsere Erfahrung hat uns gelehrt, daß das Vertrauen und die Kooperationsbereitschaft der Familie in der Regel erheblich zunehmen, wenn es dem Therapeuten gelingt, die Spiele der Familie aufzudecken, ohne sich in sie hineinziehen zu lassen.

Im folgenden wollen wir unsere Ausführungen an einigen Beispielen erhärten. Im ersten Fall haben wir es mit einem Paar zu tun, das wir etwa drei Monate lang behandelten. Die beiden hatten wegen des Alkoholismus des Mannes um Behandlung gebeten. Diese Definition des Problems stammte von der Frau und wurde von dem Mann stillschweigend akzeptiert, der seine Frau beschuldigte, an seinem Trinken schuld zu sein. Nach einigen Sitzungen stellte sich die Dynamik seines Problems in bezug auf die Interaktionen wie folgt dar:

Weder der Mann noch die Frau waren bereit, genaue Angaben über den Alkoholkonsum des Mannes zu machen. Das weckte den Verdacht in uns, daß sie bezüglich dieses Problems gewissermaßen unter einer Decke

---

[21] Der identifizierte Patient bringt häufig implizit die Widersprüche zum Ausdruck, die in der Familie bestehen, und zeigt manchmal auch Wege auf, sie zu überwinden.

steckten, um so ein gewisses Gleichgewicht innerhalb des ehelichen Systems wahren zu können. Zuhause trank der Mann so gut wie nie, aber seine Frau erwischte ihn häufig in der Kneipe. Er arrangierte die Dinge so, daß die Frau ihn ertappen und ihm dann Vorwürfe machen konnte. Beispielsweise nahm er seinen kleinen Sohn mit in die Wirtschaft; der Junge erzählte seiner Mutter oder deren Freundinnen dann, was er dort beobachtet hatte. (Der Vater der Frau war an Leberzirrhose gestorben; es war klar, daß das Trinken für sie eine ganz besondere Bedeutung besaß.) Die Frau verschlimmerte die Sache, indem sie versuchte, ihren Mann zu kontrollieren. So wollte sie jedesmal seinen Atem riechen, wenn er nach Hause kam, und verweigerte sich ihm in sexueller Hinsicht. Das versetzte ihn in Wut, und er verlor sich in wehmütigen Erinnerungen an die schönen Zeiten, da er noch nicht verheiratet gewesen war. Dann trank er zum Trost etwas und richtete es so ein, daß seine Frau mit Sicherheit dahinterkam.

Wenn wir diese einzelnen Mitteilungen in linearer Weise genutzt hätten, ohne sie aneinanderzureihen und ihren wechselseitigen Zusammenhang zu erkennen, wären wir eine Reihe von Risiken eingegangen. Zunächst einmal wären wir Gefahr gelaufen, in die Regeln eines Spiels ohne Ende hineingezogen zu werden[22]; außerdem wären wir versucht gewesen, in bezug auf den Inhalt dessen, was der Mann bzw. die Frau vortrugen, Partei zu ergreifen und in eine Allianz einzutreten, die das System aus dem Gleichgewicht gebracht und die Schuld dem ausgeschlossenen Partner angelastet hätte.

Diese Überlegungen veranlaßten uns, eine paradoxe Intervention durchzuführen, um eine Veränderung in den Regeln dieses Paares hervorzurufen – was sie selbst ja ganz offensichtlich nicht zustande bringen konnten. Wir sagten voraus, daß hier ein therapeutisches Paradoxon – die

---

[22] »Beide glauben, nur auf die Handlungen des Partners zu reagieren, nicht aber diese Handlungen auch zu bedingen. Sie können das Wesen des Spiels in seiner Gesamtheit, seiner Kreisförmigkeit nicht überblicken ... Ihre verschiedenen Perspektiven werden so zum Material weiterer symmetrischer Eskalationen« (Watzlawick, Beavin und Jackson, 1967, S. 165).

Verschreibung eben jener Regeln, die das Spiel des Paares ja erst in Gang gebracht hatten – eine Veränderung in den Interaktionsmustern der Partner begünstigen würde. Mit anderen Worten, *wir wollten die Veränderung dadurch fördern, daß wir die beiden anwiesen, sich nicht zu verändern*. Durch die Anweisung an jeden der beiden Ehepartner, den anderen zu überwachen, hofften wir, die wechselseitige Kontrolle gerade zu verhindern. Dieses Vorgehen konnte allerdings erst Erfolg haben, nachdem der Therapeut die Macht und die Kontrolle über den Ablauf der Interaktionen in der Beziehung zwischen sich und dem Paar erlangt hatte.

Das Verschreiben erfolgte wie nachstehend geschildert: Der Frau wurde erklärt, sie solle den Mann verstärkt überwachen und keine Gelegenheit auslassen, ihn beim Trinken zu erwischen. Wir sagten ihr auch, sie müsse ihrem Mann ein tägliches Quantum an Alkohol zubilligen (das immerhin so groß war, daß der Mann es nicht so leicht überschreiten konnte) und ihm dieses Maß auch selbst verabreichen, notfalls indem sie ihn in die Wirtschaft begleitete. Wir erklärten ihr, das werde ihr die Angst davor nehmen, ihr Mann sei verdorben und ertränke sich in irgendeiner Bar im Alkohol. Auf diese Weise werde sie die Situation tatsächlich in der Hand haben. Zugleich redeten wir ihr zu, ihre moralischen Grundsätze nur ja hochzuhalten und sich des intimen Verkehrs mit ihrem Mann zu enthalten, wenn er nach Alkohol roch.

Dem Mann wiederum empfahlen wir, seiner Frau nur ja auf die Finger zu sehen, um sicher zu sein, daß sie ihn nicht betrügen bzw. die vereinbarte tägliche Dosis nicht erhöhen oder heimlich herabsetzen würde. Wenn sie sich in diesem Zusammenhang irgend etwas zuschulden kommen lassen würde, so wäre das natürlich ein Beweis dafür, daß sie nicht guten Willens und nicht bereit sei, an einer Lösung des Problems mitzuarbeiten. Auch sollte er darauf sehen, daß seine Frau sich ihm nicht etwa in sexueller Absicht nähere, wenn er nach Alkohol riechen würde[23].

[23] Paradoxe Verschreibungen sind Aufgaben, in denen gewisse Details bewußt zwanghaft gestaltet und altgewohnte Verhaltensweisen mit Absicht übertrieben

In dieser Formulierung wurde das Ehepaar mit der Verschreibung bekanntgemacht. Beide schienen zur Mitarbeit an einer konkreten Aufgabe bereit, von der sie sich die Erlösung aus einer anstrengenden und höchst ärgerlichen Situation versprachen. Der Therapeut wies sie darauf hin, daß die Durchführung der Aufgabe ihnen wahrscheinlich Schwierigkeiten bereiten würde, und machte sie insbesondere darauf aufmerksam, daß es außerordentlich schwierig sein werde, den jeweiligen Partner wirklich ohne Einschränkung zu überwachen.

In der folgenden Woche berichteten die Eheleute dem Therapeuten, was inzwischen geschehen war. Die Frau hatte ihren Mann in die Bar begleitet, allerdings nicht so oft, wie dies ursprünglich geplant gewesen war. Von dem Augenblick an, in dem sie mit ihm ging, ließ ihre Besorgnis wegen seiner Trinkgewohnheiten nach. Der Mann schien stolz darauf zu sein, daß seine Frau den Mut aufbrachte, ihn zu begleiten (es war das erste Mal, seit sie verheiratet waren, daß sie so etwas getan hatte), und sprach seine Befriedigung darüber auch aus. Auch er hatte übrigens die Aufgabe, seine Frau zu kontrollieren, nur teilweise ausführen können. Im Verlauf der Sitzung erfuhren wir, daß er sich mehrfach geweigert hatte, gemeinsam mit ihr in die Bar zu gehen, weil »ihm nicht nach Trinken zumute gewesen war«. Die Frau hatte auch versucht, sich ihm sexuell zu nähern, das heißt, sie hatte sich über das Verbot hinweggesetzt, das ja Teil der ihr zugewiesenen Aufgabe war. Der Mann war

werden. Sie tragen also bizarre Züge, die den unerfahrenen Therapeuten in Schwierigkeiten bringen können. Ein Therapeut, der noch nicht genügend Erfahrung besitzt, erteilt vielleicht Aufgaben, ohne sich ihrer Natur und Wirkung wirklich ganz sicher zu sein, weil ihm so sehr daran gelegen ist, vor der Familie (und vor sich selbst) glaubwürdig zu erscheinen. Die Familie erkennt, daß er unsicher ist, und das Familiensystem wird Nutzen aus seiner Unsicherheit ziehen und so die Wirksamkeit der Verschreibung verringern. Ich möchte hier ganz deutlich darauf hinweisen, daß der Therapeut sich eine ausreichende emotionale Distanz von der Situation bewahren muß, wenn er in paradoxer Weise intervenieren möchte. Seine Intervention muß auf einer genauen und objektiven Analyse der zugrunde liegenden Bedeutung der Botschaften und der Beziehungen, die er beobachtet, aufbauen.

nach seinen Worten über diesen unerwarteten Beweis ihrer Zuneigung sehr erfreut gewesen.

Der Therapeut hörte sich den Bericht des Paares an und sagte dann, er habe zwar vorausgesehen, daß es ihnen nicht gelingen würde, eine so schwierige Aufgabe durchzuführen, aber mit einem so vollkommenen Fehlschlag habe er nun doch nicht gerechnet. Eine derartige Sabotage der Aufgabe sei gefährlich; sie zeigten damit nämlich, daß sie gar nicht vorhätten, ihre ehelichen Schwierigkeiten zu überwinden. Dann erteilte der Therapeut die gleiche Aufgabe wieder, unterstrich dabei noch einmal den einen oder anderen Aspekt und bat beide Partner, zur nächsten Sitzung einen schriftlichen Bericht über alle »Verstöße« mitzubringen, die der andere inzwischen begangen haben würde[24].

Diese paradoxe Intervention hatte zur Folge, daß die Partner sich in einem neuerlichen Versuch, die Aufgabe, die der Therapeut ihnen gestellt hatte, zu sabotieren, zusammenschlossen. Das Alkoholproblem des Mannes, das bis dahin als nicht zu bewältigen gegolten hatte, verschwand. Dadurch konnten die Partner andere und befriedigendere Möglichkeiten in ihrer Beziehung ausschöpfen.

In diesem Fall bestand das Paradoxon darin, daß den Partnern gerade ihre *dysfunktionalen Regeln* verschrieben worden waren. Beide sahen sich dadurch befreit, denn als es ihnen erst einmal gelungen war, ihr Spiel ohne Ende aufzugeben, konnten sie neue Formen des Miteinander für sich entdecken.

Ich möchte noch ein weiteres Beispiel für das Verschreiben der Regeln anführen, dieses Mal an die gesamte familiale Gruppe. Im nachstehend beschriebenen Fall sollte durch die Familientherapie eine Hospitalisierung[25] des vierzehnjährigen Sohnes Renzo umgangen und der Familie

---

[24] Bei den ersten Anzeichen einer Veränderung in der Familie empfiehlt es sich, die Aufgabe noch einmal und mit allem Nachdruck zu erteilen. Dadurch, daß der Therapeut nicht wahrhaben will, daß eine Veränderung bereits in Gang ist, zwingt er die Familie, diese Veränderung zu verstärken.

[25] Renzo ist von seinen Eltern zur Beratung hergebracht worden. Zuvor hatte

die Überzeugung vermittelt werden, daß sie zur Lösung ihrer Schwierig-keiten durchaus selbst imstande sei.

In der sechsten Sitzung werden die Regeln der partnerschaftlichen Beziehung der Eltern erkundet. Die Familie ist inzwischen nicht mehr davon überzeugt, daß der Sohn unbedingt ins Krankenhaus müsse. Durch die Aktivierung der Beziehungen zwischen den Subsystemen hat der Therapeut jene Redundanzen ans Licht gebracht, die die Interak-tionsschwierigkeiten der Familie zum Teil am Leben halten. Sie lassen sich wie folgt zusammenfassen:

1. Wenn die Eltern miteinander sprechen, dann nahezu ausschließlich über Renzo und nur über seine Schwierigkeiten.

2. Renzo beschäftigt seine Eltern systematisch und in der Weise, daß sie sich seinetwegen unaufhörlich Sorgen machen müssen. Er steht immer zwischen den Eltern.

3. Renzo macht unentwegt darauf aufmerksam, daß seine Eltern daran schuld sind, wenn er fürchtet, »geisteskrank« zu sein. Er erzählt uns, daß er die einschlägigen Spalten der großen Zeitungen (»Hier berät Sie der Psychologe«) daraufhin durchsieht, ob seine Ängste sich vermindern lassen.

4. Wenn Renzo sich über seinen Vater oder seine Mutter ärgert, schlägt er seinen jüngeren Bruder.

5. Renzo sorgt dafür, daß seine Mutter sich jeweils eine Ausrede einfal-len läßt, damit er nicht mit seinen Kameraden zusammensein muß. Dieses Verhalten kommt dem Wunsch der Mutter entgegen, ihren Sohn zu kontrollieren.

Kurz vor Ende der Sitzung gibt der Therapeut jedem Familienmitglied ein Blatt Papier und diktiert die Aufgabe:

1. Die Mutter muß alle Telefongespräche entgegennehmen. Alle Anrufe für Renzo sind abschlägig zu beantworten, damit gewährleistet ist, daß

man ihnen empfohlen, ihn zur Beobachtung ins Krankenhaus zu geben; die Diagnose lautete auf Charakterneurose und paranoide Züge.

er nicht zu oft ausgeht. Wenn Renzo diese Regel irgendwie mißachtet, soll die Mutter das in einem besonderen kleinen Notizbuch vermerken, das sie zu diesem Zweck anlegen muß. Wenn dagegen sie die Regel bricht, dann soll Renzo dies schriftlich festhalten.

2. Jedesmal, wenn Renzo sich über seinen Vater bzw. über seine Mutter ärgert, soll er seinen Ärger loswerden, indem er seine Wut an seinem jüngeren Bruder ausläßt. Der jüngere Bruder soll Buch darüber führen, wann und wie oft Renzo sich nicht an diese Regel gehalten hat. Jetzt fragt Renzo, ob es denn nicht besser wäre, wenn er seinen Zorn überhaupt nicht an einem anderen Menschen auslassen würde. Der Therapeut beachtet den Einwurf nicht weiter, sondern fährt in seinen Anweisungen fort.

3. Der Vater soll mit Renzo in eine Bibliothek gehen, um sich über Charakterneurosen zu informieren. Das Ergebnis ihrer gemeinsamen Forschungen soll schriftlich festgehalten und zur nächsten Sitzung mitgebracht werden.

Das eigentliche Problem besteht darin, daß der heranwachsende Sohn zur Autonomie gelangen muß und dieser Prozeß gewisse Schwierigkeiten für die Familie mit sich bringt. Der Therapeut hat eine Reihe von Anweisungen zusammengestellt, die auf dem Material beruhen, das die Familienmitglieder ihm zugetragen haben. Allen diesen Anweisungen ist eines gemeinsam: sie zielen darauf ab, daß jedes Mitglied die Kontrolle über die übrigen Mitglieder erwirbt. Tatsächlich ist die wechselseitige Kontrolle, die in diesem Familiensystem bereits am Werk ist, eines der Elemente, das die Autonomie des identifizierten Patienten wie auch der übrigen Familienmitglieder ganz ernsthaft beschneidet. Insbesondere mit der ersten Aufgabe wird die Regel der wechselseitigen Kontrolle zwischen Mutter und Sohn (in der sich auch eine Koalition gegen den Vater andeutet) akzeptiert und noch weiter verstärkt. Der Grund, den der Therapeut für diese Aufgabe nennt – »damit er nicht zu oft ausgeht« –, soll den Jungen in Wahrheit anstacheln und ihn in seinen – bisher noch ungenützten – Möglichkeiten als heranwachsender Mensch herausfordern.

Die zweite Aufgabe läßt Renzos Erpressungsversuche gegenüber den Eltern lächerlich und absurd erscheinen. Renzo vermeidet es, sich direkt den Eltern entgegenzustellen (die Haltung der Eltern bestärkt ihn noch in diesem Verhalten); er zieht es vor, die Rolle des verrückten und verantwortungslosen Kindes zu spielen, anstatt eine erwachsenere Rolle einzunehmen, vor der er sich fürchtet. Aber die Aufgabe hebt gerade die Vorsätzlichkeit seines bizarren Verhaltens hervor. Damit lüftet er den Schleier seines Spiels und läßt es kindisch und sinnlos erscheinen. Wenn außerdem nun der jüngere Bruder darüber wachen soll, wie er seine Aufgabe in Angriff nimmt, dann ist sein Verhalten – das doch als die unvermeidliche Folge seiner »Charakterneurose« irgendwie akzeptiert wurde – immer weniger gerechtfertigt.

Die dritte Aufgabe unterscheidet sich von den beiden ersten. Zwar soll sie – ebenso wie die anderen Aufgaben auch – Renzos Störung besonders hervorheben; aber sie führt daneben noch einen weiteren wichtigen Aspekt ein: Sie zielt darauf, den Mythos von der »Charakterneurose« zu zerstören (der die ganze Familie so gelähmt hat), indem sie ihn zum Gegenstand ernsthafter Erforschung und Analyse macht. Ihre Durchführung wird auch etwas darüber aussagen, ob und wie weit das System in der Lage ist, einen direkteren Umgang zwischen Renzo und seinem Vater zu akzeptieren. Mit dieser Variante in den üblichen Interaktionsmustern der Familie wird die Mutter vorübergehend aus der Beziehung zwischen Vater und Sohn ausgeschlossen. Mit diesem Ausschluß wird nicht etwa eine bestehende Regel dieser Familie bestätigt; vielmehr kann der Therapeut auf diese Weise die Fähigkeit des Systems zur Neuverteilung der Beziehungen und Allianzen untersuchen. Gerade der Umstand, daß es noch »zu« früh ist, um im Verlauf der Behandlung bereits jetzt eine »allzu stark« gegen das System gerichtete Bewegung zu unternehmen, ruft nun eine Kette sehr lebhafter Gegenreaktionen von seiten der Familie auf den Plan, die sich dann bei der Lenkung der noch folgenden Interventionen als außerordentlich nützlich erweisen werden.

Was die übrigen Anweisungen des Therapeuten angeht, so empfindet die Familie es sehr bald als schwierig, sich weiter an ihre altgewohnten

Interaktionsformen zu halten, und stellt nun fest, daß sie wohl nach alternativen Formen des Miteinander suchen muß.

Die folgende Niederschrift stammt aus einer Sitzung mit einer Familie, in der eine 21jährige Tochter (Anna) lebte, die ein Verhalten an den Tag legte, wie es gewöhnlich als schizophren bezeichnet wird. Der Fall war wegen der ganz besonderen Art der Interaktion, die dieser Familiengruppe eigen war, unendlich schwierig. In der vorangegangenen Sitzung waren wir zu der Überzeugung gelangt, daß Annas Verhalten die übrigen Familienmitglieder und insbesondere die Eltern schützen sollte. In dieser Sitzung nun war Anna nicht zugegen, und das schien uns unsere Hypothese zu bestätigen. Die Familienmitglieder äußerten sich sehr freimütig über sie und für sie. Es war klar, daß sie ihnen allen Anlaß zur Beunruhigung und zur Beschäftigung mit ihrer Person gab.

*Therapeut:* Ich möchte, daß Sie alle jetzt nacheinander Anna anrufen und sie fragen, ob sie zur nächsten Sitzung mitkommen will.
*Vater:* Da sehe ich sehr schwarz. (*Die Mutter schüttelt resigniert den Kopf. Der Bruder und die Schwester sind ebenfalls pessimistisch. Es wird ein Telefon hereingebracht und installiert. Nacheinander rufen alle Anwesenden nun Anna an und fragen sie, ob sie kommen will, und jedesmal antwortet Anna, daß die ganze Sache sie ja gar nichts angehe.*)
*Therapeut (kommt ans Telefon und spricht ebenfalls mit Anna):* Also, wenn Sie nicht kommen wollen, dann will ich nicht länger darauf bestehen. Hören Sie, Anna, jetzt werde ich Ihre Angehörigen etwas fragen. Ich möchte, daß Sie zuhören, aber nichts dazu sagen. (*Zu den Familienmitgliedern*): Bitte antworten Sie mir einzeln, nehmen Sie dabei den Hörer in die Hand und sprechen Sie in dieses Mikrophon hier. Ich stelle jetzt eine Regel auf: Sie sollen nicht mit Anna sprechen – Sie müssen ausschließlich zu mir hin sprechen. Meine Frage lautet: Worin bestehen die Schwierigkeiten in dieser Familie? (*Die Angehörigen antworten der Reihe nach in den Hörer hinein, und Anna hört zu, ohne etwas zu erwidern. Der erste Versuch der Mutter, ihrer Tochter eine Antwort zu entlocken, wird sofort vom Therapeuten abgeblockt. Weitere*

*Versuche, die Regel zu verletzen, erfolgen nicht. Nachdem alle gespro-*
*chen haben, kommt der Therapeut ans Telefon und stellt Anna die*
*gleiche Frage.)*[26]
*Therapeut:* Anna, in zehn Minuten möchte ich Ihnen und Ihrer Familie
eine weitere Frage stellen. Können Sie uns bitte wieder anrufen?
*Anna:* Ja.
*Therapeut:* Also gut, ich gebe Ihnen die Nummer . . . Bis später.

In dieser Phase der Behandlung informiert sich der Therapeut, um seine
Beziehung zu Anna zu sondieren und eine Basis für die Verhandlungen
mit ihr zu begründen. Was er an Informationen erhält, wird ihm helfen,
sich Zugang zu diesem Familiensystem zu verschaffen. Genau zehn
Minuten später ruft Anna wieder an.

*Therapeut:* Hallo, Anna. Zuerst sollen Sie wieder nur zuhören, so wie
vorhin. *(Zu den übrigen Familienmitgliedern):* Was ist los mit Anna?
*(Der Therapeut hält ihnen allen den Hörer hin).* Wer will als erster
antworten?

Wieder beantworten nacheinander alle Anwesenden die Frage des The-
rapeuten, und Anna hört zu. Dann stellt der Therapeut Anna die gleiche
Frage, während die übrigen ihrer Antwort lauschen.
In diesem Fall ist der Therapeut in paradoxer Weise auf die heikle
Situation eingegangen, wie sie durch die Abwesenheit der identifizierten
Patienten geschaffen worden ist[27]. Das Paradoxon bestand darin, daß die

[26] An das Telefon war ein Verstärker angeschlossen worden, so daß alle Anwesenden mithören konnten. Anna war über diese Maßnahme informiert worden.
[27] Die Abwesenheit des identifizierten Patienten oder eines anderen Familienmitgliedes ist nicht so entscheidend und muß die Fortschritte in der interaktionellen Therapie nicht etwa lähmen. In diesem besonderen Fall war die Abwesenheit der identifizierten Patientin wahrscheinlich Folge eines beschützenden
Vorgehens des Familiensystems und spiegelte mithin nicht etwa eine eigene
Entscheidung von Annas Seite.

Familie in einem und demselben Augenblick angewiesen wurde, nicht mit Anna in Verbindung zu treten und doch mit Anna in Verbindung zu treten, und darin, daß Anna gesagt wurde, sie solle nicht an der Sitzung teilnehmen, und sie eben doch zur Teilnahme aufgefordert war. Der Therapeut gab eine Anweisung und bestritt im gleichen Atemzug, sie zu geben. Auf diese Weise zwang er die Familienmitglieder, genau das zu tun, wovon sie zuvor angedeutet hatten, daß sie es nicht tun wollten, und gleichzeitig leugnete er alle diese Abläufe. Außerdem redete er Anna in paradoxer Weise – nämlich unter Zuhilfenahme einer Reihe von doppelsinnigen Botschaften – einerseits zu, doch zur nächsten Sitzung zu kommen, indem er andererseits ihre heutige Abwesenheit hinnahm und guthieß.

Einer der homöostatischen Mechanismen der Familie wurde so mit Hilfe einer paradoxen Technik umgangen. Alle Familienmitglieder nahmen an der Sitzung teil und leugneten doch, überhaupt anwesend zu sein, und es durften Botschaften erfolgen, während ihr kommunikatives Potential bestritten wurde. Anna kam in der Tat zur nächsten Sitzung und beteiligte sich aktiv am therapeutischen Geschehen.

Von welchen Überlegungen und Voraussetzungen soll man sich bei der Frage leiten lassen, ob man eine *paradoxe* oder aber eine der *Neustrukturierung* dienende Aufgabe heranziehen will? Diese Frage it nicht so einfach zu beantworten. Die Entscheidung hängt zu einem großen Teil vom Stil und der Persönlichkeit des Therapeuten ab, der vielleicht mit der einen Methode besser vertraut ist als mit der anderen. Allerdings sind paradoxe Aufgaben ergiebiger, wenn wir es mit Familien zu tun haben, die paradoxe Einstellungen und Verhaltensweisen zeigen, bei denen es also wenig Sinn hat, auf der Ebene der Kongruenz zu intervenieren.

Es ist leichter, sich daran zu gewöhnen, daß man eine einmal vorhandene Formel immer wieder anwendet, als sich direkt mit der Situation, wie sie hier gerade besteht, zu beschäftigen. Manchmal geht die Beurteilung und Einschätzung des Familiensystems gar nicht auf dessen spezielle Kennzeichen zurück, sondern es kommt zu einer bestimmten Bewertung und

Beurteilung, weil der Therapeut noch nicht genügend Erfahrung hat. Ein ungeübter Therapeut zieht es unter Umständen vor, sich auf die »magische« Wirkung der paradoxen Verschreibung zu verlassen, anstatt es mit einer gründlichen Analyse der Interaktionsmuster zu versuchen und auf seine Fähigkeit zur Leitung der Sitzung zu vertrauen. Die scheinbare Einfachheit mancher Aufgaben und die Möglichkeit, sie wiederholt zu erteilen und wiederholt durchführen zu lassen, verleitet unter Umständen den einen oder anderen Therapeuten dazu, es – auf Kosten des Patienten und seiner Familie – mit irgendwelchen griffigen Formeln zu versuchen. Ein solches Vorgehen kann aber diese Art der Erforschung und der Intervention, die ja ernsthafte Vorbereitung und nicht einfach Improvisation nötig macht, nur in Mißkredit bringen.

Was die angeblich so wunderbaren Wirkungen angeht, die der paradoxen Intervention oft nachgesagt werden, so bin ich nicht ganz so optimistisch. Aber es besteht kein Zweifel, daß diese Art der Intervention in der Behandlung schwer gestörter Familien und insbesondere im Falle von Familien mit schizophrenen Interaktionsmustern von außerordentlicher Bedeutung ist. Paradoxe Techniken sind nun einmal das wirksamste Mittel zur Zerstörung rigider Interaktionsmuster, und daher eignen sie sich ganz besonders im Falle solcher Familiensysteme, in denen die Schwere der Störung auf das Vorhandensein starker homöostatischer Kräfte deutet.

Ein therapeutisch intendiertes Gegenparadoxon muß die mißliche Lage, in der sich das Individuum oder die Familie befindet, nicht notwendig mit einem Schlag bereinigen, aber es kann sich doch als höchst wirksames Instrument erweisen. Ein Gegenparadoxon, das von einer signifikanten Bezugsperson, dem Therapeuten, in Vorschlag gebracht wird – der ja außerhalb des Familiensystems steht –, ruft oft eine wirkliche Veränderung in den Regeln der Familie hervor, wo die Familie allein nicht imstande ist, eine solche Veränderung zu bewirken.

Die Durchsicht der nicht eben sehr umfangreichen Literatur über das therapeutische Paradoxon hinterläßt den Eindruck, als seien Paradoxien immer und überall unverständlich – und müßten dies auch sein. Unsere

Erfahrung bestätigt diesen Eindruck allerdings nicht. Wenn ein einzelner Mensch oder eine Familie als Gruppe eine paradoxe Aufgabe durchführt oder sich überlegt, wie sie durchgeführt werden könnte, dann ist es oft so, daß dieser einzelne bzw. diese Gruppe einen mehr oder weniger genauen Einblick in die implizite Bedeutung dieser Aufgabe gewinnt. Besonders häufig ist das im Falle heranwachsender Patienten zu beobachten, die um ihre Autonomie ringen. Diese jungen Patienten akzeptieren ohne Schwierigkeiten das provokative Spiel, das im Verschreiben und in der paradoxen Methode enthalten ist, obwohl sie vielleicht über Einzelheiten sehr sorgfältig und ernsthaft diskutieren. Damit lassen sie wiederum erkennen, wie wirksam diese Form der Intervention ist, wenn Veränderungen stattfinden sollen, ohne daß die Familienmitglieder sich veranlaßt sehen, das Gesicht zu verlieren.

## AUFGABEN MIT METAPHERN

### Die Metapher als Mittel der Kommunikation

Mit Hilfe der Metapher lassen sich Botschaften an die Adresse eines einzelnen, eines Paares oder einer ganzen Familie aussenden oder von diesen empfangen.

Das metaphorische Sprechen und Zuhören ermöglicht es uns, vielfältige Botschaften auf unterschiedlichen Ebenen der Abstraktion auszusenden und zu empfangen. Wenn der Therapeut beispielsweise einem Menschen zuhört, der über ein Problem spricht, dann weiß er, daß der Sprecher auf der wörtlichen Ebene natürlich Tatsachen oder Meinungen mitteilt, daß er auf der analogen Ebene aber etwas wissen läßt, das sich explizit nicht zum Ausdruck bringen läßt (Haley, 1976). Wenn Eltern über die Schwierigkeiten ihres Kindes sprechen, dann kann der Therapeut ihre jeweilige Beschreibung der Dinge auf verschiedenen Ebenen anhören; etwa als Schilderung der besonderen Schwierigkeiten eben dieses Kindes, als Aussage, die den Sprecher selbst, seinen Ehepartner oder die eheliche

Beziehung betrifft. Was der Sprechende über das Kind sagt, kann sich darüber hinaus auch implizit auf den therapeutischen Kontext beziehen, also auf das Verhältnis zwischen dem Familiensystem und dem Therapeuten.

Wenn beispielsweise eine Mutter berichtet, daß ihr Sohn unsicher und verschreckt ist, dann will sie damit auf einer anderen Ebene vielleicht zum Ausdruck bringen, daß ihr Mann unsicher und verschreckt und daß ihre eheliche Beziehung gefährdet ist. Wenn ein Vater sagt, daß der Sohn immer droht, von zu Hause fortzulaufen, dann ist es unter Umständen so, daß die Frau droht, ihn zu verlassen. In der Schilderung der Eßschwierigkeiten einer heranwachsenden Tochter, von der beide Eltern berichten, daß sie einmal gar nichts und dann wieder übermäßig viel Nahrung zu sich nimmt, kommt unter Umständen auf einer anderen Ebene zum Ausdruck, daß ihre eheliche Beziehung nicht in Ordnung ist. Und wenn Eltern sagen, daß ihr Sohn gewalttätig ist und daß sie fürchten, daß er auch einmal »krumme« Dinge drehen könnte, dann ist es durchaus möglich, daß sie zugleich und auf der analogen Ebene über ihre eigene Beziehung und die Heftigkeit und Gewalttätigkeit ihres Umgangs miteinander sprechen.

Ein Therapeut kann die Metapher in verschiedener Weise einsetzen. Er kann in Metaphern sprechen oder einen in sich »metaphorischen« Ansatz anwenden, damit die Familie in Bewegung gerät – insbesondere indem er ihr Aufgaben mit Metaphern erteilt. Die metaphorische Ausdrucksweise eignet sich sehr gut, wenn es darum geht, Informationen zusammenzutragen, wie man sie von besonders starren und auf Verteidigung bedachten Familien sonst kaum erhalten würde. So läßt sich beispielsweise ein Sachverhalt mit dem Mittel der Metapher diskutieren, das heißt, man wählt ein Thema, das der wirklichen Problemsituation ähnlich ist, vermeidet es aber, den hier bestehenden Zusammenhang deutlich zu erwähnen.

In bestimmten Fällen fördert die metaphorische Kommunikation die gewünschte Veränderung dadurch, daß sie Einsicht erzeugt, und dies gelegentlich in ganz dramatischer Weise.

Ein Beispiel dafür haben wir im Fall eines besonders rigiden Paares mit sexuellen Schwierigkeiten, über die die Partner niemals miteinander gesprochen hatten. Allmählich klärten sich die Dinge, als einer der beiden sagte, sie sollten doch nun endlich das Schlafzimmer einmal neu streichen. In diesem Thema kam einmal mehr zum Ausdruck, daß die beiden Eheleute einfach nicht imstande waren, sich jemals auf etwas zu einigen. Der Therapeut benutzte eine Metapher, um so eine Veränderung in den sexuellen Beziehungen der Partner in die Wege zu leiten. Er bat Mann und Frau, ihm die Größe und die Form des Schlafzimmers, die Art der Einrichtung, die Farbe der Wände, die Beleuchtung und ähnliche Dinge zu beschreiben. Beide Partner kamen dieser Aufforderung so lebhaft nach, daß der Therapeut beschloß, mit seinen Sondierungsmaßnahmen in dieser Richtung fortzufahren. In dem Verdacht, daß dieses Thema wohl gewisse Analogien zu ihren sexuellen Schwierigkeiten barg, nutzte der Therapeut das sich entwickelnde Gespräch, ohne die hier bestehenden Zusammenhänge deutlich werden zu lassen. Um nicht Abwehr auf den Plan zu rufen, fragte er nur sowohl den Mann als auch die Frau, wie sie das Zimmer denn gerne herrichten lassen würden, welche Farbe ihnen besonders zusage, wer die Farben mischen und wer schließlich die Arbeit des Streichens tatsächlich ausführen würde. Er fragte sie auch, welche Kleidung sie beim Streichen des Zimmers tragen würden und wie sie sich in die gemeinsame Arbeit teilen wollten. Schließlich wies er sie an, am nächsten Wochenende, wenn sie nicht arbeiten mußten und also ausgeruht und entspannt sein würden, mit der Herrichtung des Zimmers zu beginnen.

In der darauffolgenden Sitzung sollten sie ihm dann berichten, wie sie ihr Vorhaben ausgeführt und welche Gesten und Handlungen des jeweils anderen ihnen dabei besonders gefallen hatten.

Diese Aufgabe erwies sich als ganz besonders geeignet. Mann und Frau kamen sehr erfreut zur nächsten Sitzung, weil sie etwas Konkretes zustande gebracht hatten, woran ihnen beiden gelegen war. Beide hatten während der Arbeit ein heftiges sexuelles Verlangen verspürt und wieder Freude an ihrem Zusammensein empfunden. Diese Mitteilung leitete zu einer Erörterung ihrer sexuellen Schwierigkeiten über, ohne daß der Therapeut dieses Thema direkt vorgeschlagen hatte. Damit veränderte sich auch die Atmosphäre in den Sitzungen, denn beide Partner hatten mit Befriedigung festgestellt, daß sich ihr Zusammenleben ja durchaus anders gestalten ließ.

Eine weitere Möglichkeit der metaphorischen Kommunikation besteht darin, daß man gewisse emotionale Konnotationen, wie sie gegenüber einem anderen Menschen oder einer zwischenmenschlichen Beziehung angebracht sind, irgendeinem Objekt anheftet. So kann zum Beispiel ein leerer Stuhl, in dem sonst immer ein bestimmtes Familienmitglied gesessen hat, den Abwesenden personifizieren. Der Therapeut spricht entweder selbst, oder er fordert einen der Anwesenden auf, seine Gefühle nun eben diesem Stuhl mitzuteilen. Oder er bittet die Geschwister des identifizierten Patienten, sich nacheinander auf dessen Stuhl zu setzen und dessen Rolle zu übernehmen. Der überfürsorglichen Mutter eines bereits herangewachsenen Kindes kann man eine Puppe auf den Schoß setzen und anschließend die Frage stellen, warum sie denn so unbedingt jemanden im Arm halten möchte. Und schließlich kann man die Familienmitglieder bitten, sich anstatt mit dem Vater (»der ja nie da ist«) doch mit der Aktentasche des Vaters zu unterhalten. Ein Junge, der ohne Geschwister aufgewachsen war, machte keine Anstalten, sich von der Familie zu lösen. Er hatte vielmehr die Führung der Familie übernommen, während die Eltern eine untergeordnete Rolle spielten. Diesem Jungen wurde gesagt, er möge sich ein Puppenspiel ausdenken: Er selbst sollte die Rolle des Spielleiters übernehmen, während die Eltern die Puppen führen und nach dem Text, den der Sohn sich ausgedacht hatte, für sie sprechen mußten.

In starren Familiensystemen, wo es ganz sinnlos, ja sogar gefährlich sein kann, sich der verbalen Kommunikationskanäle zu bedienen, hat sich dieses metaphorische Vorgehen, also die Heranziehung von Themen, denen ein starker Gefühlsgehalt zu eigen ist, als außerordentlich nützlich erwiesen.

## Möglichkeiten des Einsatzes der Aufgabe mit Metaphern

Wie wir gesehen haben, lassen sich Veränderungen unter anderem dadurch hervorrufen, daß man im Rahmen der Behandlung handfeste Anweisungen erteilt. Viele Menschen sind allerdings nicht bereit, eine Aufgabe zu akzeptieren, wenn sie sie nicht bewußt als Aufgabe erkennen[28], oder wenn die Aufgabe in keinem direkten Zusammenhang mit ihrer problematischen Situation steht.

In solchen Fällen ist das Verschreiben von Aufgaben mit Metaphern ganz besonders angezeigt. Wenn der Therapeut der Meinung ist, daß es für einen seiner Schützlinge das Beste wäre, sich in einer ganz bestimmten Weise zu verhalten, und zugleich voraussieht, daß er ihn wahrscheinlich kaum zu diesem Verhalten bewegen kann, dann kann er das Problem metaphorisch angehen. Er kann etwa versuchen, eine Veränderung in irgendeinem analogen Aspekt des Verhaltens dieses Menschen zu bewirken. Unter Umständen ergibt sich damit spontan auch eine Veränderung in dem Bereich, der als problematisch empfunden wird und dem die Intervention in Wahrheit gilt. Aufgaben mit Metaphern können dem einzelnen Menschen, dem Paar oder der ganzen Familie gestellt werden.

Die Erteilung solcher Aufgaben an die ganze Familie kann besonders interessante Ergebnisse zeitigen: Herr und Frau Righetti haben um Behandlung für ihre beiden Söhne, den vierjährigen Giacomo und den dreijährigen Bibi, gebeten, weil sie sich so abnorm verhalten. Die jungen und offensichtlich zur Mitarbeit bereiten Eltern sagten, daß die beiden Kleinen nicht zu bändigen sind und daß sie mit ihrer Zerstörungswut

---

[28] Das ist zum Beispiel in der Hypnose der Fall. Der metaphorische Ansatz empfiehlt sich ganz besonders im Fall von Menschen, die Widerstand leisten, denn es ist nun einmal schwierig, einer Anweisung Widerstand entgegenzusetzen, wenn man sich gar nicht darüber im klaren ist, daß man sie erhalten hat. Eine gründliche Beschäftigung mit der Verwendung der Metapher in der Hypnose findet sich in Milton Eriksons brillanten Untersuchungen, die bei Haley zitiert sind (1976).

einfach nicht fertig werden. Das Kinderzimmer gleicht nach ihrer Beschreibung einem Schlachtfeld. Möbel wie Spielsachen werden von Giacomo und Bibi immer wieder kaputtgeschlagen. Beide Kinder haben außerdem die Angewohnheit, in den Wandschrank zu urinieren. Die verzweifelten Eltern haben das Zimmer inzwischen so gut wie leergeräumt. Die Kinder schlafen jetzt auf Matratzen auf dem Fußboden.

Dem Therapeuten fällt sofort der Gegensatz zwischen der Zerstörungswut der Kinder, wie sie von den Eltern geschildert wird, und ihrem lebhaften, aber durchaus altersgemäßen Verhalten hier im Therapieraum auf. Die Kinder spielen konzentriert und kommen. dabei recht gut miteinander aus; sie hören interessiert zu, als die Eltern ihnen erklären, was für interessante Dinge es in diesem Zimmer zu sehen gibt (das Mikrofon, den Einwegspiegel usw.). Daneben stellt der Therapeut aber auch fest, daß schon die kleinste Anspielung auf ihr häusliches Leben eine gewisse Niedergeschlagenheit und das Gefühl der Untauglichkeit in den Eltern weckt und andererseits die beiden Kinder veranlaßt, wie wahnsinnig im Zimmer herumzutoben. Er beschließt also, das Problem nicht direkt anzugehen, und überlegt, in welcher analogen Situation es möglich sein könnte, einerseits die Kompetenz der Eltern zu erkunden und andererseits herauszufinden, wie weit die Kinder Verhaltensregeln akzeptieren. Er erteilt die folgende Aufgabe: Die Eltern sollen in ein Warenhaus gehen und dort ein Puppenschlafzimmer mit zwei Bettchen, zwei Stühlen, einem Kleiderschrank, einigen Spielsachen und natürlich zwei Puppen kaufen, die in diesem Zimmer wohnen, und alle diese Dinge dann ihren Söhnen geben. Mit Hilfe der Eltern werden Giacomo und Bibi lernen, die beiden Puppen zu versorgen und darauf zu achten, daß die Puppen die Einrichtung ihres Zimmers in gutem Zustand halten. Die Familie soll sich in dieser Aufgabe eine Woche lang üben und dann in der nächsten Sitzung zeigen, was sie kann. So kann der Therapeut beobachten, ob die Eltern imstande sind, den Kindern beizubringen, wie man mit Spielzeug umgeht, und er kann herausfinden, wie weit es den Kindern gelingt, Verantwortung zu übernehmen, zumindest im Spiel. – Zur nächsten Sitzung erscheinen die Eltern mit einem großen Paket.

Giacomo und Bibi können kaum an sich halten, so begierig sind sie, das Paket auszupacken und mit dem Spiel zu beginnen. Eltern und Kinder kommen ihrer Aufgabe mit Begeisterung nach und sind stolz, dem Therapeuten die Ergebnisse ihrer Arbeit vorführen zu können.

Der Therapeut beglückwünscht sie zu ihrer Arbeit, enthält sich aber jeder Anspielung auf die Methaphorik dieser Aufgabe[29]; es besteht kein Grund, die Familie den Zusammenhang erkennen oder verstehen zu lassen. In Wahrheit spricht der Therapeut, wenn er sich über das Puppenhaus und darüber äußert, wie man Puppen Verhaltensregeln beibringt, implizit darüber, wie man Giacomo und Bibi erziehen muß. Er erweckt neue Kompetenzen zum Leben und ebnet Eltern und Kindern neue Wege des Umgangs miteinander. Kompetenzen und Regeln, die spielend erlernt worden sind, lassen sich dann im täglichen Leben sehr viel leichter anwenden und befolgen.

An einem weiteren Fall wollen wir nun noch deutlich machen, wie sich Aufgaben mit Metaphern in der Paartherapie einsetzen lassen. In diesem Fall war die Behandlung aufgrund einer ganzen Reihe von Problemen erbeten worden; in erster Linie waren die Ehegatten deshalb enttäuscht und ärgerlich, weil sie ihre sexuelle Beziehung für ein vollständiges Fiasko hielten. In Wahrheit war das Problem von viel allgemeinerer Natur: die Interaktion der Partner wies eine gewisse Redundanz auf – *der Mann mußte immer gewinnen, und die Frau mußte ihm immer gestatten zu gewinnen.* Es wäre ganz sinnlos gewesen, sich direkt mit ihren sexuellen Schwierigkeiten zu befassen, denn obwohl beide Partner unzufrieden waren, setzten sie doch in schöner Übereinstimmung ihr endloses Spiel fort. Der Therapeut nahm seine Zuflucht daher zur Metapher, um den Teufelskreis zu unterbrechen, in dem Mann und Frau gefangen waren. Er wollte eine Veränderung durch die Heranziehung einer analogen Situation bewirken. So legte er ihnen ein Kartenspiel hin

[29] Nach Erikson ist die Interpretation unbewußter Kommunikationen das gleiche wie die Zusammenfassung eines Stückes von Shakespeare in einem einzigen Satz (in Halcy, 1976).

und forderte sie auf, während der Sitzung zu spielen, und zwar ein beliebiges Spiel, bei dem allerdings *eine* Regel beachtet werden mußte: der Mann mußte immer gewinnen, und die Frau mußte immer verlieren. Beide waren leicht verwundert, aber erklärten sich mit der Aufgabe einverstanden. Die Zeit verging, sie vertieften sich immer mehr in ihr Spiel und wurden angesichts der Starrheit der auferlegten Regel immer nervöser. Am Ende der Sitzung sagte der Therapeut, sie sollten das Spiel nun jeden Abend vor dem Einschlafen mindestens zehn Minuten lang auch im Bett spielen. Diese Aufgabe, so fügte er hinzu, sei ganz besonders wichtig, und sie sollten sich nur ja hüten, gegen die Spielregel zu verstoßen[30].

Als die beiden zur nächsten Sitzung wiederkamen, waren sie sichtbar erleichtert. Sie berichteten, daß sie sich nur drei Tage lang an die Anweisungen gehalten hatten; am vierten Tag hatte dann die Frau gewonnen und damit die Regel gebrochen. Noch erstaunlicher war der Umstand, daß der Mann gar nicht die Absicht gehabt hatte, sie gewinnen zu lassen; er schien erfreut über den unerwarteten Sieg der Frau (obwohl sie doch die Regel gebrochen hatte, die der Therapeut gestellt hatte). Vom vierten Tag an hatten sie dann zur festgesetzten Stunde einfach nicht mehr Karten spielen wollen, denn die Frau hatte ausgerechnet zu diesem Zeitpunkt den heftigen Wunsch nach einem intimen Zusammensein mit ihrem Mann empfunden. Sie hatte die Initiative ergriffen, und das Zusammensein hatte sie beide befriedigt (nach ihren früheren Mitteilungen waren dies ganz neue Aspekte ihrer Beziehung – sowohl daß die Frau sich als erste vorgewagt hatte als auch daß beide Partner die Begegnung als befriedigend empfunden hatten).

In diesem Fall setzte das metaphorische Spiel eine Veränderung in den Regeln in Gang, an die die Ehepartner sich in ihrem Zusammenleben hielten. Diese Veränderung machte es möglich, daß sie sich mit mehr

---

[30] Mit dem Hinweis auf die große Bedeutung der Aufgabe und darauf, daß es gefährlich ist, wenn man sie nicht korrekt ausführt, wird der pragmatische Effekt verstärkt, das heißt, das Paar sieht sich veranlaßt, Widerstand zu leisten.

Erfolg als bisher mit ihren sexuellen Schwierigkeiten[31] und ganz allgemein mit der Dynamik ihrer Beziehung befaßten. Die Absicht, die hinter der Aufgabe stand, lautete, den Widerstand des Paares gegenüber dem Gedanken einer Veränderung zu überwinden. Da diese Intervention die dysfunktionalen Regeln der Partner auf der metaphorischen Ebene noch verstärkte, mußte es schließlich zur Allianz der beiden Ehepartner gegen den Therapeuten kommen. Zu Beginn der Behandlung war das Paar noch durch seinen Wunsch geeint, das Spiel ohne Ende weiter fortzusetzen, aber dann mußte eine andere Möglichkeit gefunden werden, sich dem Therapeuten zu widersetzen, der anscheinend überhaupt keine Veränderung vornehmen wollte. Um ihre Einigkeit zu wahren, müssen sie nun eben zu anderen Formen des Miteinander finden. Der Erfolg ist von ihren eigenen Kräften und Möglichkeiten abhängig.

---

[31] In dieser kurzen Schilderung habe ich die metaphorischen Aspekte der Aufgabe besonders hervorgehoben. Dieses spezielle Beispiel enthält daneben aber auch die Kennzeichen der paradoxen Aufgabe, insofern nämlich, als dem System ja seine eigenen dysfunktionalen Regeln verschrieben werden.

# 5 Beispiele struktureller Familientherapie

## AUF DEM WEG ZUR AUTONOMIE: DER FALL LUCIANO

### Die Zusammensetzung der Kernfamilie

Zur Familie Rocci gehören Attilio, der Vater, 43 Jahre alt und Verkäufer in einem Kaufhaus, Laura, die Mutter, 42 Jahre alt und im wesentlichen mit ihrem Haushalt beschäftigt; und schließlich ihr einziges Kind, der 16jährige Luciano, der nach der siebenten Klasse von der Schule abgegangen ist und im Augenblick keine Beschäftigung hat. Er ist der identifizierte Patient und seit seinem 14. Lebensjahr schon bei mehreren Psychotherapeuten in Einzeltherapie gewesen[1].

### Überweisung und Motivation für Familientherapie

Als Luciano uns zugeschickt wurde, rechnete er damit, von einer individualtherapeutischen Behandlung in die andere zu wechseln. Der neue Therapeut war nun allerdings daran interessiert, die interaktionel-

---

[1] In dieser Hinsicht gleicht der Fall dem Werdegang vieler Heranwachsender, die sich mit Unterbrechungen immer wieder in Einzeltherapie begeben und häufig von einem Therapeuten zum anderen weitergereicht werden. Diese Art der psychotherapeutischen Karriere ist Folge eines institutionellen Systems, das die Kontinuität der therapeutischen Beziehung dem Gedanken der Dienstleistung mit ihren starren Regeln und ihrer strengen Hierarchie unterordnet. Häufig wird dann nicht etwa Behandlung, sondern nur die immer gleiche Routine geboten, und die Beziehung, die sich auf diese Weise zwischen dem Therapeuten und dem Patienten entwickelt, ist in der Regel oberflächlich oder sogar schädlich.

len Aspekte seiner Schwierigkeiten zu erkunden, und schlug deshalb vor, Luciano und seine Familie mit mir zusammen in Kotherapie zu nehmen[2].

Bevor ich die Situation im Blick auf die in dieser Familie üblichen Interaktionen schildere, möchte ich zusammenfassen, was uns an diagnostischen Mitteilungen über den Patienten zugeleitet worden war: »Die Symptomatik ist von deutlicher Angst bestimmt, die sich in einer allgemeinen psychomotorischen Instabilität und Destruktivität äußert; ferner von Aggressivität, die vornehmlich an Objekten ausgelassen wird; von hypochondrischen und phobischen Zügen (der Patient weigert sich, mit dem Bus zu fahren, allein aus dem Haus zu gehen etc.) und schließlich von Beziehungsideen, die seine Kameraden und seine Familie betreffen. Was seine Selbstdarstellung angeht, so zeigt Luciano exhibitionistisches Verhalten, verbale Aggressivität und eine obszöne Ausdrucksweise, dazwischen versucht er es mit einschmeichelndem und verführerischem Auftreten. Er hält sich für den Mittelpunkt allen

[2] Ich habe mich aus mehreren Gründen zur Schilderung gerade dieses Falles entschlossen: a) Es handelte sich dabei um eine meiner ersten familientherapeutischen Unternehmungen (1970); für den Kotherapeuten Carmine Saccu, der heute mein engster Mitarbeiter ist, war es sogar die allererste Erfahrung dieser Art. Im Verlauf der Behandlung machten uns sowohl der Umstand, daß wir noch nicht sehr viel Erfahrung besaßen, als auch gewisse Konflikte und Widersprüche zu schaffen, wie sie zwischen dem traditionellen Modell der psychiatrischen Intervention (das wir in unserer Ausbildung kennengelernt hatten) und dem interaktionellen Modell bestanden, das damals noch recht häufig mißverstanden und in akademischen Kreisen mit großer Skepsis betrachtet wurde. b) Mir scheint gerade dieser Fall zur Demonstration der Richtigkeit und Gültigkeit des familienbezogenen Ansatzes besonders geeignet: Luciano konnte nur zu Autonomie gelangen, wenn es seinen Eltern möglich war, ihn gehen zu lassen und die Grenzen zwischen den Generationen deutlicher zu ziehen, so daß Luciano nicht in das elterliche Subsystem zurückgezogen würde. c) Wir haben uns erst kürzlich wieder mit diesem Fall befaßt und das Material neu geordnet. Eine Nachuntersuchung vier Jahre nach Abschluß der Behandlung erleichterte uns die Beantwortung der Frage, ob und wie weit sich die Veränderungen, die in der Behandlung erzielt worden waren, über die Jahre hinweg gehalten hatten.

Geschehens und kompensiert diese Einschätzung oft durch paranoide Befürchtungen. Seine Angst und seine Beunruhigung kommen in Gelächter, mutistischem Verhalten oder verbaler Aggression zum Ausdruck. Seine Unfähigkeit, eine aktive Rolle in der Außenwelt einzunehmen, steht in scharfem Gegensatz zu seiner dominierenden Haltung in der Familie, gegen die die Eltern machtlos sind, obwohl Luciano sie ständig um Hilfe bittet. Das ganze Familienleben dreht sich um Lucianos Furcht vor dem Alleinsein. Diese Furcht zwingt ihn, im gleichen Zimmer mit seiner Mutter zu schlafen, während der Vater im Wohnzimmer übernachtet. Zwischen Lucianos Autonomiestreben und seiner ausgeprägten Abhängigkeit besteht ein deutlicher Widerspruch . . .«

Als mein Kollege Saccu den Patienten und seine Eltern zum ersten Mal empfing, beeindruckte ihn das allem Anschein nach unmotivierte, arrogante und in manchen Augenblicken schon fast »wilde« Verhalten des Jungen außerordentlich. Allerdings wurde dieses Verhalten verständlicher, als der Therapeut es schließlich im Zusammenhang mit dem Verhalten der Eltern und im Zusammenhang mit dem Kontext betrachtete, in dem es auftrat. Die Geschichte mit der Suppe, die die Eltern als Beispiel für das völlig irrationale Verhalten ihres Sohnes auch in kleinsten Dingen anführten, war dabei ganz besonders aufschlußreich. Vor dem Hintergrund dieser Geschichte erschien uns Lucianos Verhalten schließlich als logisch und verständlich. Der Vorfall hatte sich wie folgt zugetragen:
Luciano ist ärgerlich auf seine Mutter, weil die Suppe, die sie heute auf den Tisch gebracht hat, versalzen ist.
Die Mutter tut Lucianos Meinung als rein »symptomatisch« ab (»Dem kann man es ja sowieso nie recht machen!«).
Der Vater stimmt seinem Sohn im Grunde zu (an seinen Gesten wird erkennbar, daß das Essen auch ihm nicht schmeckt), aber er verteidigt die Mutter und sagt, die Suppe sei köstlich.
Luciano gerät in Wut, er schüttet die Suppe auf den Tisch und stößt einen Fluch gegen beide Eltern aus.

Selbstverständlich kann ein so banaler Vorfall in jeder Familie eintreten, ohne daß wir ihm irgendwelche psychiatrischen Implikationen anheften. Weniger verständlich ist dagegen, daß Lucianos Verhalten ja *dem Zweck dient,* die direkte Auseinandersetztung der Eltern über die Frage zu verhindern, ob die Suppe nun versalzen ist oder nicht. Zwar werden Maßnahmen, mit denen eine Konfrontation rund um das Essen vermieden werden soll, nicht notwendig ein Familienproblem schaffen, aber die *Vermeidung der Konfrontation* als eingefahrene Form des Umgangs in der Familie führt gewöhnlich dazu, daß die Familie sich einen Sündenbock schafft und als System dysfunktional wird.

## Die Phasen der Behandlung

Daß wir hier die wichtigsten Phasen der Therapie deutlich voneinander absetzen, soll dem Leser helfen, sowohl die Dynamismen der Familie als auch den Gang der Behandlung zu verstehen, die in diesem Fall wöchentlich einmal stattfand und sich insgesamt über eine Zeitspanne von acht Monaten erstreckte.

### Die rigide Triade

In den ersten Sitzungen zeigt das Familiensystem konsequent die Struktur der rigiden Triade[3]. Alle Gespräche drehen sich um Luciano, den kranken Jungen, den die Eltern hergebracht haben, damit er geheilt wird. Er sitzt zwischen ihnen, während sie seine Schwierigkeiten schil-

---

[3] Im strukturellen Ansatz, wie er von Minuchin (1974) beschrieben wird, bildet die *rigide Triade* einen Typ der Familienstruktur, der sich durch chronische Schwierigkeiten in bezug auf die Grenzen zwichen den Generationen auszeichnet. Der Ausdruck bezieht sich auf Familiensysteme, in denen es gewissermaßen die Norm ist, daß ein Kind in den Konflikt der Ehepartner hineingezogen wird.

dern. Während dieser Darlegung machen die Eltern den Eindruck, als stimmten sie völlig miteinander überein, und Luciano bestätigt ihre Definition des Problems. Einerseits halten die Eltern sein Verhalten, selbst wenn es völlig angemessen ist, grundsätzlich für symptomatisch; andererseits versucht Luciano, sich als *das Problem* der Familie zu präsentieren, und benimmt sich so arrogant und selbstherrlich, als wolle er die Beschreibung, die seine Eltern von ihm abgeben, bestätigen. Diese Phase der Behandlung wird von den Berichten über das irrationale und gewalttätige Verhalten des Jungen beherrscht. Später wird sich die Aufmerksamkeit stärker auf Lucianos Abhängigkeit und sein Bedürfnis nach Schutz richten.

Die ganze Familie bemüht sich gemeinsam, dem Therapeuten das Problem in der einen und einzigen Weise darzulegen. Die Eltern sprechen über Lucianos arrogantes und irrationales Gebaren, mit dem sie nach ihren eigenen Worten einfach nicht fertigwerden können, und Luciano zeigt eben dieses Verhalten ganz ostentativ vor, sowohl in den Sitzungen als auch zu Hause. Luciano trägt seinen Teil zur Wahrung des starren homöostatischen Gleichgewichts dieses Systems bei. In der Behandlung beansprucht er eine zentrale Stellung und versucht, den Therapeuten die Regeln der Beziehung vorzuschreiben. Auch die Eltern stützen das Gleichgewicht, indem sie Lucianos Verhalten tatenlos hinnehmen und sein Eingreifen immer dann veranlassen, wenn die Therapeuten die Aufmerksamkeit einmal in eine andere Richtung lenken wollen.

Die Starrheit dieses Systems wird besonders deutlich, als einer der Therapeuten die Eltern bittet, doch noch ein anderes Problem zu nennen, das sie gerne lösen würden, wenn Lucianos Verhalten sich etwa normalisieren sollte. Nach einer langen Pause, die nur durch Gesten der Ungeduld und Verärgerung von seiten Lucianos unterbrochen wird, äußern die Eltern sich wie folgt:

*Mutter:* Ja, also . . . wirkliche Schwierigkeiten hat es zwischen mir und meinem Mann eigentlich nie gegeben. Das Problem ist unser Sohn. Ob er wieder in die Schule gehen will oder nicht.

*Vater:* Es hätte mit ihm zu tun ... eben etwas anderes im Zusammenhang mit ihm.

*Mutter:* Ja, etwas anderes im Zusammenhang mit ihm.

Nachdem einer der Therapeuten die Eltern noch einmal eindringlich befragt hat, fährt die Mutter nach einer weiteren Pause schließlich fort:

*Mutter (zum Therapeuten):* Also, ich weiß nicht. Vielleicht gibt es noch andere Schwierigkeiten, aber ich kann sie irgendwie nicht darlegen. Vielleicht ist es eine ganze Menge. Ich müßte ein Beispiel haben, um zu wissen, ob wir da Schwierigkeiten haben oder nicht. Ich kann es Ihnen nicht sagen. Es hängt eben doch alles mit ihm zusammen. Ich kann dazu einfach nichts sagen ... ich weiß nicht ...

Nach diesem erfolglosen Versuch, mögliche andere Bereiche des familialen Konfliktes zu erkunden, tritt Luciano wieder in den Vordergrund. Er geht unruhig im Raum auf und ab und droht, er werde nach Hause gehen, wenn wir gar nicht über ihn sprechen. Er sei schließlich krank und wolle, daß die Therapeuten sich mit ihm befassen, anstatt die Zeit mit »anderem Blödsinn« zu vergeuden. Dann sagt er, daß er sich fürchtet, allein zu sein, daß er Angst hat, mit dem Bus zu fahren, und daß ihn der Gedanke beunruhigt, er könne an Gewicht verlieren. Später kommt er auf seine Schlafstörungen zu sprechen, die der Grund sind, daß er auch seine Eltern jede Nacht aufweckt. Während er alle diese Schwierigkeiten sehr eindrücklich und dramatisch schildert, schweigen die Eltern und lassen die Therapeuten auf diese Weise erkennen, daß sie vollkommen hilflos sind.

Die Therapeuten sehen sich der Aufgabe gegenüber, sich zunächst einmal *Zugang* zu diesem System zu verschaffen[4]. Jeder Versuch von

---

[4] Die Frage des Zugangs ist von grundsätzlicher Bedeutung. Hochgradig dysfunktionale Systeme setzen einer Veränderung zwar starken Widerstand entgegen, aber über die Zugänglichkeit eines solchen Systems, insbesondere in den frühen Phasen der Behandlung, läßt sich parallel mit der Bildung und Entfaltung

ihrer Seite, die Eltern in eine Folge von Interaktionen zu verwickeln, die nicht mit Luciano zu tun haben, ruft eine Gegenreaktion von seiten des Familiensystems hervor: Luciano fängt an, die Therapeuten anzuschreien und zu beleidigen, weil sie ihn nicht beachten, und wenn die Eltern tatsächlich einmal anfangen, eine Sache unter sich auszuhandeln, endet dieses Unternehmen unweigerlich doch damit, daß sie sich über ihren Sohn und seinen schrecklichen Zustand unterhalten.

Die Informationen, die die Therapeuten in dieser ersten Phase der Behandlung bezüglich der Interaktionen in dieser Familie zusammentragen, weisen darauf hin, daß es sich bei diesem System um eine rigide Triade handelt, deren bevorzugter Mechanismus darin besteht, den Konflikt der Ehepartner untereinander durch den starr gehandhabten Einsatz des Sohnes zu umgehen. Dieser Einsatz des Sohnes wiederum kommt auf zirkuläre Weise im Gefolge seines eigenen Verhaltens zustande[5]. So können die Ehepartner den Schein der Harmonie wahren, denn es gibt ja gar keinen Grund, in Konflikt miteinander zu geraten; und Luciano als Sündenbock schützt das Gleichgewicht des Systems, indem er sich ununterbrochen selbst als das einzige Problem dieser Familie hinstellt.

Im Laufe der Behandlung entdecken wir dann, daß die Vermeidung des ehelichen Konflikts abwechselnd bald auf die eine, bald auf die andere Weise erfolgt: manchmal *attackieren* die Eltern ihren Sohn, weil er *böse*

des therapeutischen Systems einiges aussagen. Mit anderen Worten, wenn die Familie ihre Behandlung beginnt, dann will sie »emotionale Garantien« dafür haben, bevor sie sich öffnet und dem Therapeuten Einlaß gewährt. Der Therapeut muß also die Macht und die Glaubwürdigkeit des Vertragspartners erwerben, wenn er von den Familienmitgliedern akzeptiert werden will und soll.

[5] »Der starr gehandhabte Einsatz eines Kindes im Rahmen ehelicher Konflikte kann verschiedene Formen annehmen. Im Rahmen dieser Dreiecksbeziehung verlangt jeder Elternteil, daß das Kind sich gegen den anderen Elternteil mit ihm verbündet. Sobald das Kind die Partei des einen ergreift, gilt es ganz automatisch als Angreifer des anderen. In dieser in hohem Maße dysfunktionalen Struktur ist das Kind gelähmt. Jede Bewegung von seiner Seite wird von einem der Eltern als Angriff bezeichnet« (Minuchin, 1974, S. 130).

und an den Schwierigkeiten der Familie schuld ist (mit seiner Heftigkeit, seiner Feindseligkeit und seinem irrationalen Verhalten); dann wieder *beschützen* sie ihn, weil er *krank* oder anders ist. In einer der ersten Sitzungen bemerkt die Mutter:
»In diesem Alter lieben Kinder ihre Eltern. Wir haben unsere Eltern doch auch geliebt. Aber wenn man dann heranwächst, entfernt man sich von ihnen; die Liebe, die man für sie empfindet, ist dann anders – verstehen Sie, was ich meine? Luciano ist in vieler Hinsicht wie ein kleines Kind, das noch immer behütet werden muß. Ich kann es mir nicht recht erklären, aber jedenfalls sehe ich, daß er die gleichen Gesten zeigt und die gleichen Dinge tut wie damals, als er klein war . . .«

Ob die Eltern ihren Sohn angreifen, weil er böse ist, oder sich schützend vor ihn stellen, weil er krank ist – das Ergebnis ist immer das gleiche: der Konflikt zwischen Mann und Frau wird dadurch umgangen, daß die dysfunktionalen Interaktionen in der Eltern-Kind-Beziehung ständig verstärkt werden. Dieses Verhalten dient der Aufrechterhaltung der einzigen Form der Ausgewogenheit des Systems, die gegenwärtig für alle seine Komponenten akzeptabel ist.

## Die Störung des Systemgleichgewichts

Wir haben gesehen, wie schwierig es für die Therapeuten gewesen ist, Informationen zusammenzutragen, die nicht direkt Luciano betreffen. Die unerbetene, aber wiederkehrende Botschaft (»Wir sollten nur mit Einwilligung von Luciano und nur über ihn sprechen«) bildet so etwas wie eine therapeutsiche *Sackgasse,* aus der die beiden Therapeuten dadurch herausfinden, daß sie eine Aufgabe erteilen. Anstatt die vorherrschende Tendenz dieses Systems anzugreifen, stützen die Therapeuten sie noch, und zwar in der Überzeugung, daß ein paradoxer Ansatz den hier vorhandenen Teufelskreis durchbrechen und ihnen Zugang zum Familiensystem verschaffen wird. Ganz folgerichtig beginnen sie eine der Sitzungen mit der Feststellung, daß es im Augenblick wohl für alle beruhigender ist, wenn man über Luciano spricht, und daß sich Fortschritte nur dann erzielen lassen, wenn man alle Anstrengungen auf Luciano konzentriert. Dann erteilen die Therapeuten allen drei Familienmitgliedern die Aufgabe, Lucianos Verhalten ganz genau zu beschreiben, da er ja Quelle und Ursache der schrecklichen Lage ist, in der die Familie sich befindet. Dieses Vorgehen führt zum gewünschten Ergebnis: Von Luciano wird in dieser ganzen Sitzung überhaupt nicht gesprochen, und die Therapeuten können endlich wichtige Informationen über die Regeln dieses Familiensystems zusammentragen.

Vor allem die Reaktion der Mutter ist verblüffend. Sie fängt sofort an, weitschweifig über ihre eigene Kindheit und die Kinderjahre ihres Mannes, über die Einsamkeit, die sie beide empfunden haben, und über ihre Ehe zu sprechen. Luciano unterbricht sie nicht. Zwar wird er sich gegen Ende dieser Woche noch fürchterlicher aufführen als sonst, so daß sein Verhalten dann das Thema der folgenden Sitzung bildet, aber es sieht doch so aus, als sei mit dieser Aufgabe ein erster Schritt zur Destabilisierung des Systems getan worden. Die Mutter läßt jetzt ihre ambivalente Haltung gegenüber ihrem Sohn erkennen, und zwar verbal wie nichtverbal. Einerseits ist sie von seinen Problemen und Schwierigkeiten völlig in Anspruch genommen (»Mir ist, als ob seine Herrschsucht mich erstickte, er bindet mich durch seine Störung immer weiter an sich« etc.), andererseits bestärkt sie ihn implizit in seinem Verhalten. Am Ende geht sie dazu über, indirekt ihren Mann anzuklagen, daß er zuviel von Luciano verlange. Sie sagt, ihr Mann solle mehr Geduld haben und mehr Rücksicht auf Lucianos Alter nehmen. Was die Interaktionen in dieser Familie angeht, können wir also sagen, daß die Kritik der Mutter einerseits und ihre Unterstützung von Lucianos symptomatischem Verhalten andererseits doch wohl ihren dringenden Wunsch anzeigen, das stabile Bündnis mit dem Jungen, das sich gegen den Vater richtet, fortzusetzen.

In einer anderen Sitzung spricht Luciano ganz deutlich aus, daß die Haltung seiner Mutter ihm gegenüber widersprüchlich ist, und bestätigt so unseren Verdacht, daß zwischen Mutter und Sohn ein festes Bündnis besteht: »Jetzt bringst du mich auf etwas anderes – daß du es nämlich getan hast, ohne dir darüber klar zu sein, denn ein Teil von dir will ja gar nicht, daß ich in Ordnung komme. So wie ein Teil von mir auch möchte, daß ich so bleibe, wie ich bin. Dabei will ich doch gerne in Ordnung sein. Als ich sagte, daß ich ein paar Schlachten gewonnen habe, meinte ich den Teil von mir, der in Ordnung kommen möchte. Ich bin bei 51 Prozent, denn jetzt gleichen sich die beiden Teile aus. Ein Teil von meiner Mutter ist wie ich: wenn es besser mit mir wird (ich bin ein Muttersöhnchen, ich hänge an meiner Mutter) und ich mich von ihr entferne, dann wird ihr das vielleicht gar nicht so gefallen. Aber ich hänge nun mal sehr an meiner Mutter, und wenn sie sich immer noch enger an mich hält, dann ist die Schlacht halt verloren.«

In dieser Phase der Behandlung kommt es mehrfach zum Zusammenstoß zwischen Luciano und seiner Mutter über die Frage seiner Autonomie. Allerdings scheinen diese Zusammenstöße eher der Bestätigung des zwischen ihnen bestehenden Bündnisses als etwa der konkreten Beschäftigung mit der Frage von Lucianos Selbständigkeit und Unabhängigkeit zu dienen. Immerhin erfährt ein System ja schon dadurch eine Modifizierung, daß im Verlauf der Sitzungen die eine oder andere Familienregel aufgedeckt und sichtbar gemacht wird. In diesem Fall wird es immer schwieriger, das Bündnis zwischen Luciano und seiner Mutter aufrechtzuerhalten, je deutlicher es sich den Blicken darstellt. Der Ausschluß des Ehemanns, der sich hinter dem scheinbaren Konflikt zwischen Mutter und Sohn verbirgt, wird immer deutlicher erkennbar, vor allem im Hinblick auf die Dynamismen der ehelichen Beziehung (Luciano schafft es in jeder Hinsicht, seine Eltern voneinander getrennt zu halten). Während dieser Sitzungen macht der Vater einen recht gequälten Eindruck. Wenn die Therapeuten ihn auffordern, doch auch etwas zu sagen, antwortet er ausweichend. Er scheint die Rolle eines zweiten Sündenbocks innezuhaben.

Die Art, in der die Frau über ihren Mann spricht, und der Umstand, daß sie jede positive Äußerung über ihn gleich wieder zurücknimmt oder abschwächt, decken sich nahtlos mit diesen Beobachtungen. Auf der verbalen Ebene erweist sie ihm Respekt; er hat schließlich immer hart gearbeitet und sich ganz ihr und dem Sohn gewidmet; aber ihr Ton und ihr Gesichtsausdruck lassen erkennen, daß dieser fade und stumpfsinnige Mann sie langweilt und reizt, weil er ihr nichts Neues zu bieten weiß. Im Vergleich zu der scheinbaren ehelichen Harmonie, wie sie uns zu Beginn der Therapie vorgeführt wurde, beobachten wir jetzt eine ganz andere Situation. Die Mutter bringt ihre wechselnde emotionale Verfassung dadurch zum Ausdruck, daß sie ihre Gefühle hin und wieder an dem Sohn, der ständig ihre Aufmerksamkeit beansprucht, häufiger allerdings an ihrem schweigsamen und langweiligen Mann ausläßt.

Jetzt, da das Gleichgewicht des Systems durch den Wandel im Verhalten der Mutter erschüttert worden ist, erwarten wir eine entsprechende Reaktion zugunsten der Wiederherstellung der alten homöostatischen Ausgewogenheit. Und in der Tat versucht Luciano, die Veränderung in der Haltung seiner Mutter ihm gegenüber zu leugnen und die alte Harmonie wiederherzustellen, indem er sein symptomatisches Verhalten übertreibt. Aber etwas hat sich in bezug auf die übliche Methode der Familie, zu ihrer homöostatischen Ausgewogenheit zurückzufinden, verändert. Luciano ist jetzt gezwungen, seine Aggressivität an *den Therapeuten* auszulassen[6], von denen er sich nun bedroht fühlt, anstatt an der Familie, wie er dies früher getan hat. Diese neue Situation verlangt den Therapeuten ein gehöriges Maß an emotionaler Selbstkontrolle ab (Luciano droht sogar mit dem physischen Angriff – in einer Sitzung schwenkt er einen stählernen Aschenbecher über dem Kopf eines der

---

[6] Daß der Patient jetzt zur direkten Konfrontation mit den Therapeuten aufgefordert ist, schafft einen neuen Zustand der Abnormität im Familiensystem. Eine solche Zwischenphase ist häufig notwendig, bevor das eigentliche Problem gelöst werden kann. Bisher hat sich zwar im Verhalten des Jungen nichts geändert, aber er ist jetzt gezwungen, es im Angesicht der Therapeuten und immer weniger gegenüber seinen Eltern auszuagieren. Das wirkt sich so aus, daß die Grenzen zwischen den Generationen flexibler werden: Luciano muß, um sich den Therapeuten entgegenzustellen, das Territorium der Eheleute verlassen.

Therapeuten). Zugleich bedeutet diese neue Situation aber auch einen erheblichen therapeutischen Fortschritt und verschafft den Therapeuten den angestrebten Zugang zu diesem Familiensystem.

Systemisch betrachtet ist eine Konfrontation zwischen den Ehepartnern jetzt, da die Mutter-Sohn-Koalition durch einen offenen Konflikt zwischen den Therapeuten und dem Sohn ersetzt worden ist, durchaus möglich geworden. (Die Motive des Konflikts sind für die Beteiligten verschieden: Luciano möchte seine protektive Funktion in der Familie wiedergewinnen; den Therapeuten geht es darum, daß er selbständiger und unabhängiger wird, das heißt, daß er aus dem Haus geht.) Es ist natürlich keineswegs einfach, die Ehepartner zu einer direkten Auseinandersetzung zu bewegen. Sowohl der Mann als auch die Frau sind ihren Konflikten von jeher dadurch aus dem Weg gegangen, daß sie den Sohn einspannten, und sie haben niemals irgendwelche anderen Formen des Umgangs miteinander entwickelt. Besonders bezeichnend ist, daß der Vater angesichts der wiederkehrenden Beschwerden und Klagen von seiten seiner Frau schließlich sich der Situation bewußt wurde und die Richtigkeit unserer Strategie, ihn zu konfrontieren, bestätigt. Die folgenden Zitate stammen aus den speziell mit der Interaktion befaßten Sequenzen, die den Höhepunkt einer der Sitzungen bildeten:

*Ehemann:* Heute will ich mal reden. Es ist etwas Wichtiges geschehen. Das Letzte, was meine Frau gestern sagte, war: »Wir sind jetzt zwanzig Jahre verheiratet, aber es gibt vieles, was ich über ihn eben doch nicht weiß.« Also, das ist doch seltsam ... Ich weiß nicht, wir haben keine Geheimnisse voreinander, sie sollte eigentlich alles wissen. Vielleicht hat sie mich nicht verstanden. Vielleicht äußere ich mich nicht, ich überlege mir die Dinge so für mich. Jedenfalls, es war am Sonntag nachmittag, zu der Zeit, zu der wir gewöhnlich fortgehen. Wir wollten ins Kino, wie immer. Ich sagte: »Gehen wir doch lieber an den Strand!« Das habe ich gesagt ... ich sage das, und sie fängt an zu weinen. Wir haben ein Gespräch geführt wie noch nie in diesen zwanzig Jahren. Wir haben zwei, drei, vier Stunden geredet. Es war interessant, weil so vieles dabei zur Sprache gekommen ist. Vielleicht habe ich geschlafen, vielleicht habe ich mich allzusehr mit mir selbst beschäftigt; jedenfalls dachte ich, daß alles in Ordnung wäre. Vielleicht war ich so mit meiner Arbeit beschäftigt, daß ich niemals darüber nachgedacht habe – ich habe es nicht verstanden, ich war blind, wie ein Pferd mit Scheuklappen. Ich weiß nicht, ob Sie *(zu den Therapeuten)* überhaupt wissen wollen, was wir bei dieser Gelegenheit besprochen haben, aber jedenfalls kamen da Antworten auf viele Fragen, die Sie uns schon mal gestellt haben und auf die Sie damals keine Antwort bekommen haben. Probleme? Es gab eine Menge Probleme. Wir haben uns nie damit befaßt, ehe sie wirklich auftraten, weil ich mir schon allein meine Gedanken darüber gemacht habe, weil sie die Dinge eben einfach akzeptiert hat, und später habe ich das dann eben auch so gemacht. Ich habe die Folgen zu spüren bekommen. Ich habe die Dinge einfach laufen lassen. Vielleicht habe ich geträumt, ich weiß nicht. Vielleicht war ich auch zufrieden mit dem, was ich erreicht hatte. Das ist etwas, das mir immer noch durch den Kopf geht, diese Frage. Aber jetzt finde ich Antworten auf alle die Fragen, die Sie gestellt haben und auf die ich Ihnen so dumme Antworten gegeben habe oder derentwegen ich wütend auf Sie war, oder die ich vielleicht auch überhaupt nicht beantwortet habe. Natürlich hat es Schwierigkeiten gegeben, einen ganzen Haufen, und vielleicht haben wir sie beide für uns behalten. Wir hatten vorher niemals darüber gesprochen. Zum Beispiel haben Sie meine Frau einmal etwas gefragt, und es fiel ihr einfach keine Antwort ein. Zu mir hat sie dann gesagt: Ich habe nicht geantwortet, weil ich dich nicht kränken wollte. *(Zu seiner Frau):* Du mußt aber antworten. Wir kommen ja aus guten Gründen her. Wenn ich wirklich fad und langweilig war, wenn ich nicht dein Ideal war, dann sag es doch! Du kränkst mich nicht. Du hast mir einmal gesagt: Du hast ein paar gute Eigenschaften, aber vielleicht habe ich doch etwas mehr erwartet. Gib's doch zu, gib doch zu, daß es so ist!

*Frau (zu den Therapeuten):* Als Sie mich fragten, was ich für meinen Mann empfinde, habe ich gesagt »weniger als für meinen Sohn«. Aber lieber hätte ich die Frage überhaupt nicht beantwortet, denn wenn ich ehrlich gewesen wäre, dann hätte ich sagen müssen: Gar nichts, überhaupt nichts!

*Mann:* Das läuft ja wie am Fließband.

*Frau (zu ihrem Mann):* So habe ich immer empfunden, Es ist einfach so, daß . . . Ich hab ja versucht, es dir zu sagen, aber du warst immer gekränkt und hast mich dann tagelang nicht einmal angesehen. Also hab' ich's aufgegeben.

*Mann:* Du hättest darauf bestehen sollen . . . aber es ist ja nicht so, daß ich nicht zugehört hätte. Vielleicht habe ich dich nicht verstanden, vielleicht habe ich die Dinge einfach nicht gesehen. Du hättest darauf bestehen sollen, du hättest es immer wieder versuchen sollen.

In den vorangegangenen Sitzungen hatte Attilio sich ganz zurückgehalten und sich immer untergeordnet. Jetzt, da er seinen Gefühlen freie Bahn läßt, ist sein Ton fest und entschieden. Er behält seine Mittelpunktstellung während der ganzen Sitzung bei und wehrt jeden Versuch Lucianos ab, sich einzumischen. Im weiteren Verlauf der Behandlung fällt er gelegentlich in sein altgewohntes Verhalten als schweigsamer, am Rande stehender Vater und Ehemann zurück, aber seine neue Sicht der Dinge ist doch ein erster Schritt in Richtung auf eine Neudefinition der Rollen und Funktionen in dieser Familie.

Die Enthüllungen des Vaters und die direkte Interaktion zwischen den Ehepartnern bedeuten eine weitere Bedrohung für das Gleichgewicht des Systems. Luciano, der sich jetzt mit den Schwierigkeiten der Eltern konfrontiert sieht, möchte am liebsten wieder seine Rolle als Katalysator der familiären Spannungen zurückgewinnen. Er übertreibt seine Symptome – die Furcht vor dem Imstichgelassenwerden, die phobischen Ängste und auch die heftigen Ausbrüche gegenüber den Eltern – und zieht in den Sitzungen jedesmal, wenn das Gespräch sich den Eltern und ihren Angelegenheiten zuwendet, die Aufmerksamkeit dadurch wieder auf sich, daß er zeigt, wie schlecht es ihm geht. Ganz deutlich wird das in dem nachstehenden Gespräch, an dem die Mutter und Luciano beteiligt sind.

*Mutter (zu den Therapeuten):* Es ändert sich etwas, aber es ist etwas, was er nicht mag. Er ist wütend auf Sie, weil Sie nämlich daran schuld sind, wissen Sie. Anders könnte ich mir die Dinge nicht erklären, die er jetzt in den letzten Tagen zu Hause immerzu gegen Sie vorgebracht hat. Das ist ein Zeichen dafür, daß Sie etwas ihn ihm aufgerührt haben, das er nicht gerne herauslassen möchte.

*Luciano (der in dieser ganzen Sitzung sehr deutlich zeigt, daß er sich vor einer Veränderung fürchtet):* Ich möchte ja mit Ihnen zusammenarbeiten, aber ich betrachte Sie als Feinde. Das heißt, ich glaube nicht wirklich, daß . . . Sie versuchen mir zu helfen, nicht wahr? Aber ich versuche, mich Ihnen entgegenzustellen und mich eben nicht heilen zu lassen. Ich habe über diese Sache nachgedacht, aber ich möchte das alles nicht vor mir selbst zugeben; verstehen Sie, was ich meine? Das ist das ganze Problem. Wenn ich es vor mir zugebe, dann werde ich nervös. Und dann gehe ich wegen einer anderen Sache hoch.

## Die Klärung von Generationsgrenzen

Luciano nimmt zwar weiterhin die Stelle der Hauptperson in den Sitzungen ein, die die Aufmerksamkeit aller Anwesenden auf sich gerichtet wissen will, aber der Widerstand des Systems gegenüber einer Veränderung ist doch jetzt nicht mehr so stark wie zu Beginn der Behandlung. Dieser verminderte Widerstand ist zweifellos Ergebnis des Umstandes, daß die Eltern mehr Sicherheit gewonnen haben und sich jetzt konkret mit den Schwierigkeiten beschäftigen können, die zwischen ihnen bestehen, und dies sowohl in den Sitzungen als auch zu Hause. Zwar sieht es so aus, als hätten Lucianos Schwierigkeiten in dieser Zeit zugenommen, aber sie besitzen jetzt nicht mehr die Macht, ein emotionales Echo bei den Eltern hervorzurufen, und – was noch wichtiger ist – sie haben sich auf ein anderes Ziel verlagert. Sie richten sich jetzt nicht mehr gegen die Familie, sondern gegen die Außenwelt, die vorübergehend durch das therapeutische Team repräsentiert ist. Die

Therapeuten formulieren jetzt eine Strategie, mit der Luciano dazu veranlaßt werden soll, sich stärker um seine Autonomie zu bemühen, so daß sich die Grenzen zwischen den Generationen deutlicher abstecken lassen. Wenn die Triade erst einmal an Starrheit verloren hat – das heißt, wenn der Gedanke an eine Auseinandersetzung der Ehepartner untereinander nicht länger von allen Familienmitgliedern als bedrohlich und unerträglich empfunden wird –, und wenn Luciano es nicht mehr nötig hat, als Katalysator der Spannungen in dieser Familie zu fungieren, und seine beschützende Rolle aufgeben kann, dann wird endlich eine Neudefinition der Beziehungen zwischen den Ehepartnern und dem Sohn möglich werden.

Die Therapeuten beschließen, diesen Prozeß dadurch voranzutreiben, daß sie *eine Aufgabe erteilen, mit der ein neuer Sündenbock geschaffen werden soll.* Sie entwerfen eine Strategie, durch die Lucianos Störungen vorübergehend gewissermaßen auf den Vater übertragen werden. Dabei spielt das Tätigkeitsfeld des Vaters außerhalb der Familie eine Rolle. Der Vater ist in den zwanzig Jahren seiner Arbeit als Verkäufer in einem großen Kaufhaus nicht einen einzigen Tag lang ferngeblieben. Sein Beruf ist vermutlich der einzige Bereich in seinem Leben, der ihn wirklich befriedigt und in dem sein Können von jedermann anerkannt wird, auch von Frau und Sohn. Einer der Therapeuten bittet ihn in einer Sitzung, die unter vier Augen stattfindet, um seine Hilfe: Luciano muß dazu gebracht werden, daß er außerhalb des Hauses eine gewisse Verantwortung übernimmt. Der Therapeut erteilt also folgende Aufgabe: der Vater soll einen zweiwöchigen Urlaub nehmen und sich in dieser Zeit sehr niedergeschlagen und ganz gleichgültig zeigen; er soll außerdem jedes Gespräch mit seiner Frau oder seinem Sohn vermeiden.

Zugleich sagt der Therapeut dem Vater, daß es vermutlich nicht weiter schwierig sein wird, deprimiert zu sein; in den zwei Wochen, die er zu Hause verbringt, wird er wohl ausreichend Gelegenheit haben, bedeutsame und nicht eben erfreuliche Beobachtungen zu machen, was Art und Verteilung der Rollen und Funktionen in dieser Familie angeht. Dieser therapeutische Schritt muß ganz einfach eine heftige Reaktion hervorrufen, vor allem bei Luciano. Tatsächlich greift Luciano in der nächsten Sitzung die Therapeuten an, wirft ihnen vor, an der Krankheit seines Vaters schuld zu sein, und kündigt an, daß von nun an er, Luciano, die Familie nach außen hin vertreten wird (»Wenn er in einem solchen Zustand ist, dann muß eben ich die Dinge in die Hand nehmen«). Die Aufgabe bedeutet selbstverständlich eine Herausforderung für Luciano, und sie setzt – auf ungewöhnliche, aber jedenfalls wirksame Weise – eine Entwicklung in Luciano in Gang, die ihren Abschluß in seiner Unabhängigkeit und in einer vollständigen Neuordnung der familialen Rollen haben wird. Luciano kommt jetzt eine Zeitlang nicht zu den Sitzungen, aber er sendet dem Therapeuten durch seine Eltern immer wieder kleine Botschaften. Ihr Inhalt klingt beruhigend, was Luciano selbst betrifft; sie bestätigen implizit die Richtigkeit unseres Vorgehens und zeigen, daß die Zeit reif ist, um sich mit den Problemen der Ehepartner zu befassen, ohne daß Luciano sich vermittelnd einmischt. Tatsächlich beginnen die Eltern nun, da sie nicht länger durch Lucianos Symptome blockiert sind, ihre Unstimmigkeiten und Konflikte direkter und ehrlicher in Szene zu setzen und die Aussichten für eine neue Beziehung zwischen sich zu erkunden. Je mehr Luciano an Selbständigkeit und Unabhängigkeit außerhalb der Familie gewinnt, desto klarer erkennen die Ehepartner jetzt ihre gemeinsamen Interessen. Sie bemühen sich um ein neues und aufrichtigeres Verhältnis zueinander und machen zum ersten Mal seit sechzehn Jahren die Entdeckung, wie ihr Zusammenleben ohne Luciano aussieht.

*Die Verhandlungen um die individuelle Autonomie*

Die Behandlung steuert jetzt auf ihr wichtigstes Ziel zu – die Trennung der Generationen in dieser Familie. Dieser Prozeß, der schon dadurch vorangetrieben wird, daß Luciano zu einer Reihe von Sitzungen nicht erscheint, erfährt dann noch eine weitere Beschleunigung, als die Therapeuten in Einzelsitzungen mit Luciano arbeiten.

In diesen Sitzungen geben die Therapeuten ihre provozierende Haltung auf. Luciano ist jetzt bereit, eine andere Art der Beziehung zu seinen Eltern einzugehen, die ihm den Weg in die Unabhängigkeit erleichtern wird. Das Gespräch dreht sich um seine Arbeit, seine Kameraden, seine Freundin und ganz allgemein um seine Art der Betrachtung der Realität. Zwar schwankt er häufig zwischen einem geradezu grandiosen Selbstbild und der Unsicherheit, ob er mit seinesgleichen überhaupt zurechtkommen wird, aber was ihn jetzt beschäftigt, ist doch seine persönliche Entwicklung, und allmählich gibt er seine Rolle als Sündenbock der Familie auf.

Die Ehepartner haben ihre Furcht vor der Intimität überwunden, die zur Verwischung der generationsspezifischen Rollen und Funktionen geführt hatte. Sie können sich jetzt an eine Sache heranwagen, an die vor einigen Monaten noch gar nicht zu denken war – an die Neustrukturierung der Familie in der Weise, daß Luciano wieder in seine Sohnesrolle zurückkehren kann und die Eltern ihr eigenes eheliches Territorium innehaben.

Zuvor waren alle Bemühungen, die Furcht vor dem nächtlichen Alleinsein zu überwinden und die entsprechenden Vorkehrungen rückgängig zu machen, fehlgeschlagen, weil sie eher von der Besorgnis der Therapeuten als von der Wahl des *therapeutisch richtigen Zeitpunktes* bestimmt gewesen waren.

*Vier Jahre später*

Die Behandlung endete nach etwa acht Monaten. Der Kontakt zwischen der Familie Rocci und den Therapeuten wurde durch gelegentliche Zusammenkünfte im Abstand von einem Jahr aufrechterhalten. Bei diesen Treffen konnten die Therapeuten sich über das allgemeine Ergehen der Familie und darüber unterrichten, ob die Veränderungen, die durch die Behandlung in Gang gekommen waren, sich gehalten hatten. Die Therapeuen traten nun eher als Freunde der Familie auf, denen daran gelegen war, etwas über die inzwischen erfolgte Entwicklung der Familiengruppe zu erfahren. Luciano erzählte freimütig von seiner sardischen Freundin und von den Sitten, die in Sardinien herrschten, während die Eltern stolz von ihren letzten Ferien berichteten, die sie in den Bergen verbracht hatten.

Vier Jahre nach Beendigung der Behandlung empfing ich die Familie Rocci erneut. Sie hatten meine Einladung bereitwillig angenommen und erinnerten sich bei unserer Begegnung noch genau an die wichtigsten Phasen der Behandlung. Eingedenk der Zeiten, da Luciano mit dem heimlichen Einverständnis seiner Eltern alle Aufmerksamkeit auf seine Person vereinigt hatte, war ich nun geradezu verblüfft zu sehen, wie die Familienmitglieder heute miteinander umgingen und welchen Respekt sie einander bezeigten. Ich fragte nach den wichtigsten Ereignissen der vergangenen vier Jahre, und die Eltern erzählten mir von sich und ihrer Beziehung, die sie für reifer und aufrichtiger hielten als früher. Die Frau sah jünger aus und brannte darauf, mir zu erzählen, daß sie sich heute freier und mehr als sie selbst fühle. Auch der Mann sprach über die eheliche Beziehung, meinte, sie hätten einander nach langer Zeit wiedergefunden, und machte allgemein einen entschlossenen und selbstsicheren Eindruck. Beide Eltern behandelten Luciano als einen erwachsenen Menschen und genossen es offensichtlich, mit ihm zusammenzusein. Luciano saß ein Stück von seinen Eltern entfernt und sprach weitschweifig über die Veränderungen, die sich in der Zwischenzeit eingestellt hatten. Er trat wie ein junger Mann auf, der mit den altersspezifischen Aufgaben und Schwierigkeiten selbstverständlich allein zurechtkommt und sich weder in den Mittelpunkt stellen noch seine Abhängigkeit von anderen Menschen dartun muß. Er berichtete über die für ihn wichtigen Ereignisse dieser vier Jahre, und die Eltern hörten ihm aufmerksam zu. Er hatte zunächst in einem Fachgeschäft für Bekleidung gearbeitet und war nach Ableistung seiner Wehrpflicht nun vor wenigen Tagen in diese Stelle zurückgekehrt. Bei der Armee hatte er sich anfangs recht unglücklich gefühlt und gemeint, das Soldatenleben würde ihn seelisch wohl zu stark belasten. Aber dann hatte er sich doch an die neuen Umstände gewöhnt, obwohl es schwierig und unangenehm gewesen war, und diese Zeit ohne böse Nachwirkungen durchstanden. Im Grunde hatte diese erste Erfahrung mit dem Leben außerhalb des Elternhauses ihm dazu verholfen, seine Fähigkeiten realistischer einzuschätzen. Er hatte viele Freundschaften geschlossen, was seine Eltern mit Befriedigung vermerkten. Einige Kameraden, die gleichzeitig mit ihm aus dem Wehrdienst ausgeschieden waren, hatten ihn eingeladen, im Sommer zusammen mit seiner Freundin Paola zu ihnen nach Sardinien zu kommen. Nach den Ferien wollte er dann eine feste Stelle bei der Post annehmen. Der Gedanke daran – wie übrigens auch die Vorstellung, ganz allgemein jetzt gewisse Verantwortungen im Leben übernehmen zu müssen – machte ihm zweifellos ein wenig Angst. Aber diese Ängste waren die ganz normalen Ängste des Heranwachsenden und konnten nicht länger als abnorm oder außergewöhnlich betrachtet werden.

Die Atmosphäre in der Familie hatte sich gewandelt; man begegnete einander nun mit echtem Respekt. Die Mutter berichtete, die neue Einstellung stamme von ihrer Mutter (»jeder ist für sich selbst verantwortlich«). Die Entdeckung, daß es Bereiche der individuellen Autonomie gab, ermöglichte es dieser Familie, neue Formen des Miteinander zu entwickeln, die auf einem erweiterten Bewußtsein bezüglich der eigenen Person und auf gegenseitigem Vertrauen aufbauten. Die Familie war jetzt eine Einheit aus jeweils eigenen und deutlich voneinander unterschiedenen Komponenten. Das System war nicht länger darauf angewiesen, Konflikte der Ehepartner umzuleiten und sich einen Sündenbock zu halten. Die Familienmitglieder konnten einander jetzt auf allen Ebenen ungehemmter entgegentreten, und was das wichtigste war – allen Erwachsenen, also auch Luciano, war eine wirkliche Emanzipation gelungen.

## EINKOTEN – DER FALL ANDY[7]

Die Familie T. wurde von einem am Children's Hospital in Philadelphia tätigen Kinderarzt an mich überwiesen. Die Mutter hatte sich ursprünglich an das genannte Krankenhaus gewandt, weil Andy seit einem Jahr mehrmals am Tag und auch in der Schule »die Hosen vollmachte«. Nach einer Reihe von Labortests, die sämtlich negative Ergebnisse erbracht hatten, riet der Kinderarzt zur kurzfristigen Familientherapie an der Philadelphia Child Guidance Clinic[8].

Die farbige Familie T. bestand aus der Mutter, Carolyn, 36 Jahre alt, und vier Kindern: der dreizehnjährigen Sandra, dem zwölfjährigen Andy – dem identifizierten Patienten –, der siebenjährigen Charlene und dem sechsjährigen Robert. Die Eltern hatten sich schon vor einigen Jahren getrennt. Howard, der Vater, war Taxifahrer und lebte in einem der Außenbezirke zusammen mit einer anderen Frau; er unterhielt nur einen sehr lockeren Kontakt zu seinen Kindern. Carolyn und die Kinder lebten in einer der ärmsten Gegenden überhaupt. Trotz der ständigen Geldnot tat Carolyn ihr Bestes, um die Kinder mit allem Nötigen zu versorgen, und ihre Rolle als Mutter erfüllte sie mit Stolz. Sie hatte es abgelehnt, Wohlfahrtsunterstützung anzunehmen; sie brachte ihre Familie mit Anstand durch und konnte dadurch, daß sie als Putzfrau bei einer Fluggesellschaft arbeitete, allen Kindern den Schulbesuch ermöglichen. Die Kinder waren sehr selbständig und übernahmen bereits eine ganze Reihe von Aufgaben, wenn die Mutter arbeiten ging.

[7] Das Material zu diesem Abschnitt stammt aus meinem Artikel »A Structural Approach to a Family with an Encopretic Child«, der im Journal of Marriage and Family Counseling 1978, S. 25–29, erschienen ist und hier mit Erlaubnis des Verlages abgedruckt wird.
[8] Ich behandelte die Familie T. vier Monate lang an der Philadelphia Child Guidance Clinic, und zwar unter der Supervision von Jay Haley, dem ich hier meinen Dank dafür aussprechen möchte.

## Die Phasen der Behandlung

*Die Konzentration auf das vorgestellte Problem mit dem Ziel, Zugang zum Familiensystem zu gewinnen*

In den ersten Sitzungen beschäftigten wir uns im einzelnen mit dem Problem des Einkotens, um zu verstehen, was es für Andys Mutter, für Andy selbst und für seine ältere Schwester Sandra bedeutete und wie weit jeder von ihnen bereit war, an der Überwindung dieser Schwierigkeiten mitzuarbeiten. Alle drei stimmten darin überein, daß Andys Verhalten unangemessen und höchst ärgerlich war, und konnten keine Erklärung dafür finden. Carolyn hatte die zusätzliche Last mit der täglichen Wäsche, aber was sie vor allem beunruhigte, war der Gedanke, daß die Störung vielleicht eher psychischer Natur sein könnte. (Diese Sorge schien verständlich, als die Mutter später in einer Einzelsitzung erzählte, daß ihr Mann einmal, als sie noch zusammenlebten, in eine psychiatrische Klinik aufgenommen worden war.) Für Sandra bedeutete Andys Störung eine Möglichkeit, die Mutter zu vertreten und sich für den Haushalt verantwortlich zu fühlen, wenn Carolyn nicht da war. Auch Andy war beunruhigt über sein allem Anschein nach unerklärliches Verhalten und schämte sich, weil es seinem Alter so ganz und gar nicht entsprach.

Nachdem ich mir erste Informationen über das Problem beschafft hatte, richtete ich meine therapeutischen Bemühungen zunächst darauf, ein heiteres und fröhliches Umfeld zu schaffen, in dem Mutter und Kinder auch einmal miteinander spielen konnten. Carolyn war gewöhnlich mit ihrer Arbeit und der Versorgung des Haushaltes so ausgelastet, daß sie niemals Zeit fand, sich zu erholen oder mit ihren Kindern zu spielen. In einer der Sitzungen bat ich daher die Kinder, sich ein Spiel auszudenken, an dem ihre Mutter ebenfalls Spaß haben würde. Ihre Einfälle regten nicht nur das Spiel zwischen Mutter und Kindern an (die Kinder berichteten später, daß sie sie zu Hause wiederholt hatten); sie halfen darüber hinaus dem Therapeuten, sich zunächst einmal Zugang zu dieser

Familie zu verschaffen und die Beziehungen unter den Geschwistern zu erkunden[9].

Tatsächlich hatte es im Geschwistersubsystem zwei Gruppen gegeben: die Gruppe der beiden Großen, Andy und Sandra, und die Gruppe der Kleinen, Charlene und Robert. Das Auftauchen des Einkotens hatte Unruhe und Verwirrung in diese geschwisterliche Hierarchie hineingetragen – es hatte Andy in die Gruppe der jüngeren und stärker abhängigen Kinder zurückversetzt und Sandra in das elterliche Subsystem aufsteigen lassen.

Eingedenk dieser Überlegungen bemühte ich mich von Anfang an, ein Bündnis mit Andy zu schließen, und setzte zu diesem Zweck meine Schwierigkeiten mit der amerikanischen Umgangssprache ein[10]. Zum Beispiel bat ich Andy, mir den einen oder anderen unter Farbigen üblichen umgangssprachlichen Ausdruck zu erklären, der mir ganz und gar unverständlich war. Der Junge ging bereitwillig auf diese Aufgabe ein und war stolz, mir als Sprachberater zur Seite stehen zu dürfen.

In dieser ersten Phase kamen zwei Vorgehensweisen zum Zuge, die der Neustrukturierung der Familie dienten: Die Aufgaben innerhalb des Geschwistersubsystems wurden neu verteilt, und es wurde ein Bündnis zwischen Andy und dem Therapeuten geschlossen. In einer Sitzung gingen wir der Frage nach, welche Aufgaben Sandra und Andy im Haus bereits übernommen hatten. Sandra hatte mehr Verantwortung als

[9] Die Fähigkeit zum gemeinsamen Spiel, zum Interessenaustausch und zur wechselseitigen Unterstützung gegenüber den Eltern ist ein Maßstab dafür, wie starr das Problemkind in seiner Rolle als Sündenbock gefangen ist. Die obengenannten Fähigkeiten der Kinder entsprechen umgekehrt proportional dem Maß der Spannung und Belastung, das das Familiensystem präsentiert.

[10] Der therapeutische Nutzen, der darin liegt, daß man sich in einer fremden Sprache nur recht begrenzt ausdrücken kann, ist erstaunlich. Der Therapeut kann vorgeben, daß er wohl nicht richtig verstanden hat, wann immer er die Aufmerksamkeit auf eine wichtige Sequenz oder eine bedeutsame Interaktion lenken möchte. Zugleich wird damit die Familie, die ja immer bereit ist, einem in Schwierigkeiten geratenen Therapeuten zu Hilfe zu kommen, zur spontanen Mitarbeit angeregt.

Andy, der seinerseits über diesen Umstand verärgert war. Auf die Frage, was sie denn von dieser ungleichen Aufgabenverteilung hielten, sagten beide, es wäre ihnen lieber, wenn die Aufgaben gleichmäßig verteilt würden. Auch Carolyn war dafür, die Hausarbeit gleichmäßig zu verteilen.

In einer weiteren Sitzung wurden Andy und Sandra aufgefordert, ihre Pflichten und Aufgaben erneut unter sich auszuhandeln – diesmal ging es vor allem um die Beaufsichtigung der beiden Kleinen während Carolyns Abwesenheit. Carolyn sollte als unparteiischer Mittler fungieren. Die Neuverteilung, die schließlich beschlossen wurde, kam dann in den folgenden Sitzungen noch im einzelnen zur Sprache. Diese der Neustrukturierung des Familiensystems dienende Vorgehensweise zeigte sehr bald Ergebnisse: Carolyn bot ihre volle Beteiligung an den Beratungen an, weil sie das Gefühl hatte, daß die Kinder ihr tatsächlich etwas abnahmen, wenn diese Hilfe auch nicht direkt auf das Problem zielte, für das sie ursprünglich um Behandlung gebeten hatte. Dadurch, daß Carolyn sich mit der nun beschlossenen Neuverteilung der Aufgaben einverstanden erklärte, sah Andy sich in seiner neuen Verantwortung bestätigt. Dazu kam, daß das neue Arrangement Sandras Pflichten als Ersatzmutter verringerte, so daß sie mehr Zeit für sich selbst als heranwachsendes Mädchen hatte.

An diesem Punkt ging ich eine Allianz nur mit Andy ein und teilte die Familie auf. Um immer wieder kurze Gespräche allein mit Andy führen zu können, schlug ich ihm vor, ihm bei der Überwindung seines Problems zu helfen, unter der Bedingung, daß dies ein Geheimnis zwischen ihm und mir bleiben würde. Andy strahlte und war sehr glücklich über dieses Angebot.

Nun erteilte ich ihm die Aufgabe, ein Tagebuch zu führen und jeden Tag aufzuschreiben, wann und wo er seine Unterwäsche beschmutzt hatte. Das Tagebuch sollte er dann jeweils zu den Sitzungen mitbringen, so daß wir es zusammen durchsehen und uns tatsächlich über das Problem informieren könnten.

Die Technik, die hier beschrieben wird, wurde benutzt, um den Beziehungsaspekt des Symptoms zu verändern. Andy agierte das Symptom jetzt für den Therapeuten aus und nicht mehr für die Familie. Das Einkoten, ursprünglich eine Form der Kommunikation innerhalb der Familie, wurde zum Mittelpunkt der Beziehung, die sich zwischen dem Jungen und seinem Therapeuten entwickelte und Andys Wunsch nach einem Bereich befriedigte, in dem er seine Persönlichkeit außerhalb des Umkreises der Familie und in Übereinstimmung mit der Entwicklungsphase, in der er sich befand, nämlich der frühen Adoleszenz, zum Ausdruck bringen konnte. In gewissem Sinne bildete dies einen Übergang von der ursprünglichen »abnormen« Situation, die die Bitte um therapeutische Intervention ausgelöst hatte, zu einer vorübergehenden und künstlichen Situation, die der Therapeut in die Wege geleitet hatte, um eine Veränderung zu begünstigen, und zwar auf dem Weg über die Erschütterung des Familiensystems und die Eröffnung neuer Möglichkeiten. Zugleich sorgte das Gespräch über das Symptom als eine Art »Arbeitsplan« mit Terminen und festgelegten Zeitspannen dafür, daß es allmählich lächerlich und unhaltbar wurde, und bewirkte schließlich, daß Andy sich innerhalb der Beziehung zum Therapeuten anderen Anliegen zuwenden konnte.

Diese *Strategie des Provozierens* in der Behandlung eines Symptoms hat sich schon oft als der entscheidende Faktor bei der Überwindung selbst schwerer Störungen bei kleinen Kindern und Heranwachsenden erwiesen. Der Therapeut fordert die Störung gewissermaßen direkt heraus und tut zugleich alles, um den betroffenen Menschen sich entwickeln zu lassen, indem er die positiven Aspekte seines Verhaltens stimuliert und verstärkt. In Andys Fall erweiterte sich die therapeutische Allianz, die ursprünglich allein auf dem vorgestellten Problem aufgebaut gewesen war, und erstreckte sich, nachdem die Funktion des Symptoms im Familiensystem erkannt worden war, schließlich auf eine Fülle von Problemen, mit denen es der Heranwachsende in der Regel zu tun hat.

## Vom Einkoten zum Familienproblem

Die Besserung in Andys Verhalten muß aus systemischer Perspektive betrachtet werden. Die Allianz des Therapeuten mit Andy und die provokative Strategie, die er hier anwandte, sind nur Teil eines größeren Planes, der zunächst eine Neudefinition der Grenzen und der Verantwortlichkeiten auf der Ebene des geschwisterlichen Subsystems erforderlich gemacht hatte und nun durch die Neustrukturierung auf der Elternebene zum Abschluß gebracht werden mußte. Diese zweite Aufgabe wurde durch den Umstand erschwert, daß die Eltern sich getrennt hatten, so daß die Behandlung sich an diesem Punkt auf die Mutter konzentrieren mußte, um die Situation der Eltern besser zu verstehen. Es wurden Einzelsitzungen mit Carolyn abgehalten, und dabei kamen wichtige Elemente zutage, von denen im folgenden die Rede sein soll. Zunächst einmal erfuhr die Besserung von Andys Verhalten implizit eine Bestätigung, insofern nämlich, als Carolyn sichtbar erleichtert war und das Problem des Einkotens überhaupt nicht mehr erwähnte. Statt dessen suchte sie nun Hilfe für sich selbst, die ihr auch sofort geboten wurde. Ihre eigenen Konflikte traten ans Licht, insbesondere was die Beziehung zu einem Mann anging, die seit einiger Zeit bestand und die ihr Schuldgefühle den Kindern gegenüber verursachte. Einerseits sehnte sie sich nach Zärtlichkeit und Halt, andererseits fürchtete sie, sich Vorwürfe einzuhandeln, wenn sie nicht alle ihre Kräfte auf das Wohl ihrer Kinder verwandte.

Wir sprachen ferner auch über ihren Ehemann; sie empfand schon seit Jahren nichts mehr für ihn, aber sie wußte, daß die Kinder, insbesondere Andy, unter seinem Weggang litten. Wenn die Kinder nach dem Vater fragten, antwortete sie stets ausweichend; wenn die Kinder die psychiatrische Klinik erwähnten, in die der Vater einmal eingeliefert worden war, dann berief Carolyn sich oft auf eben diesen Umstand, um seine Abwesenheit von zu Hause zu rechtfertigen. Ich fragte Carolyn, ob sie nicht meine, daß die Kinder alt genug seien, um die ganze Wahrheit über den Vater zu erfahren. Carolyn hielt das für möglich, und in der folgenden Sitzung sprachen sie alle miteinander ganz offen über den Vater. Dadurch erschien nun auch der Klinikaufenthalt des Vaters in einem anderen Licht, und alle Beteiligten, Carolyn wie die Kinder, waren voller Interesse und nahmen doch Rücksicht auf die Gefühle des jeweils anderen. Das Gespräch war zweifellos belastend für Carolyn, aber letzten Endes befreite es sie von ihren Schuldgefühlen.

Andy zeigt sich in dieser Sitzung ganz besonders interessiert und gab zu verstehen, daß er gerne wieder Kontakt mit seinem Vater haben würde. Sandra hielt sich zur Mutter und begriff, was in Carolyn vorging. Robert und Charlene waren sehr erfreut zu hören, daß ihr Vater nicht mehr im Krankenhaus war, konnten aber nicht recht verstehen, warum er sie gar nicht besuchte.

An diesem Punkt war klar, welche beziehungsmäßige Bedeutung dem Einkoten zukam, und es war auch zu erkennen, daß es sich dabei um ein *Alarmsignal* handelte, das auf das tiefe Unbehagen hinwies, das die Familie schon so lange und auf so vielen Ebenen empfunden hatte, gegen das sie aber noch niemals direkt vorgegangen war. Daß das Symptom nachgelassen hatte, aber noch nicht vollständig verschwunden war, deutete darauf hin, daß der therapeutische Ansatz korrekt war, daß aber noch immer vieles zu tun blieb. Im Vordergrund stand jetzt nicht mehr Andys Verhalten, sondern eher das Bemühen um neue Formen der familialen Beziehungen, die den Bedürfnissen und Wünschen aller Familienmitglieder eher entsprachen.

Daß eine Neustrukturierung der Familie dringend notwendig war, bestätigte sich ganz deutlich im Verlauf einer Sitzung, in der Andy erwachsener wirkte und sich bemühte, eine neue Rolle in der Familie zu finden. Ich sprach mit der Mutter darüber, wie man die Beziehung zwischen Howard und den Kindern neu gestalten könnte, ohne daß Carolyn sich veranlaßt sehen würde, wieder Verbindung mit ihrem früheren Ehemann aufzunehmen. Ein gutes Verhältnis zwischen Vater und Kindern würde es Carolyn ermöglichen, ihre eigene Beziehung zu einem anderen Mann von nun an ohne Schuldgefühle zu betrachten. Carolyn war einverstanden, obgleich sie fürchtete, daß Howard die

Kinder vielleicht gar nicht sehen wollte – er hatte sich ja bisher auch nicht um sie gekümmert –, und daß eine Weigerung von seiner Seite einen sehr ungünstigen Eindruck auf die Kinder machen würde.

Meiner Überzeugung nach schien es das Beste, wenn Andy die Verbindung mit Howard in die Wege leitete. Ich verabredete mich also mit Andy, und wir trafen uns in der Cafeteria der Child Guidance Clinic. Ich fragte ihn, ob er seinen Vater wohl aufspüren und zu einem Treffen mit allen Kindern einladen könne. Andy war überrascht und vertraute mir voller Stolz an, daß er die Adresse des Taxiunternehmens besitze, für das sein Vater arbeitete. Howard nahm Andys Einladung an, und das Treffen fand in der folgenden Woche statt. Ich berichtete ihm in großen Zügen über den Verlauf der Therapie und erklärte ihm, aus welchen Gründen wir ihn heute dazugebeten hatten.

Howard sagte, er sei gerne gekommen; er schien den Kindern sehr zugetan, wenn es ihm auch deutlich unbehaglich war, daß er sie so lange nicht aufgesucht hatte. Das letzte Mal hatte er sie alle vor etwa einem Jahr gesehen; damals hatte Andys Störung noch gar nicht bestanden. Ich sagte ihm, daß die Kinder über ihn gesprochen hatten und daß sie ihm gerne selbst sagen würden, was sie von ihm erwarteten, wenn er einverstanden sei. Howard stimmte zu und meinte, die Kinder sollten ihm nur ruhig sagen, was sie sich vorstellten. In einer Reihe weiterer Sitzungen wurde dann im einzelnen besprochen, wie und wo man sich in Zukunft treffen könne, um die gefühlsmäßigen Bindungen wieder zu stärken. In diesen Sitzungen ließ ich die Familie oft allein, um durch meine Abwesenheit zu unterstreichen, daß sie ja nicht mit mir, sondern untereinander zu einer Einigung kommen mußten. Die letzte Sitzung galt dann ausschließlich Carolyn und Howard. Carolyn war mit der Beteiligung ihres Mannes an den Sitzungen einverstanden gewesen, wenn sie auch Zweifel hatte, wie lange er wohl dabeibleiben würde. Ich verstand ihre Bedenken, aber ich stützte auch den Ehemann, der seinen Verantwortlichkeiten bisher noch niemals so entschieden nachgekommen war.

Etwa zwei Jahre nach Abschluß der Behandlung empfing ich die Familie ein letztes Mal. Andy besuchte seinen Vater inzwischen jede Woche an dessen Arbeitsplatz. Carolyn hatte eine neue Arbeit gefunden, die sie weniger anstrengte und für die sie besser bezahlt wurde. Ihre Beziehung zu jenem anderen Mann bestand weiter, aber sie empfand deshalb den Kindern gegenüber keine Schuldgefühle mehr. Howard hatte sich an die Vereinbarung mit seinen Kindern gehalten und war sehr froh über die regelmäßigen Besuche von Andy, dem er zeigte, wie Autos repariert werden. Sandra war fast erwachsen, sie arbeitete halbtags in einem Schallplattenladen. Auch Charlene und Robert ging es gut. Die Familie war gerne zu diesem Treffen gekommen und gab zu erkennen, daß die Veränderungen, die sich schon während und dann auch nach der Behandlung ergeben hatten, weiterhin wirksam waren. Ich persönlich habe aus der Begegnung mit der Familie T. viel gelernt, vor allem, daß rassische und nationale Unterschiede kein Hindernis sein müssen, sofern es gelingt, einen loyalen und vom Geist der Zusammenarbeit und der gegenseitigen Achtung geprägten Kontext zu schaffen.

# Literaturverzeichnis

Alle Veröffentlichungen von Maurizio Andolfi siehe S. 15.


Alger, J.: Audio-visual techniques in family therapy, in D. Block, Hrsg.: Techniques of family psychotherapy. New York: Grune & Stratton 1973.

Anzilotti, J., und K. Giacometti: Presentation to the Italian translation of C. Whitaker, Psychotherapy of the absurd, in: Terapia familiare, 1, 1977, S. 111–113.

Auerswald, E. H.: Families, change and the ecological perspective, in A. Ferber, M. Mendelsohn und A. Napier, Hrsg.: The Book of Family Therapy. New York: Science House, 1972.

Basaglia, Franco: L'istituzione negata. Turin: Einaudi 1968; dt.: Die negierte Institution oder die Gemeinschaft der Ausgeschlossenen. Frankfurt am Main: Suhrkamp 1971.

Bateson, G.: Ökologie des Geistes. Frankfurt am Main: Suhrkamp 1980.

Bateson, G., D. D. Jackson, J. Haley und J. Weakland: Toward a theory of schizophrenia, in: Behavioral Science, 1, 1956, S. 251–264.

Bernstein, B.: Language and social class, in: British Journal of Sociology, 11, 1960, S. 271–276.

Bertalanffy, L.: General System Theory. New York: George Braziller 1969.

Bowen, M.: The use of family theory in clinical practice, in: Comprehensive Psychiatry, 9, 1966.

Crolla-Baggen, M., und P. van de Ven: Partner- und Familienberatung auf der Basis der System- und Kommunikationstheorie. Freiburg: Lambertus 1978.

Duhl, F. J., D. Kantor und B. S. Duhl: Learning, space and action in family therapy: A primer of sculpture, in D. Block, Hrsg.: Techniques of Family Psychotherapy. New York: Grune & Stratton 1973.

Dunlop, K.: A revision of the fundamental law of habit formation, in: Science, 67, 1928, S. 360–362.

Ekman, P., R. Sorenson und W. V. Friesen: Pan-cultural elements in facial displays of emotion, in: Science, 164, 1969.

Frankl, V. E.: The Doctor and the Soul. New York: Knopf 1957; Originaltitel: Ärztliche Seelsorge. Wien: Deuticke $^9$1979.

Haley, J.: Uncommon Therapy. New York: Norton 1973.

Haley, J.: Why a mental health clinic should avoid family therapy, in: Journal of Marriage and Family Counseling, Jan. 1975.

Haley, J.: Problem-Solving Therapy. San Francisco: Jossey-Bass 1976; dt. Direktive Familientherapie. München: Pfeiffer 1977.

Haley, J.: Gemeinsamer Nenner Interaktion. München: Pfeiffer 1978.

Hochmann, J.: Pour une psychiatrie communautaire. Paris: Editions du Seuil 1971; dt. Thesen zu einer Gemeindepsychiatrie. Frankfurt am Main: Suhrkamp 1973.

Hoffman, L.: Deviation-amplifying process in natural groups, in: J. Haley, Hrsg.: Changing Families. New York: Grune & Stratton 1971.

Hollingshead, A., und F. Redlich: Der Sozialcharakter psychischer Störungen. Frankfurt am Main: Fischer 1975.

Horney, K.: Der neurotische Mensch unserer Zeit. München: Kindler 1979.

Jackson, D. D.: A suggestion for the technical handling of paranoid patients, in: Psychiatry, 25, 1963, S. 306–307.

Jervis, G.: Manuale critico di psichiatria. Mailand: Feltrinelli 1975; dt. Kritisches Handbuch der Psychiatrie. Frankfurt am Main: Syndikat 1978.

Kaffman, M.: Short-term family therapy, in: Family Process, 2, 1963, S. 216–234.

Lévi-Strauss, C.: Rasse und Geschichte. Frankfurt am Main: Suhrkamp 1972.

Luthman, S., und M. Kirschenbaum: Familiensysteme. München: Pfeiffer 1977.

Minuchin, S.: The use of an ecological framework in the treatment of a child, in: J. Anthony u. C. Koupernik, Hrsg.: The Child in His Family. New York: Wiley & Sons 1970.

Minuchin, S.: Families and Family Therapy. Cambridge: Harvard University Press 1974; dt. Familie und Familientherapie. Freiburg: Lambertus [4]1981.

Minuchin, S., B. Montalvo, B. J. R. Guerney, B. Rosman und F. Shumer: Families of the Slums. New York: Basic Books 1967.

Minuchin, S., u. a.: Psychosomatische Krankheiten in der Familie. Stuttgart: Klett 1981.

Montalvo, B.: Aspects of live supervision, in: Family Process, 12, 1973, S. 343–360.

Montalvo, B., und J. Haley: In defense of child therapy, in: Family Process, 12, 1973, S. 227–244.

Nicolò, A. M.: Tecniche di azione in terapia familiare: La scultura, in: Neuropsichiatria Infantile, 190, 1977, S. 421–441.

Papp, P., O. Silverstein und E. Carter: Family sculpting in preventive work with well families, in: Family Process, 12, 1973, S. 197–212.

Rosen, J.: Direct Analysis. New York: Grune & Stratton 1953.

Satir, V.: Familienbehandlung. Kommunikation und Beziehung in Theorie, Erleben und Therapie. Freiburg: Lambertus [4]1979.

Scheflen, A.: Body Language and the Social Order. Englewood Cliffs, N. J.: Prentice-Hall 1972; dt. Körpersprache und soziale Ordnung. Stuttgart: Klett 1976.

Selvini Palazzoli, M.: Contesto e metacontesto nella psicoterapia della famiglia, in: Archivio di Psicologia, Neurologia e Psichiatria, 3, 1970, S. 203–211.

Selvini Palazzoli, M., L. Boscolo, G. Cecchin und G. Prata: Paradox and Counterparadox. New York: Aronson 1978; dt. Paradoxon und Gegenparadoxon. Stuttgart: Klett ³1981.

Selvini Palazzoli, M., u. a.: Der entzauberte Magier. Stuttgart: Klett 1978.

Sluzki, C. E.: The coalitionary process in initiating family therapy, in: Family Process, 14, 1975, S. 67–78.

Sluzki, C. E., und E. Verón: The double bind as a universal pathogenic situation, in: Family Process, 10, 1971, S. 397–417.

Speck, R. V., und C. L. Attneave: Die Familie im Netz sozialer Beziehungen. Freiburg: Lambertus 1976.

Speer, D. C.: Family systems: Morphostasis or morphogenesis, or, is homeostasis enough?, in: Family Process, 3, 1970, S. 259–278.

Stierlin, H.: Von der Psychoanalyse zur Familientherapie. Stuttgart: Klett ²1980.

Ders.: Delegation und Familie. Beiträge zum Heidelberger familien-dynamischen Konzept. Frankfurt: Suhrkamp 1981.

Toman, W.: Familienkonstellationen. München: Becksche Schwarze Reihe Nr. 112, ³1980.

Vogel, E. F., und N. Bell: A Modern Introduction to the Family. New York: Free Press 1960.

Watzlawick, P., J. H. Weakland, und R. Fisch: Change. New York: Norton 1974; dt. Lösungen. Bern-Stuttgart-Wien: Huber 1974.

Watzlawick, P., J. H. Beavin und Don D. Jackson: Pragmatics of Human Communication. New York: Norton 1967; dt. Menschliche Kommunikation. Bern-Stuttgart-Wien: Huber ⁴1974.

Whitaker, C.: Psychotherapy of the absurd; with a special emphasis on the psychotherapy of aggression, in: Family Process, 14, 1975, S. 1–16.

Wittgenstein, L.: Remarks on the foundations of mathematics. Oxford: Basil Blackwell 1956; Originaltitel: Bemerkungen über die Grundlagen der Mathematik. Frankfurt am Main: Suhrkamp 1973. Bd. 6 der Schriften.

# Stichwortverzeichnis